"炭火教授"
赵家和

TANHUO JIAOSHOU
ZHAO JIAHE

清华大学经济管理学院党委 ◎ 组编

清華大学出版社
北京

内容简介

赵家和出生于清华园，一生几乎都在清华园度过。生前无条件服从组织安排，在清华大学的多个岗位上兢兢业业，做出了杰出贡献。退休后，隐姓埋名捐资助学。赵家和是清华大学优秀共产党员、清华大学经济管理学院教授，是名副其实的清华之子。

《"炭火教授"赵家和》是一本纪念文集，赵家和的亲人、同学、同事、朋友、学生、校友、社会爱心人士和受助学生，记述了赵家和捐资助学的缘起、过程、人生经历以及对作者本人的影响。这些文章从不同角度反映了赵家和的为学、为师和为人。

赵家和去世后，他的事迹被国内多家主流媒体报道，引起了广泛的社会反响，本书将主要媒体报道文章一并收入，以飨读者。

本书封面贴有清华大学出版社防伪标签，无标签者不得销售。

版权所有，侵权必究。举报：010-62782989，beiqinquan@tup.tsinghua.edu.cn。

图书在版编目（CIP）数据

"炭火教授"赵家和 / 清华大学经济管理学院党委组编. —北京：清华大学出版社，2021.4（2024.7重印）

ISBN 978-7-302-57933-5

Ⅰ.①炭…　Ⅱ.①清…　Ⅲ.①赵家和—纪念文集　Ⅳ.① K825.46-53

中国版本图书馆 CIP 数据核字 (2021) 第 059041 号

责任编辑： 刘志彬
封面设计： 汉风唐韵
版式设计： 方加青
责任校对： 王荣静
责任印制： 杨　艳

出版发行： 清华大学出版社
　　　　网　　址： https://www.tup.com.cn，https://www.wqxuetang.com
　　　　地　　址： 北京清华大学学研大厦A座　　**邮　编：** 100084
　　　　社 总 机： 010-83470000　　**邮　购：** 010-62786544
　　　　投稿与读者服务： 010-62776969，c-service@tup.tsinghua.edu.cn
　　　　质 量 反 馈： 010-62772015，zhiliang@tup.tsinghua.edu.cn
印 装 者： 三河市东方印刷有限公司
经　　销： 全国新华书店
开　　本： 170mm×240mm　　**印　张：** 19.5　　**字　数：** 359千字
版　　次： 2021年4月第1版　　**印　次：** 2024年7月第5次印刷
定　　价： 68.00元

产品编号：091892-01

编委会

陈章武　杨　斌　高　建　陈煜波

赵冬青　瞿卫菁　兰荣伟　万　军

序言

清华大学党委
书记 陈旭

一位清华老教授，一生省吃俭用，退休后隐姓埋名，将全部积蓄用于捐资助学，帮助几千名家庭经济困难学生完成高中学业，去世后又将遗体捐献供医学研究。他把自己捐了个干干净净，了无遗憾地离开了人世。

这位老教授为人谦逊低调，生前坚持不接受采访、不同意披露相关信息。去世后，他的事迹被同事、朋友、学生慢慢传播开来，继而通过媒体报道被越来越多的人所了解。老教授的故事感动震撼了很多人，也影响带动了很多人，给清华大学和后人留下了宝贵的精神财富。

他就是清华大学优秀共产党员、经济管理学院退休教授赵家和。

赵家和老师逝世后，清华大学经管学院举行了追思会。经管学院党委和清华大学党委先后号召院内、校内师生学习赵家和老师的事迹和精神。2012年，清华大学校报《新清华》首次对赵家和老师的事迹进行了报道。2015年10月，甘肃省委宣传部组织省内主要媒体来清华进行专题采访和报道。2016年7月，《光明日报》连续5天通过多种形式进行了报道。2016年9月，《人民日报》发表题为《只计天下利，不求万世名》的文章，高度评价赵老师是"当代中国知识分子的脊梁"。2016年教师节之际，清华大学经管学院联合校史馆、档案馆，在赵家和夫人吴嘉真老师的支持和帮助下，收集整理赵老师留下的照片，查阅档案资料，举办了"一位清华退休老教授——优秀共产党员赵家和事迹展"……这些报道和展览引起了校内师生的广泛共鸣和社会各界的强烈反响。赵老师生前不希望被宣传，但时代需要赵家和，需要赵家和精神，清华大学应该宣传和弘扬，社会也应该宣传和弘扬。

  为了进一步弘扬赵家和老师一生奉献、大爱无疆的高尚师德，唤起人们对教育使命、时代精神等一系列问题的思考，更好地承担大学的社会责任，2016年，清华大学党委决定编辑出版赵家和老师纪念文集。本书能够在清华大学110周年校庆前顺利成书和出版，要感谢很多人。首先感谢吴嘉真老师，吴老师也是清华大学的退休教师，她整理了赵老师留下的照片作为本书的素材，并为本书作跋；感谢清华大学经管学院党委原书记、赵家和老师的同事、甘肃兴华青少年助学基金会理事长陈章武教授，他收集筛选了大量爱心人士和受资助学生的文章；感谢经管学院党委认真组织编写本书，积极收集整理素材，广泛征集纪念赵家和老师的文章并组织了很多访谈；感谢相关部门积极配合，共同做了一件非常有意义的事情。

  这本纪念文集，共收录50多篇纪念文章以及部分国内媒体的报道。这些文章的作者，有赵家和老师的老同学、老同事，也有学生和晚辈，有受资助的曾经的高中生、现在的大学生，也有校友、社会爱心人士。作者年龄分布很广，从不到二十岁的年轻人到耄耋老人。这些文章从不同角度反映了赵家和老师的为人和为学，感情真挚，感人至深。特别值得指出的是，陈章武老师的文章讲述了甘肃兴华青少年助学基金会成立过程和运行情况，刘迅学长的文章讲述了基金会成立前赵家和老师的故事。作为赵家和老师捐赠助学的见证者、同行者和接力者，他们的文章是非常宝贵的一手资料。赵家和老师的义德大爱，通过媒体的传播，能够让更多的人了解，本书收集的媒体报道，也非常具有教育意义。

  清华大学即将迎来110周年校庆，在这样的时间点出版本书，既是对赵家和老师的深切缅怀，也是对赵家和精神的传承弘扬。赵老师作为清华大学教师，服从组织的安排，一生三次改行，始终孜孜以求，他高尚的师风师德，深深地影响了后学。退休后他捐资助学，坚持雪中送炭，温暖了许多寒门学子，改变了他们人生的轨迹，激励着青年学子树立正确的世界观、人生观、价值观。他的崇高精神感染、引领着一大批爱心人士默默跟随。赵家和老师作为清华大学的金融学教授，以无言之教告诉人们，学习金融不是学习如何把别人口袋里的钱挣到自己口袋里来，而是要学习如何把钱用到最值得的地方去，"只计天下利，不求万世名"。

  赵家和教授是践行"自强不息、厚德载物""行胜于言"的典范，是传承"爱国奉献，追求卓越"的清华精神的杰出代表。永远学习赵家和老师！永远怀念赵家和老师！

目录

第一章
晚霞 /1

不尽思念绵绵来　陈章武　　　　　　　　　　/2
吾欲仁，斯仁至矣　刘迅　　　　　　　　　　/23
毕生释放光与热　万军　　　　　　　　　　　/30

第二章
炭火 /45

从未谋面的怀念　余国忠　　　　　　　　　　/46
万物皆有裂痕，那是光照进来的地方　徐嘉成　/52
我想把这爱说与你听　程金霞　　　　　　　　/55
冬夜里的火把给我温暖和光明　邓华　　　　　/57
我与兴华　高延臻　　　　　　　　　　　　　/59
吾辈当立志，不负兴华恩　何玉琴　　　　　　/62
好风凭借力，扬帆正当时　何磊磊　　　　　　/64

感谢生命中的缕缕阳光　胡艳月　/66
兴华如父　拉存慧　/69
兴华！等我　李天统　/72
大爱无疆，吾辈当自强　李旭华　/74
梅花香自苦寒来　梁维梅　/78
他日定为中华献终身　刘洪春　/80
你为我的梦想插上翅膀　刘钰　/82
点滴爱意，燎原星火　柳丽婷　/84
阳光中，你们走来　卢彦宏　/86
求学路上，兴华相伴　谯雪宁　/88
彼岸，花开不败　苏亚梨　/90
我与"兴华"这六年　魏涛涛　/94
感恩有您，竹翠梅香　席盘珠　/100
数年相伴，兴华带给了我什么？　杨小凤　/102
以爱之名，点亮希望　张宁宁　/104

第三章

追忆

/109

忆点滴往事　桂伟燮　/110
把聪明往哪里用？　邵斌　/113
严师慈父的赵家和教授　徐瑜青　/116
斯人已逝，精神永存，吾侪楷模！　宋逢明　/118
走在时代前列的智者　潘庆中　/124
令公桃李满天下，何用堂前更种花　方方　/128
东风已度玉门关　汪潮涌　/130
深切缅怀我的导师赵家和老师　宁宏军　/134
赵老师教诲二三忆　杨斌　/136
追思与怀念　李超　/139
恩师仙逝，追思无限　王淳奇　/141
师恩浩荡，润物无声　汪礼彬　/144
回忆我的导师二三事　王玉琦　/147
我所知道的赵家和老师　赵冬青　/150

从容淡泊与雪中送炭　沈铭　/152
红尘难扰真英雄　大爱无疆济苍生　葛敏　/155

第四章
同行
/159

师者如皓月，大爱永流传　白瑞刚　/160
回忆赵家和老师　鞠新霞　/172
沿着这条路，走下去！　赵丽霞　/174
您种下一颗爱的种子，让我的少年心愿开出花来　青夏　/177
忆恩师点滴　郑培敏　/185
和兴华助学结缘同行的故事　刘珂　/189
做最智慧的投资者　尹西明　/194
去远方，我们践行……　于卓　/198
雪中炭火，携手同行　史天乐　/201
激情燃烧的日子　刘怿成　/205

第五章
回响
/209

中共清华大学委员会关于开展向赵家和同志
学习活动的决定　/210
关于开展"学习赵家和同志崇高精神、
深化创先争优活动"的决定　/213
在"优秀共产党员赵家和事迹展"
揭幕仪式上的讲话　高建　/215
展览背后的故事　兰荣伟　/219
清华退休教授在甘成立助学基金会
冯健身出席成立大会　白德斌　/224
老教授1500万资助西部贫困学子　郭涛　/226
1500万元助学　退休教授身后"埋名"　卢漫　李媛　/228
心系寒门学子　隐姓埋名奉献　赵姝婧　/230

清华学子访甘肃受助学校：老教授捐出毕生积蓄　郭颂霞　/235
兴华助学：清华教授的陇原情　李欣瑶　/236
清华爷爷智心仁爱助学筑梦　王巧灵　张明祥　/240
情牵教育终不悔　李欣瑶　/243
爱洒陇原山水间　李欣瑶　/246
"雪中炭火"　赵家和　邓晖　周华　李晓　/250
"雪中炭火"精神绵延相传　《光明日报》评论员　/258
远方的种子　宋喜群　李笑萌　彭景晖　/260
爱，在无声中延续　邓晖　周华　李晓　/264
"也做一团炭火，在需要的地方发光发热"　邓晖　张永群　/268
时代需要"赵家和"　邓晖　/271
赵家和：一位清华教授和他的生命选择　张漫子　吴晶　/273
炭火燃尽照后生　万玉凤　/276
心灵之火，永不熄灭　吴晶　张漫子
刘奕湛　陈聪　胡浩　施雨岑　王思北　/280
赵家和事迹展在清华大学举行　邓晖　/288
蜡炬成灰光愈灿　张烁　/289
只计天下利，不求万世名　长乐　/296

跋

感恩与思念 　/297

第一章

晚　霞

夕阳，散发着温暖柔和的光，渐渐落入地平线，灿烂的晚霞映红了大半个天空……

不尽思念绵绵来
——怀念兴华助学基金会创始人赵家和老师

■ 陈章武

2012年7月19日，我去清华大学校医院病房探望赵家和老师。那天，赵老师精神尚好，他的老伴吴嘉真老师正好也在病房陪伴。赵老师对我说起，这几年来吴老师很累，也需要很好地休息。我当时没有意识到，这是赵老师对我最后的嘱托，也是我见赵老师的最后一面。三天后，7月22日下午5点35分，赵老师脱离了人间一切痛苦，永远地离开了我们。往事历历在目，到今天已经是第九个年头，不尽思念绵绵而来。

生命重托

2011年3月底的一天中午，赵老师从家里给我打电话，要我有空到他家里去一趟。两年前的春天，赵老师在体检时，血液生化指标出现了不正常。后来经进一步检查，确诊是肺癌，并发现癌细胞已经有转移，这两年来他一直在积极治疗。

当天下午，我就去了赵老师的家。他告诉我，他退休以后一直在发挥余热，国外讲过两年学，国内也有些兼职，比在职时收入还高了一点，多少有了一点积蓄。他也做了一点投资，小有收获。这些钱对他没有什么用，可以用来帮助寒门学子完成高中阶段的学业。他认为，我国实行九年制义务教育已经多年，入学率列入各级政府一票否决的考核指标，初中前的教育较有保障。考上大学后，受到社会关注，困难的学生至少可以通过七条渠道得到帮助。但高中阶段目前最容易被忽视。不少寒门学子初中毕业就外出打工，年纪小，知识不足，只能从事最简单的劳动。我们要帮助希望继续学习的寒门学子完成高中阶段的学业，他们也应当得到一个多少平等一点的学习机会，即使仍然考不上大学，等年龄大一点、知识多一点再去打工也不迟。

赵老师还告诉我，从2006年起，他开始亲自调研，制订助学计划，并与中国教育电视台展开合作，帮助高中的寒门学子，助学款定在一人一年2000元，受助学生已达1000多人次。甘肃省白银市的白银实验中学，从2009年开始接受定点帮助。但现在赵老师的身体已经不允许他再这样做下去了，因此想委托我帮助他来实现他和吴老师不能继续完成的心愿。

当时听完这一席话，我真是百感交集。1986年，我从清华大学现代应用物理系调到经济管理学院。报到那天，接待我的第一位老师，就是当时担任经管学院副院长、主持日常工作的赵家和老师，至今已经共事25年了。赵老师给我最深刻的印象是聪明，智慧超群。他从清华大学毕业后留校工作，服从组织安排，先后三次改行，每一次都出于国家的需要。赵老师是干一行爱一行、爱一行成一行，每一行都干得非常出色，能力极强，英语非常好。赵老师是经管学院金融教育的奠基者和创始人。不曾想，赵老师退休后，还亲力亲为这样一件利国利民的大事，将一生的积蓄倾囊相助，深蕴心系民生、奉献社会、关爱未来的家国情怀。赵老师是一位真正的金融教育家，不仅在教我们如何运作和管理资本，更在用无言之教，告诉我们，如何把钱用到最需要、最值得的地方去。这样一位好老师、好同事、好兄长，一位好党员，曾担任学院党委书记十多年的我，竟一无所知，真是失责啊！惭愧之心，内疚之心，油然而起。同时，除认同赵老师的价值理念外，心中也有一丝欣慰，赵老师把这样一件心中放不下的重要善事托付给我，这是赵老师多年来对我了解和信任的积累。我几乎没有任何犹豫，当即就答应了赵老师，我也看到赵老师舒了一口气，露出了会心的笑容。

随后几天，我的主要工作是说服赵老师，不要把积蓄都捐了，给自己和老伴留一点，给孩子们留一点。没有想到，这件事也并不容易做。赵老师和我讲：他历来不认为把钱留给孩子是一件对的事，林则徐有一副对联："子孙若如我，留钱做什么，贤而多财，则损其志；子孙不如我，留钱做什么，愚而多财，益增其过"。我已经培养他们上了学，他们兄妹有本事自己挣钱。赵老师还和我讲：他已经为自己和老伴留够了预算，现在看病都有公费医疗，再贵的自费药，治不好的病还是治不好。我哪里知道，当时治疗肺癌有一种英国原产的靶向药，效果较好，但要500元一片，赵老师嫌贵，只用了50元一片的印度产仿制药，服用了全身过敏！经过我反复劝说，好不容易赵老师才答应"少留一点，暂时先不捐"。真是一位好党员啊！

紧接着的一件事，是找律师来签署相关文件。那时，若赵老师把财产全权委托给我，由我按照赵老师意愿，开展慈善活动，就只能算是个人之间的一种赠予，我接受委托后，就需要如实申报所得税。律师建议：只办财产的委托管理，资产的所有权仍属赵老师，我只是受托来管理。最好的办法是能尽快申请成立一个基金会，再将赵老师的资产直接捐赠给基金会。这样就请了两位都既有博士学位又

2011年4月9日，文件签署后在赵家和家中合影，律师马杰女士给大家拍合照。（左起：沈铭、葛敏、吴嘉真、赵家和、陈章武、刘迅）

有执业执照的律师，其中一位是中国农业大学的副教授葛敏。4月9日，在两位律师的鉴证下，于赵老师的家中完成了文件的签署。那天，赵老师十分高兴，总算松了一口气。1409万元积蓄委托我来支配，他好不容易同意留下了不到10%，暂不用于助学。文件签署后，在家中照了一张相。

与时间赛跑

赵老师委托我和刘迅、沈铭三人组成一个小组，作为基金会的发起人，尽快申请成立一个基金会，这是实现赵老师委托的关键第一步。

我当时提议基金会的名称用"家和"，家和万事兴，这个名字很有意义，但赵老师坚决不同意，因为基金会名称不能出现他的名字。事实上，赵老师从2006年起通过中国教育电视台，已经用兴华助学的名义开展助学活动。赵老师提议基金会的名称还是叫兴华助学基金会，兴华、兴华，振兴中华，这个名字很响亮，也比较中性，以后大家都可以来参与，不排斥任何人。他还特别声明，今后他和他的家人都不在基金会担任任何职务。这是一位优秀共产党员的风格与情怀。

接下来的工作是起草基金会的章程，找到基金会的主管单位和注册登记机构，因那时申请成立基金会必须有主管单位。

申请成立非公募基金会，在网上可以找到章程蓝本。主要是要确定基金会宗旨，赵老师对此早已深思熟虑：捐资助学，帮助更多家境贫困的学子获得平等学习的机会。受助对象主要是贫困家庭正在完成高中学业的学生。后来改成"高中阶段的学业"学生，加了"阶段的"三个字，将接受中等职业教育的学生也包含在内。

赵老师还一再交待我：我们这一点钱，做不了多少事，要坚持雪中送炭，把钱用到最需要、最值得的地方，热闹的地方我们就不去了。当时定下的策略是贫困地区选优秀中学，困难家庭选上进学生，即两个"困中挑优"的原则。

同时，我开始联系各地的清华校友，寻求帮助，尽快找到一个愿意接受我们的基金会主管单位和注册登记机构。清华大学甘肃校友会给予最快和最积极的响应。甘肃地处我国西部，当时甘肃的一些贫困地区，几乎有一半家庭仍属于贫困户。2005年，我曾带领经管学院近200名师生，前往甘肃17个贫困县、区，对60个乡镇的1090家农户进行入户调查，还考察了34所学校、39家企业。调查为期10天，对当地的实际情况也有一些切身的体会。

2011年5月14日，这是我第三次来到兰州。一下飞机，清华大学甘肃校友会接我到兰州饭店，当晚就马不停蹄地开会。参加会议的有清华甘肃校友会会长马文杰、清华校友兰州友信置业公司董事长李俊、清华校友共青团甘肃省委副书记李西新，还请来甘肃民政厅民间组织管理局副局长蔡强。他们已经有了充分的准备，表示一定要把赵老师委托的每一分钱都用到寒门学子身上。当即建议基金会的名称定为"甘肃兴华青少年助学基金会"，用"甘肃"两字，利于在甘肃省民政厅申请注册登记，以后主要资助甘肃地区的寒门学子，加"青少年"三个字，以便请共青团甘肃省委作为基金会的主管单位。接下来，以兴华助学基金会（筹）的名义，开始到中学进行实地考察。考察的方向是相对困难、又有良好求学风气的陇东地区，请当地共青团系统给予协助。

次日一早，马文杰会长帮助派了一辆车，我和司机两人开始为期一周的实地考察。第一站前往六盘山西麓的庄浪县，六盘山的余脉分六支绵延盘桓，贯穿全境。那时，到处在修路，早晨从兰州出发，在静宁道口下高速，穿越静宁县域，绕道天水的秦安县，下午近三点，才抵达庄浪县政府所在地水洛镇，行程近400公里。平凉团市委书记刘懿平从平凉驱车三小时专程赶到水洛镇。庄浪县是全国著名的梯田化模范县，有40多万人口，历来重视教育。庄浪一中已有70年历史，是甘肃省示范性普通高中，曾培养出甘肃省理科状元。校长李维仓是一位优秀的教育工作者，我们之间的讨论十分融洽，考虑在庄浪一中设立100个资助名额。兴华助学基金会的资助对象主要面向家境贫寒、要求上进的学生，性质是助学金，不是奖学金，高中三个年级大体平均分配，原则上高中阶段持续资助，可以有适当更换，每人每年2000元，分两个学期发放，每次1000元。我们还讨论了遴选受助学生的程序，我希望整个过程公正、公平、公开，受助学生的名单能够在学校公示五个工作日，但我又十分担心，这样会不会伤害受助学生的自尊心。维仓校长对我讲：这是清华大学教授设立的助学金，能够得到清华大学教授的帮助，对受助学生是最大的肯定和鞭策，是一件十分光荣的事，如果个别学生有自卑心理，学校来做工作。维仓校长还告诉我：这是庄浪一中成立以来得到的最大一笔助学金，一定把它管好用好。庄浪县委、县政府及相关部门的领导也都高度重视，用餐时有两桌人，让我感到有些惊扰当地了。后来我回北京向赵老师报告，赵老师批评说：那可是"罗汉请观音"。从此以后，我们就特别注意，再到各地中学，一定最大限度地不去惊动当地政府及有关部门。

17日一早，在平凉团市委的建议下，从庄浪水洛镇直接去平凉市灵台县的中台镇，考察那里的灵台一中。从水洛镇到中台镇，要绕过六盘山，到达陇东黄土高原的南缘，甘肃省东南部和陕西省接壤的地方，一路都颠簸在黄土高原的沟壑区，近200公里的行程，开车用了4个多小时，到中台镇时已过中午。平凉团市委的李明陪我同行，灵台县团委书记张宾郎接待了我。

灵台县有着悠久的文化历史，是密须古国的所在地，人口20余万，曾任北京大学学生会主席的刘凯正在那里挂职当县长，年龄不到28岁，高度重视教育。灵台一中同样是甘肃省示范性普通高中，位于县政府所在地中台镇。县委县政府利用企业改制的机会，出让了一座小煤矿，用出让金为一中建了全新的校舍。学校的硬件条件不错，但学生多数来自贫困家庭，同样需要帮助。我见到了灵台一中的周建荣校长，他大学毕业后就回到母校任教。后来他成为我从事兴华助学活动迄今接触时间最长的一位校长。商谈同样十分顺利融洽，决定在灵台一中也设立100个兴华助学金名额，这也是灵台一中历史上最多的一笔助学金。看到兴华助学的理念能得到受助中学的认同，大大增强了我完成赵老师所托的信心。我在助学活动中的一个深切体会是，没有中学校长和老师们对兴华助学理念的高度认同，爱心款很难落到实处。

我于18日一早离开中台镇，与庆阳团市委书记毛鸿博取得联系后，决定下一站奔赴庆阳市镇原县的三岔镇，考察三岔中学。从中台镇到三岔镇有大约200公里，一路向北，直指陇东黄土高原的深处，塬高沟深，中午在镇原县城吃了个便饭，到三岔镇已经下午三点多了。顾名思义，三岔镇地处甘肃庆阳市的镇原县、环县和宁夏固原市的彭阳县三县的交会处。三岔中学是陇东黄土高原深处唯一的一所完全中学，迄今为止，它是我们资助的中学中办学条件最差的一所，而孩子们学习十分自觉，学习积极性不需要动员，大山深沟时时刻刻都在激励学生奋发学习。三岔中学覆盖了镇原县北五乡、环县的演武乡、车道乡及彭阳县的约10万人口，上学，几乎是大山深处寒门学子走出大山的唯一通道，是千家万户的希望所系。三岔中学校长郭忠伟在学校的荣誉室接待了我，在荣誉室的墙上办学理念赫然映入眼帘："培养一个学生——改变一个家庭，带动一座村庄。"近十年来，这样的办学理念一直深深地印在我的脑海中，一直鞭策并激励着我和兴华助学的爱心团队。这正是赵老师委托我们最希望做的事——把钱用到最需要的地方去。

在三岔中学逗留了约一个小时，陪同我考察的庆阳市团委副书记云晓野已在催促：行程紧迫，要争取在天黑前赶到西峰，即庆阳市政府所在地，第二天还要去另一所中学。我们只得匆匆告别，但已经决定：虽然三岔中学高中部一个年级的人数不多，但贫困学生的比例很高、困难程度大，兴华助学金资助本校的名额也是100名。忠伟校长见我没有在三岔中学喝上一口水,坚持要在我的车上放一箱矿泉水,请我们一路上慢用,这份情意让我永远不能忘怀。我也由此更深刻地理解赵老师的委托:兴华助学要坚持雪中送炭,把钱用到最需要的地方去,脑海里开始逐步形成了兴华助学资助中学的遴选标准。

2011年5月18日于三岔中学荣誉室。

19日一早,从西峰出发,考察这次行程的最后一所中学——华池一中,它在华池县政府所在地柔远镇,那里是我国长庆油田的核心区,相距西峰也有百许公里路程,虽是梁沟峁相间,山川源兼有,但由于长庆油田第二采油厂的油田在那里,路况稍好。华池县处于甘肃省的东北角,县境内的南梁乡是当年陕甘边区苏维埃政府南梁革命根据地,从1935年11月起即属陕甘边区苏维埃政府,是历史悠久的革命老区,自然环境条件较差。在10多万人口、近4000平方公里的土地上,只有华池一中一所高中,学生主要来自农村。华池一中校长徐占库热情地接待了我,他告诉我,到华池一中参观考察的人不少,但真正出资助学的人不多,有一点奖学金,但一直没有一项持续且有一定规模的助学金,他们热切地期盼着。华池一中在历史上还没有一名学生考上清华大学,十分欢迎清华大学教授在华池一中设立兴华助学金。我最后决定在华池一中也是设立100个资助名额。

20日离开庆阳,一整天奔波,在水洛镇路边小面馆用过午餐,再绕道秦安,又回到了兰州,考察活动告一段落。一周累计行程2000多公里,可把司机累坏了。

一路上与各受助中学校长们讨论的一个话题是，兴华助学金的金额多少比较合适？每人每学年2000元，是赵老师在患病前，到北京远郊实地考察后提出的建议，这是否适合甘肃陇东的实际情况？比较一致的最保守估计，当地一名高中生一年的各种费用总和在7000～9000元。学校在县财政的支持下，对于家庭困难的学生，通常有1000～2000元不等数额的减免；对于学习努力的学生，经常会有几百元形式各异的奖励。每人每年2000元已经是学校最高等级的助学金，多少还应当留点缺口，让学生家长自己来解决。这既有利于调动多方面的积极性，也有利于受助学生更加健康地成长。兴华助学金每人每学年2000元，分两个学期发放，一直延续至今。后来根据吴老师的提议，在协议书的正文中，又加上家庭经济特别困难的个别学子，可以弹性资助。

和中学校长商量的另一个主要话题是：要求每一个受助学生每学期给基金会写一封关于自己学习、生活、思想的汇报信。那不是我们基金会的爱心团队希望听一声"谢谢"，更不是赵老师希望听一声"谢谢"，赵老师根本就不同意我把他的名字告诉受助学生。基金会希望有一个了解受助学生的渠道，同时，也希望这样的沟通能成为感恩教育的一个平台，成为引导学生树立正确价值观、人生观的一种方式。这个要求得到校长们的一致赞同，并且同意写入双方协议书和受助学生个人承诺书。后来的实践证明这样的要求很得当，因此就一直坚持下来。不同的是，后来要求受助学生给实际捐赠人写信，但仍通过兴华助学基金会转交。

回到兰州，李俊校友推荐他的副手——友信置业公司副总经理白瑞刚，协助办理基金会的申报工作。当时，白瑞刚从部队转业不久，自主择业到友信置业，他在部队里是一位优秀的团委。从此，我们结下了不解之缘。

回到北京，我向赵老师详细报告了甘肃之行，赵老师听了十分高兴，兴华助学向前迈出了一步。不久，通过远程网络联系的方式，以兴华助学基金会（筹）的名义，和这四所中学分别签订了兴华捐资助学临时性协议书，从2011年秋季学期开始实施。这多少有点像在"抢跑"，因为筹备申请还没有正式得到批复。

2011年余下的时间里，我先后去兰州三次，不断地填写各种表格，提交各种材料、证明，拜访政府各相关部门，当面说明需要阐明的问题，随后是漫长的等待回复期。同时，我们也在与各方协商理事会的组成、监事的推荐、法律顾问的聘请。基金会章程草案也在反复斟酌、修改。其中大量的工作都由白瑞刚完成。

由于担心基金会在甘肃省的申报工作能否顺利，开始尝试在青海也开展兴华助学活动，作为一种预备方案。十年前，清华大学开始对口支援青海大学，我作为清华大学经管学科负责人，在青海西宁也结识了不少朋友。我请青海大学党委宣传部部长王建军老师，联系上了青海乐都一中。乐都一中是青海省的名校，已有80年的历史，虽说在另一省份，但距兰州并不远。我们也以兴华助学基金会（筹）的名义，和乐都一中签订了临时性助学协议书，资助人数也是100人，加上从2009年就开始的甘肃白银市实验中学150名学生，2011年秋季学期，共有650名寒门学子获得了兴华助学金，我开始行使赵老师托付的资产支配权。

这期间，赵老师病情恶化，癌细胞侵入他的脊椎，压迫神经，经过有限度的放疗和化疗，虽有所缓和，但也伤害了健康的肌体，体质开始下降，开始是两脚失去知觉，逐步发展到下肢，到了年底，行走已经出现困难。加快推动成立基金会，和生命赛跑，成了我们的当务之急。

《中华人民共和国慈善法》2016年3月16日由全国人代会通过，2016年9月1日开始实施。此前，慈善性质的基金会被当作一种民间组织在管理，申报注册还没有专用的法律依据和明确的程序。我们一直希望通过正常的程序和努力，来实现兴华助学基金会的申报、注册、登记，每一次努力，似乎也都有进展，但半年时间过去了，似乎又没有什么实质性的进展。而赵老师的健康状况在不断地恶化，我们十分着急，认为需要通过一些非常规的途径。

清华大学经管学院的一位校友连辑，刚从内蒙古调到甘肃不久，任中共甘肃省委常委兼宣传部长。我们私下猜想，基金会申报注册登记需要经过的相关政府部门，从工作性质上看，多少也都与他有一定关系，不知能否请连辑部长来支持。2012年元旦刚过，我再次赶往兰州。连辑校友的工作日程安排得非常紧凑，毫无空暇，但听说是学校老师想要见面，马上安排，利用早餐时间见面。我利用这点时间，简单明了地说明来意。连部长当即表示："我明白了，是经管学院一位已经退休的副院长，在生命即将走向终了的时候，要把自己一生的积蓄委托原先的同事，学院的党委书记，来我们甘肃资助寒门学子完成高中阶段的学业，这是大好事。这样的院长值得尊敬，这样的党委书记，我也可以信任，我出面来协调，促进基金会尽快在甘肃成立。"并表示要亲自参加成立会议。

有了连辑部长的协调支持，申报基金会的工作大大加快了进程。2012年2月10日得到批复：同意成立甘肃兴华青少年助学基金会，共青团甘肃省委员会担任兴华基金会的主管单位，甘肃省民政厅是兴华基金会的登记注册单位，可以开始办理相应手续。2月16日，趁着连部长的方便时间，在兰州召开了兴华助学基金会第一次理事会，对外宣布兴华助学基金会正式成立。

就在第一次理事会即将召开之时，赵老师给我打来电话，特别嘱咐我两件事：一是在新闻稿里不能出现他的名字；二是回北京时，不要给他带回任何礼物。在事前准备的新闻稿里，确实有赵老师的名字，我们必须如实向外界交待兴华助学基金会资金的由来。经过一再讨论，赵老师才勉强答应，用"一位清华大学退休教授"的名义。我在新闻稿中写上了"一位躺在病床上的清华大学退休教授给我打来电话"这样一句话。因擅自在前面加上"躺在病床上的"这几个字，我回到北京后，就吃了赵老师一通批评，说我没有写新闻稿的经验，用了"躺在病床上的"，容易让别人能猜到是他，应当用"几位清华教授"这样的字样。这就是一位优秀共产党员给我们的示范。

前几次我从兰州回北京，都因为成立基金会一事还没有落实，一直没有想过要买什么东西给赵老师带去。这次来兰州和几位校友商量，打算买一点冬虫夏草和百合送给赵老师。人们普遍认同冬虫夏草有利于提高人的免疫力，百合是兰州有名的土特产，滋阴润肺，镇咳祛痰。经反复说明，最后赵老师同意，可以用他的钱代购一点，带回北京，并表示了感谢。一位优秀的共产党员就是这样严格要求自己。

2012年2月16日，甘肃省政协主席冯健身（右）和原甘肃省人大常委会副主任柯茂盛为兴华基金会成立揭牌。

2012年2月16日，甘肃兴华青少年助学基金会在兰州宁卧庄宾馆正式成立，甘肃省政协主席冯健身和原甘肃省人大常委会副主任柯茂盛为基金会成立揭牌。

省委常委兼宣传部长连辑指出，老教授用毕生积蓄来资助贫困学生，令人深深感佩。他为国分忧、为民解困，感念民生、奉献社会、关爱未来的义德大爱，更是一种宝贵的精神财富。连辑部长要求，甘肃各地各有关部门，要全力以赴支持助学基金会的发展，履行好管理、服务职能，及时帮助基金会协调解决遇到的问题和困难，为基金会的运行、开展扶贫济困工作创造良好的环境。同时，他还希望基金会按照公开、透明、规范的原则，吸引社会各界加入这项爱心事业，不断壮大基金会的资助力量，为更多贫困学生提供帮助，成为甘肃慈善事业的榜样。

2012年2月16日，甘肃省委常委兼宣传部长连辑在基金会成立会上讲话。

甘肃省政府相关部门领导和爱心人士60多人出席大会。兴华助学基金会第一次理事会选举陈章武为理事长、李俊为常务副理事长、马红富为副理事长，白瑞刚担任基金会秘书长,通过了基金会的章程。同时,基金会建立党支部,陈章武、白瑞刚、李俊三人组成支委会,陈章武担任党支部书记。

兴华助学基金会正式成立,先后办理了法人证、执照、组织机构代码证、税务登记证、公章、捐赠发票等证照票据。从此可以开始接受爱心人士的捐赠,兴华助学的各项工作依规开展。

求仁得仁,了无遗憾

为了更好地弘扬赵老师的义德大爱,甘肃省委宣传部决定派一个小组到北京,拍摄一点赵老师的影像资料,要我回北京先和赵老师打一声招呼。赵老师想都没有想就拒绝了,说了句:"要拍你去拍!"清华大学也想用学生记者采访的形式留下点影像,同样被拒绝了。我曾轻轻地问赵老师为什么不同意,他也轻轻地回答我:"清静点。"只有这三个字。这是一位优秀共产党员的名利观,做了好事,就怕别人知道。

2012年的春天来了,天气渐渐暖和起来,赵老师看到兴华助学基金会正式成立,兴华助学活动可以依规开展,很高兴,精神也一点点好了起来。赵老师和我

2012年5月3日,赵家和与爱人吴嘉真在清华大学图书馆。

2012年5月3日,赵家和老师在清华大学工字厅前。

说：今年5月1日，是和老伴吴嘉真结婚五十周年的金婚纪念日，想在清华园里转一转，拍几张照片。1934年，赵老师出生在清华园的新林院21号，除了日本人侵占北平，不得不随父母去了云南昆明，在西南联大度过了童年，其余的日子里，几乎一直生活、学习、工作在清华园，现在也是躺在清华大学的校医院。不巧5月1日那天，北京天气不佳，有点阴，还刮着风。到了5月3日，风和日丽，天气十分晴朗，但这时赵老师已经无法站立，只能坐在轮椅上，于是借了一辆可以把轮椅直接推上去的小面包车，在清华园里转一转。当天，还特地请了一位化妆师，赵老师一大早就起来化妆。摄影师是清华园里的摄影"一哥"王建一老师，他同样是一位从小就生活在清华园里的"清二代"。王建一老师为赵老师夫妇在清华大学的图书馆、大礼堂、清华学堂、工字厅前一一拍照。我建议赵老师再到二校门、新林院21号留影。可能他已经累了，说了声"见好就收"，又回到了校医院病房。这是赵老师最后一次游览清华园，再看一眼他梦萦魂绕的地方。那天，赵老师的精神特别好，从照片上完全看不出已经病魔缠身三年了。

基金会成立以后，需要更换原先"抢跑"时用"筹"的名义与各受助中学签订的临时协议书，资助的范围也要适当扩大。5月7日，甘肃省委常委、宣传部长连辑亲自陪同兴华基金会的爱心团队，到白银实验中学召开现场会，出席会议的有省市相关部门的负责人。连辑部长要求地方政府、教育部门、学校要用好每一分助学金，记好这本"良心账"，把受助学生培养好。要充分调动社会各界力量，与基金会建立稳定的合作关系，全员推动助学活动，资助更多家庭困难、品学兼优的学生顺利完成学业。

接着，从5月8日至16日，兴华助学基金会爱心团队，在团省委和省教育厅资助中心等负责同志的陪同下，回访了乐都一中、三岔中学和华池一中。在陇东地区，先后又考察了庆阳市教育局推荐的五所中学，决定从2012年秋季学期开始，再资助环县一中、孟坝中学、合水一中、镇原二中等四所中学。这次以甘肃兴华青少年助学基金会的名义，先后与十所中学签订了为期三年的兴华捐资助学协议书，每所中学每年资助20万元，各设立100个兴华助学金名额，每人每年2000元，分春秋两个学期发放。明确受助对象的基本条件，规范了遴选资助对象的申请、调查、评审、公示、确认的程序，共资助千名高中寒门学子，每所中学都成立了以校长为组长的兴华助学领导小组，和专人负责的兴华助学办公室，每名受助学生也签署了承诺书。赵老师所倡导、奠基的兴华助学基金会在各级政府和爱心人士的支持下，有了一定规模，影响力也正在形成。

就在此时，我受到了赵老师最严厉的一次批评。2012年4月，我也在清华大学办理了退休手续，回顾自己从学生时代开始，直到退休，在清华园里度过了47

个春秋，受到清华大学老师们的无数教诲，感激无限。我给工程物理系桂伟燮老师写了一封信，其中特别提到赵家和老师，他将一生积蓄捐资助学，推动成立了兴华助学基金会，而坚持隐姓埋名，淡泊名利，对我心灵上的触动很大。但我没有想到，桂老师竟是赵老师在清华大学学习时的同班同学，桂老师特意拿着我给他的信，去看望病中的老同学。赵老师看了大为生气，马上把我找去，当面向我说明那封信件中的每一处错误，初期的兴华助学活动，后来成立基金会等都还有谁谁参加，我都没有说明清楚，会让人误解为都是他赵家和做的，说我这是陷他于不义，让他有剽窃之嫌。在这个还说不上的荣誉面前，他又分得那么清楚。这样的严肃批评，是赵老师再一次给我的深刻教诲，我将终生铭记、受益。

在一年前，赵老师经律师鉴证委托我管理的资产，有一部分是信托资产，委托北京一家信托公司理财，户主名不是我，当时也无法变更。现在兴华助学基金会正式成立，可以办理变更手续，正式过户到兴华助学基金会的名下。赵老师委托我管理的 1 409 万元，加上其间投资收益 140 914.35 元，扣除基金会成立之前的这段时间里，"抢跑"支付的兴华助学款 593 250 元，还有 13 637 664.35 元，全部进入兴华助学基金会的账户。赵老师一生积蓄捐资助学全部落到了实处。

基金会曾经设想要为每一位捐赠者回赠一件纪念品，并根据捐赠的数量多少，设计了不同规格的捐赠纪念品，在征求赵老师的意见时。赵老师对我讲：铜板不分大小，爱心不分先后，只要有这份爱心，都是一样的。不要去区分捐赠多少，也不要给他回赠什么纪念品。后来兴华基金会设计了一封个性化的感谢信，给每一位捐赠者作为捐赠纪念证书。内容不断更新，一直沿用至今。对于赵老师，同样交付一封盖上了兴华助学基金会印鉴的公益事业捐赠票据和一封个性化的感谢信。这两样物品交到赵老师的手中，赵老师仔细看过后就交给吴老师，嘱咐小心保管，那已经是 2012 年 7 月初的事了。

赵老师看到兴华基金会已经步入正轨，十分高兴，同时担心基金会运行之事会带给我们太大的压力，还专门嘱咐我：以后就按基金会章程办事，把钱用完就完了。赵老师的一片真情厚意，哪能用完就完了呢？应当把它作为炭火，传递下去！当时我代表兴华基金会的管理团队，向赵老师当面做了三个层次的承诺：第一层是保证做到将赵老师委托的每一分爱心捐款，都用到寒门学子身上；第二层是努力做到在保障基金会正常运作的前提下，保住本金；第三层是争取做到在基金会有所发展的前提下，本金也能有所增长。那时，心中无底，用"保证""努力""争取"三个不同的动词，来区分三个层次的承诺。只有第一个层次意义上的承诺，用了保证。

进入 2012 年的 7 月，赵老师的身体已经十分虚弱。从生理的角度已是"求生不得,求死不能,生不如死,度日如年",这是他的老同学桂伟燮去看望他时,赵老师亲笔写下的一段话。但他在心理上依然坦然,对前来探望的好友刘尚俭说:我已经做了我认为的最好安排,求仁得仁,了无遗憾。7月22日中午,他尚能正常用餐,下午5点35分,就平静地离开生活了78年的人间。当晚,遗体就送到协和医院作医学研究,医院墙上的屏幕显示着:最后的死去和最初的诞生一样,都是人生必然;最后的晚霞和最初的晨曦一样,都是光照人间!

炭火精神绵延相传

兴华助学基金会资助的中学听到赵老师离世的消息,纷纷表示要派代表来北京参加追悼会。赵老师的遗体已经捐赠,没有告别仪式。赵老师的老伴吴老师感谢来自大山里的心意,就让他们的儿子赵强和我一起去兰州,在当地开个追思会。

8月21日,由清华大学甘肃校友会主持,在兰州召开了30多人参加的赵家和老师追思会,清华校友和10所受助学校的师生代表,纷纷从各地,有的从六七百公里外辗转赶到兰州,为了能给基金会省下一天宿费,多资助一些学生,有的是乘一夜的长途大巴,清晨才赶到兰州。受助学生们第一次知道,帮助他们的清华退休教授名叫赵家和,在赵老师的遗像前动情地说:赵爷爷离开的晚霞更加灿烂,温暖了山区贫困学子的心。以这样的方式第一次"拜见"恩人,师生们无不潸然

2012年8月21日,赵家和老师追思会在兰州举行,前排左四为赵强。

泪下。他们同时向我和基金会的爱心团队提出了个要求，要把赵老师的感人故事讲给受助的孩子们听，讲给中学所有的学生们听，把兴华基金会的经济帮助转化为心灵的激励、价值的引导。

  8月30日，清华经管学院也召开了赵家和老师的追思会，朱镕基老院长送来花圈，追思会持续了三个小时，数十人发言。我在追思会上做了"思念我们永远的赵家和老师"的发言，赵老师是我们甘肃兴华青少年助学基金会的奠基人，我接过了赵老师的爱心棒，必须在追思会上有个讲话，来还原赵老师的感人事迹，我怕担不了这个重任，在我完成初稿后，就去请教一个人，我的前任，经管学院开创初期的老书记，邵斌老师。他几乎立即就给我回信："你写的哀悼大老赵的短文，我一口气读完，让我热泪盈眶！大老赵，平时看来不显山不露水，但他却有着一颗纯洁高尚的灵魂！一个人，当他不久于人世的时候，他的所思所想，所作所为，最能表现出一个人最本质的内涵，你说是吧？我把他永远铭记在心里，时时鞭策着自己！短文写得挺好，朴素真实就好！""大老赵"，是同事们平时对赵

2012年8月30日在清华大学经济管理学院举行的赵家和老师追思会。

经管学院举办的赵家和老师追思会上，朱镕基老院长送来的花圈。

第一章 晚霞 | 15

2012年9月20日，兴华助学基金会在灵台一中宣讲赵家和老师大爱无疆的故事。

2012年9月25日，环县一中受助学生认真聆听赵老师的故事。

2015年12月16日，清华大学党委号召全校师生向赵家和老师学习。

老师的称呼。

2012年9月17日至27日期间，应各所受助中学的邀请，利用发放秋季学期兴华助学金的机会，征得吴老师同意后，基金会的爱心团队到各所中学首次演讲赵老师的故事，告诉受助的孩子们，赵爷爷是一位怎样的人。这次演讲大大拉近了清华大学老教授和寒门学子之间的距离，大山里的孩子知道了，他们有素不相识、像赵爷爷那样的爱心人士，一直在关爱着他们，他们不是被爱遗忘的角落。这次演讲改变了受助学生对助学金分量的认识，增强了助学的效果。赵老师的故事开始在民间口口相传，也以新媒体的方式传播，外界逐渐有所耳闻。

2015年10月11日，甘肃省委常委、宣传部长连辑在兰州主持召开专题座谈会，研究兴华基金会的典型宣传、持久发展等事宜。多个相关部门负责人参加，最后还形成了一份座谈会纪要。纪要认为兴华基金会存在和发展具有深远意义，要深入挖掘兴华基金会这个典型，扩大对兴华基金会的宣传，确保兴华基金会持久、健康地运行下去，造福更多的甘肃贫困学子。

2015年11月6日开始，《甘肃日报》连续三天，在头版综合报道甘肃兴华青少年助学基金会捐资助学活动。甘肃电视台《今日聚焦》栏目，连续三天对赵家和老师捐资助学的感人事迹进行专题报道。参加拍摄的甘肃总台电视中心记者李周勤对我说："开始确实是当作领导交给的任务,拍摄的过程中,自己越来越受感动,后来完全是自觉自愿的行为,尽全力了。"

2015年12月16日,清华大学党委做出开展向赵家和同志学习活动的决议。决议指出赵家和同志用一次次实际行动书写了优秀共产党员可歌可泣的感人事迹,充分体现了共产党人全心全意为人民服务的宗旨意识和党性修养,体现了清华人"自强不息,厚德载物"和"爱国奉献,追求卓越"的精神与品格,他是全校师生员工学习的榜样。

2016年7月4日,《光明日报》记者邓晖、周华、李晓以"这是一次等待了四年的采访"开头,在《光明日报》的头版头条位置,刊登了《"雪中炭火"赵家和——一位清华大学教授的生命之歌》的长篇报道,随后四天连续发文报道。《光明日报》新媒体中心予以全面配合,在国内外引起了极大的反响。

2016年9月10日教师节,《人民日报》头版以《蜡炬成灰光愈灿》为题进行报道,并配快评《只求天下利,不求万世名》;新华社9月4日、9日连发每日电讯:《赵家和:一位清华大学教授和他的生命选择》和《心灵之火,永不熄灭》;《中国教育报》9月8日头版头条以《炭火燃尽照后生》为题进行报道;中央人民广播电台、中央电视台等主流媒体和国内各大平面媒体和网络媒体纷纷报道和转载。清华大学在校内举办"优秀共产党员赵家和先进事迹展"。

《光明日报》的评论员文章《让"雪中炭火"精神绵延相传》指出:"当'理性经济人'欲行其道之时,这位优秀的知识分子以躬行实践诠释了'经世济民'的理想真谛,也用无言之教标示了'一秉至公'的精神高度。这种精神的来源无疑正是中华民族历代知识分子血脉里绵延传承的'雪中炭火'精神:常存家国情怀、常思脊梁之责、常怀仁爱之心;淡泊名利、坦荡无私、宁静致远。这也是社会主义核心价值观的彰显,是中华民族博大精深的传统文化精髓所在。"

"在平凡的生活与工作中,常怀炭火之心,常做炭火之事,厘清是非臧否,守牢原则底线,凝神聚气、步稳致远,当是我们对这位可歌可敬的老教授最好的感怀与致敬!"

也许这样打扰了赵老师在天堂里的安静,但因此触动了千百万人善良的心灵,有越来越多的爱心人士参加了助学队伍,有越来越多的寒门学子得到了及时的帮助,这并不违背赵老师的初心。

赵老师的动人故事传到中兴通讯股份有限公司创始人侯为贵的耳中。赵老师在退休后,曾担任中兴通讯的财务顾问,协助中兴通讯成为第一家在香港联合交易所挂牌上市的H股公司。侯为贵提出"珍惜机缘,精诚合作",立即派出中兴通讯公益基金会项目经理刘珂女士,到北京来找我。也许是想考验中兴通讯的诚意,预定出发的那一天,2016年7月19日下午,深圳暴雨倾盆,航班全部停飞,刘珂女士在深圳机场等了一个通宵。直到第二天上午,搭乘那天唯一起飞前往北京的航班,而北京正是人们至今仍记忆犹新的"720"大暴雨,从首都机场到清华,"打船比打的容易",在清华园见到我时,已经下午5点,刘珂和几位在北京的同事已经是全身多次反复淋透。双方的商谈超乎寻常地顺利,8月22日签订了捐赠协议书,中兴通讯公益基金会代表中兴通讯8万名员工,连续五年每年捐赠300万元,共捐赠1500万元用于兴华助学。

2016年8月22日,中兴通讯捐赠兴华基金会捐赠仪式。

更加感人的故事发生在2018年。那年,中兴通讯公司遭受了外界致命性打压,企业几乎停滞运行了一个季度,经济损失巨大。在这样极度艰难的时期,中兴通讯一诺千金,克服困难,痛定思痛,重新出发,竭尽全力帮助寒门学子,在新学年开学之际,如期捐资300万元,体现了一个企业的社会责任心,弥足珍贵。2018年9月7日,兴华助学基金会陈章武理事长、李俊常务副理事长专程前往深圳,向中兴通讯公益基金会表达感激之情。中兴通讯创始人侯为贵先生率领新团队,再次表示,继续与兴华助学基金会展开信任合作,相互勉励,秉承"珍惜机缘、精诚合作"的原则,坚持雪中送炭,坚持"钱到、人到、心到"。

特别值得提及的是,赵老师的动人故事进入了国家电网天津电力公司退休女工王娅女士的心中。王娅女士通过手机,看到了《光明日报》头版头条报道赵家和炭火教授的感人事迹，给我发来电子邮件，第一次就捐了6000元。王娅女士告诉我：她从1986年开始捐款，最初是救助大熊猫，后来给中国青少年发展基金会捐款，资助贫困地区的小学生。实行九年义务教育后，改为黄河上游植树捐款。这些年汶川和玉树的地震、云南的旱灾，也都捐款了。她告诉我，自己是工薪族，没有大笔的钱，现在是个老年人了。她表示，我们若愿意

2017年8月12日，基金会理事长陈章武向王娅颁发捐赠证书。

接纳她，她很愿意持续捐助下去，虽然退休了，自己还希望做一个对社会有用的人。她还说，想到在西北有一个孩子，因为有她的帮助能持续学业，上大学，甚至读研，真是一件使人快乐的事。她要做赵老师那样的人。

后来，中央电视台《朗读者》栏目要拍摄赵家和老师的故事，我推荐了王娅女士，作为普普通通好心人的一个代表出镜拍摄，但她却坚决地推辞了。事后她和我说："我不过是捐了几千块钱，与赵老师无法相比。幸亏没有同意出镜，要不然真是得羞愧死了。"她以赵老师为榜样。

2017年2月26日，参加中央电视台《朗读者》栏目拍摄后的合影，前排左起：刘迅、赵蕾、吴嘉真、陈章武、王娅。

从此，我和王娅女士结下了不解之缘。我们一起评审受助人的申请，一起到贫困地区家访，一起和寒门学子互动交流、促膝谈心，坚持"钱到、人到、心到"的兴华助学活动，其乐融融。

本以为我们可以长久地共同走在捐资助学的爱心路上，没想到不久之后，王娅女士突然告诉我，她的机会不多了，可怕的癌细胞正在侵蚀她健康的肌体，要抓紧机会。她不惜停止正常的治疗，又到甘肃和我们一起参加助学活动，让我们又感动又心疼。随着病情的恶化，她又加快步伐，把自己唯一的房产捐赠给我们兴华助学基金会，并拖着病体坚持办完了生前捐赠的全部手续，还签署了遗体捐赠协议。她坦荡地面对死亡，平静地走完人生的最后旅程。像赵家和老师一样，把自己捐得个干干净净，求仁得仁、了无遗憾地离开了人间。真是"生如夏花之绚烂，死如秋叶之静美"。

王娅女士为什么能够如此信任兴华助学基金会？主要原因是赵老师的精神感召，是赵老师倡导的兴华助学基金会的宗旨：坚持雪中送炭，不做锦上添花，热闹的地方都不去，默默地奉献；是赵老师无言之教实行的兴华助学基金会的做法：把"做好"放在第一位，把爱心送到最需要最值得人的手中，在谨慎的基础上适当做大，把好事做到实处；是赵老师默默引导兴华助学基金会"钱到、人到、心到"的助学行动准则。特别是这"三到"的行动准则，深深打动了人心：钱要到，钱不到成了说空话；人也要到，人到才能有温度；心更要到，心到才能温暖心灵，让有限的物质帮助发挥更大的精神力量。正是赵老师的精神感召了王娅女士及无数的王娅们，符合他们的心意，获得了王娅们的充分信任。

赵老师的动人故事，进入了一位1960年毕业的清华大学建筑学院老校友的视野中。而今，耄耋之年的她是《光明日报》的忠实读者，在读到赵家和老师的连续报道后，千方百计找到我，诚邀兴华助学基金会到四川贫困山区开展兴华助学。

2019年11月3日，兴华基金会爱心团队和老学长在爱心助学的路上。

2019年11月5日，兴华助学爱心团队和南坝中学受助学生互动交流。

在达州市扶贫移民开发中心,以及开江县、宣汉县两县关工委的鼎力支持下,我们确定了三所中学作为兴华基金会的资助点。之后,她不顾高龄,坚持与我们一起在大巴山里家访,和孩子们促膝交流。当她得知我将在文中写她为四川孩子开展的助学活动后,坚决地跟我说:不能出现她的名字。

目前,兴华基金会与甘肃、青海、四川、河南等四省八市十六个贫困县区的22所优秀中学签订了捐资助学协议书。这些受助中学,12所在县城,8所在乡镇。基金会爱心团队坚持兴华助学活动"三到"的行动准则:钱到、人到、心到。在黄土高原千沟万壑,在祁连山麓丘陵荒漠,在大巴深山峭谷陡坡,在伏牛山中大小村寨,跋涉的行程逾5万公里。先后召开275场学生、老师、家长互动座谈会,参与人数达数万人次,走访了352户贫困学生家庭,累计资助高中生6120名,其中3860名已经完成高中学业,近80%进入高等院校学习,2260名正在被资助。从2017年夏天开始,已有417名在校大学生获得资助。到2020年底,坚持雪中送炭的宗旨,共向寒门学子发放助学金超过3000万元。目前,基金会持有的限定和非限定性资产近3000万元。

兴华助学基金会做到了以下四点。

一是坚持雪中送炭,不做锦上添花。兴华基金会始终坚持雪中送炭宗旨,在受助中学校长和老师的热忱配合和全力支持下,坚持按照标准和程序公开遴选家庭贫困的上进学生作为资助对象,坚持把助学金发给最需要帮助的孩子,坚持"钱到、人到、心到"的行动准则,与正在开展的精准扶贫的教育扶贫紧密切合。

二是坚持严格自律,不负爱心重托。基金会已经初步汇聚了一支以志愿者为主体的爱心队伍。这支队伍不靠经济层面的利益刺激,也不靠法律层面的制度约束,甚至不靠道德层面的良心驱使,而是更多地靠共同理念层面的自觉奉献。所有为基金会工作的同志,为了共同的理想,把社会公益慈善工作当成值得为之奋斗的事业,义务为基金会工作。从而保证了基金会能够尽可能地降低运作成本,最大限度地确保捐赠善款都能送到家境贫困的学生手中。这些年,基金会全年支出日常行政管理及办公费用,一直为基金会当年实际总支出的1%左右,远远低于民政部、财政部、国家税务总局联合制定的《关于慈善组织开展慈善活动年度支出和管理费用的规定》不得高于13%的规定。全年实际使用善款一直超过基金会头年末净资产的15%左右,2019年更是达到26.06%,远远高于上述三部局联合制定不得低于6%的规定。基金会由此树立起良好的社会形象。

三是保持纯洁,坚持透明,不忘初心。基金会严格遵守国家有关慈善组织管理的各项规定,自觉接受甘肃省民政厅等各级组织的年度检查,将检查和财务审计情况及时在理事会、监事中进行通报。基金会开展的资助项目和各项工作通过民政部门提供的统一信息平台向全社会公示，自觉接受社会的监督。我们努力打造一个纯洁透明的慈善组织。

四是坚持重在做好，忌急功近利。在平时管理运行过程中，我们坚持"做一个成一个"，重在"做好"上下功夫。在兴华助学金发放和使用过程中，将助学与励志相结合，注意弘扬赵老师的仁爱无言精神，将经济帮助和心灵激励相结合，积极组织基金会成员和爱心人士赴受助高中进行实地考察、举办讲座、互动交流、家庭访问等多种形式的活动，增强与受助学生多方位的接触，提高温度，扩大深化助学成果。几年来，逐步形成了一支以清华大学校友为主体的爱心队伍，并影响着越来越多的社会各界爱心人士以各种方式来参与爱心活动，确保兴华基金会能够持续健康地发展，在谨慎的基础上，适度地扩大并延伸资助范围。

可以告慰赵老师，兴华助学基金会一直在健康发展……

陈章武，清华大学经济管理学院教授，曾任经管学院党委书记，现为甘肃兴华青少年助学基金会理事长。

吾欲仁，斯仁至矣
——纪念恩师赵家和教授

■ 刘　迅

我总习惯称赵家和教授为我的恩师，实际上我却从未在学校里听过他的一节课。许多年来，我是如何同赵老师联系在一起，又是如何与同行者们追随他走上"求仁"之路，其中的点点滴滴一直萦绕在我的脑海里。

初见赵老师

说到我和赵老师的缘分，就要从我在清华大学经济管理学院读书的时候讲起了。

依稀记得在校时，朱镕基院长去老系馆做报告，身边陪着一位老师。听主持人介绍才知晓他的名字叫赵家和，时任经管学院副院长。当时作为一名学生，我只有对老师对领导的敬意。还记得那天他讲话时言语掷地有声，一双眼睛炯炯有神，内容却不怎么记得了。在往后的大学生活中，我和赵老师之间再未有过什么交集。

在20世纪90年代初期，我工作不久就开始从事证券投资行业。时值证券市场起步，入行蛮顺利，给公司创造了不少的收益，公司决定拿出一部分去支持希望小学，我当时就兴冲冲地参与了项目起步的过程，但后续进程是交给当地有关部门操作的。

重　逢

与赵老师重逢，或者说真正地"相识"，是1998年在深圳的一次聚会上。那时，我们几个同学刚创立新同方不久，与业内的朋友在盐田港一家名为"师公会"的海鲜餐厅聚餐。闲聊中，聊股票聊得正兴起时，背后忽然被拍了一掌，"刘迅，你在吹什么牛呢？"回头一看，零字班的赵剑奇师兄笑立在眼前，我这才发觉身后那桌是校友们在给一位老师接风。犹豫半刻，我才依稀认出那是赵老师，脑子里顿时冒出"师"门弄斧这个词,赶紧上前问候。赵老师和谒地问了问我们当时在做什么,还要了我的联络方式。没想到过了不久,赵老师真到创业的小办公室里来探望我们了,还仔细地询问了我们的投资方法和风控。此后,赵老师不时通过邮件与我们交流对形势、行业和公司的看法,只言片语的往来中,我们总能感受到这位慈爱师长流露出的关怀。

说起我们从事的证券行业,那个年代真可以用跌宕起伏来形容,印象中伙伴们面对市场波动时,总难免要拿出"搏一搏,单车变摩托"的劲儿来互相打气,但实际上,因为允许融资,所以"最后单车连个轱辘都不见了"的故事在身边比比皆是。面对财富的快速波动,我们经常感叹:潮来潮去,哪里去找定海神针呢?!

受托理财

和赵老师在"师公会"餐厅相见后,我们有事会找他讨教,尤其是面对一些复杂的宏观问题,他总能找到一些定量的线索帮助我们分析,关键是他还可以跟踪验证自己的假设,给了我们很大的启发。

在北京的一次见面中,聊起公司近况时,赵老师认真又打趣地说:"给你们一点钱拿去练手吧!"当时我们都以为老师只是说来鼓励晚辈,不曾想后来真的收到了赵老师汇来的钱款。我深感被老师信任的荣幸,也倍感受长辈托付的压力。赵老师反而在电话里宽慰我们,"就按你们平时的做法去做,别有压力"。

退休后的赵老师因其在国内金融界的名望而受邀远赴美国担任得克萨斯州立大学的客座教授,讲授中国的经济改革实践。我虽然知道赵老师在美国能够获得不错的收入,但从他汇来钱款的数目来看,我还是无法想象他与家人在那里过着怎样节俭的生活。那时我对赵老师的生活理念还不甚了解,这节俭的印象仅凭猜测而来。直到他 2001 年从美国归来,才真正向我印证了他节俭的生活态度。赵老师回国后在深圳一家知名的企业做顾问,一年中有几个月居住在深圳。我发现他从来不住酒店,也没有选择安全舒适的高档公寓,而是租住在公司附近能够短租的便宜居民楼里。不仅如此,赵老师还自己置办了锅碗瓢盆、毛巾被褥等生活用品。每当在深圳的工作告一段落打算回北京时,他就会退掉住处,将自己的各种"家当"清洗干净,存放在我们公司的小仓库,等下次来深圳的时候,再把"家当"从我这取走。赵老师节俭到几近"悭吝"的生活方式让我们对他的投资目的越发疑惑,我甚至猜测,老师牺牲当期消费用来投资,可能是有更大的支出意向,或许是想投什么大项目吧。

生活如此节俭的赵老师在把钱托付给我之后的几年中,竟从来都没有过问自己的投资收益。那几年间，我们虽联系得不算频繁，但也一直保持着沟通，赵老师依然在专业上给了我们很多指引。印象尤为深刻的是在2004年北京长城饭店的一次聚会上，赵老师提示我们关注煤矿产业，还耐心地跟我们一起分析。当时因为宏观调控，煤矿产业的盈利压力很大，是周期行业入场的很好时机。我们后来顺着这些线索，挖掘出一批像茅台、中集、伊利等优质而低价的股票，受益匪浅。

追　　随

2005年的一天，我发现赵老师的资金已经翻了几番，数值超过了500万元，赶紧兴奋地给老师打去电话。他得知后，只是在电话那头说了句，"嗯，可以做点事了"。却没说想做什么。又过了一段时间，赵老师才终于告诉我答案，他哪里是想投资什么大项目，而是一直打算将这笔钱款用于资助穷苦的孩子求学！

我们这个行业，真是一天到晚在钱眼儿里打转，想的总是怎么让钱变得更多、再多，对于这不断滚动的数字背后蕴藏的意义却想得很少、很少。赵老师的答案对于我们来说，像是在暗室里打开一扇天窗，光亮穿过窗户，赋予这些无意义的数字鲜活的色彩，这色彩蕴含着的意义，是我作为学子在清华园受教的时候模糊感受到过的。在被赵老师深深震撼之余，我决定在他需要时定要助他一臂之力。

又过了一段时间，赵老师在电话里告诉我，他在延庆找到一所合适的学校，打算在那里开展助学活动。后来我才知道，赵老师为了把捐资助学的事情落到实处，为了解贫寒学子的实际学习和生活状况，自己坐着公共汽车一次次地远赴延庆进行实地调研。经调研，他找到了答案，从小学到初中有义务教育，大学有国家的助学贷款，他的钱应该花在穷孩子"最要劲"的高中，这才是"边际效用最大化"。还记得赵老师当时对我说，"我们这点钱，给那些求告无门的困难学生帮一把，能让他们进到大学就好办了"。

于是，在2006年，赵老师的助学项目启动了。经过数月的尝试，他发现由于缺乏监督机制，善款无法最大限度地得到利用。为了解决这个问题，他通过广告等途径找到了中国教育电视台的助学项目，希望借助媒体较为成熟和强大的监督机制来提高助学的效率。随后，我受赵老师之托跟随电视台的工作人员前往几个贫困地区考察当地情况，看到有些贫困的学生每天只有一元钱的伙食费，也看到不少学生为了省钱利用午休时间做饭填肚子。赵老师得知这些情况之后，更加坚定了资助这些追求上进的贫困生的意向。目睹贫困学生生活的我，也深受触动，不由地追随赵老师走上了这条具有"清华色彩"的助学之路。

2006年至2009年间，赵老师和新同方公司共同出资，联合中国教育电视台开展助学活动。还记得在讨论助学项目的名称时，我们都认为取赵老师之名"家和"最为合适，不仅可以冠发起者之名，还可以借"家和国顺"之义。但唯独赵老师不同意，还叮嘱我们一定不能将他的事情宣传出去。最终，赵老师为助学项目取名"兴华"，意在鼓励孩子们为振兴中华而读书，"兴华助学"因此而得名。现在想来，这其实与赵老师一贯低调的行事风格十分相符。此后，兴华助学项目先后在湖北、江西、甘肃等地的70多所学校共资助300多人，资助款近200万元。许多贫困的高中学子因为赵老师的善举得以继续学业。

经过三年的尝试，我们发现这个助学项目的受助对象分散在全国各地，始终无法形成系统、持久的助学模式，资助的效果也难以跟踪考察。同时，中国教育电视台项目阶段性的结束，也使得我们不得不重新思考新的助学模式和出路。为此，我们有过几番尝试，还曾在大连的一所高级技校开展过助学，但都未达到期望中的效果。就在这寻寻觅觅中，2009年，我们在机缘巧合之下找到了甘肃省白银市实验中学的席明珍校长，席校长先前在其他学校担任班主任时带过参与教委"宏志计划"的班级。受其经验启发，以班级为单位的"兴华助学·新同方班"模式应运而生。新同方班每年在白银市选拔50名家庭贫困但成绩优异的学生，向每名学生提供3000元/学年的助学款。除了经济上的资助外，我们在学生的精神成长方面也投入不少精力，我们每年邀请专家学者进校园与学生开展座谈活动，并先后组织新同方班老师参观上海世博会，组织新同方班学生前往北京参观鸟巢、清华大学。从白银实验中学整班资助开始，兴华助学把捐助范围从全国多地向西部不断聚拢。

在参与中国教育电视台的助学项目和找到白银实验中学落实助学模式等尝试的过程中，我渐渐了解到赵老师不希望影响到新同方正常投资管理业务的想法。于是我告诉赵老师，这些事对我来说是很有意义的，对新同方健康和持续的成长也是很有意义的。助学项目刚开始时，我也有过类似的顾虑，经常自己悄悄地去做助学的事，但后来新同方的年轻人问我：刘总，为什么不带着我们一起做做这些事情呢？我才发现，其实公司的同事们也有心参与到慈善助学的活动中来。随后，经新同方董事会协商，我们在公司内部成立了一个部门，专门从事助学的相关工作。

晴天霹雳

沉重的打击总是来得令人猝不及防。2009年7月，正当助学项目步入正轨的时候，我却从赵老师那里得知一个晴天霹雳的消息，他在例行体检中查出了肺癌晚期，癌细胞已经在向脊椎和脑部转移了。消息降临的那一刻，我的大脑一片空白，回过神来的时候，心中已经涌上滚滚怒意。我忿忿于命运对心怀仁爱的赵老师竟是如此的不公！想到疾病的治疗，我赶紧查了查赵老师的账户情况，发现资产已过千万，足够为赵老师接受最好的治疗提供保障，心情这才稍稍缓和了一些。我稍作整理，立刻带着这个好消息前往北京探望赵老师，可谁知我一提及用账户里的钱接受最好的治疗，赵老师就立刻拒绝了，他嘱咐我账户里的钱要留着，一定不能动。

  2011年，赵老师的病情恶化。为使兴华助学更加长久有效地运作下去，赵老师找到昔日的同事及学生——清华大学经管学院的党委书记陈章武教授，委托他筹划成立兴华青少年助学基金会。那时，赵老师已经同家人做了决定，打算将理财账户中的所有资金投入助学基金会，后来经陈老师再三劝说，他才勉强同意留下10%，暂时留作备用。这一年恰逢清华大学百年校庆，甘肃的校友听说基金会筹备的消息，都热情表示希望基金会落地甘肃。2012年2月，在甘肃团省委的支持下，甘肃兴华青少年助学基金会在兰州正式成立。

  还记得后来几次去看望赵老师，他半卧在病榻上和我聊助学、聊经济形势，看起来神采奕奕。说起这些热爱的事情，赵老师似乎暂时忘却了病痛的折磨。聊得累了，看着窗外丽日当空，和风拂柳，赵老师微笑着对我和护工说："我们一起去晒晒太阳吧！"全身洋溢着对生活和生命的热爱，也许这正是他润物细无声的力量源泉。即便承受着病痛的折磨，赵老师也不曾忘记关爱学生。自患病后，赵老师自学了不少相关的医学知识，经常和我们分享他的所学，还不忘叮嘱我们如何预防疾病。不仅如此，赵老师对我的家人也十分关心照拂。还记得那时小女恰逢升学关头，正为专业的选择而踌躇烦恼，赵老师建议小女在感兴趣的文学、史学和法学方向继续深造，小女听取了赵老师的建议，一路走来受益匪浅，至今仍在相关学科钻研深造。

  赵老师把太多的爱给了贫困地区求学的孩子，给了身边的友人和学生，却唯独对自己和家人分外苛刻。有次我去北京肿瘤医院探望赵老师，他的夫人和儿子也都在。那天赵老师的气色不好，身体也很虚弱。他们在清华的住所距离医院比较远，为了方便照顾父亲，赵老师的儿子赵强准备在医院附近临时找个地方住下。考虑到照顾病人十分辛苦，我提议找个条件好一点的宾馆，但赵老师并没有应允。探视结束准备离开时，赵老师的夫人——吴嘉真老师还反复叮嘱儿子，"要找个便宜点的招待所"。这种苛于待己、施爱于人的精神赵老师一直秉持到离世，按照他的遗愿，赵老师离世后没有安排任何告别仪式，连遗体都捐献出去用于医学研究。就如同赵老师生前对探病的老朋友所说的那样，他"求仁得仁，了无遗憾"了。

第一章 晚霞

仁爱的种子生根发芽

斯人已逝,精神长存。多年来,众多友人、校友和学生纷纷加入兴华助学的行列,接力兴华精神。在兴华人的不断努力下,兴华助学基金会秉持着"雪中送炭"的助学宗旨,稳扎稳打地发展至今。兴华助学基金会2019年全年发放助学金5 526 000元;正在资助的学生已超过2000人,覆盖19所高中;兴华爱心人士全年召开46场师生座谈会,举办了52场专题报告和讲座。不仅如此,兴华助学基金会所有的工作人员都不曾从基金会领过一次工资,都尽其所能地保证善款能够尽数用于受助学生。

让我欣慰的是,追随赵老师一路走来,我看到仁爱化作力量,鼓舞着许多贫困学子完成求学梦想。就在赵老师离世的那一年,白银市实验中学高三年级新同方班创造了该校一个新的高考奇迹,全班43名考生二本上线率达到97.67%,一本上线率高达88.37%;我也看到这份仁爱生出温暖,慰藉穷苦学生心灵的伤痛。我至今无法忘怀,第一次参加这一届新同方班学生的班会时,孩子们谈起各自的家庭状况,触及心酸之处,哭成一片,当时我还十分担心。第二个学期再去探望时,他们竟已解开心结,欢声笑语中流露出自信和希望,似乎在这些孩子的眼里,已经没有什么克服不了的困难。

更加让我欣喜的是,赵老师播撒的仁爱种子渐渐生根发芽,温暖着更多人的心灵。这些年来,兴华的受助学子们源源不断地将仁爱之心回馈社会。成功踏入高等学府的兴华学子们,从祖国的四面八方主动回归夏令营等助学活动中,以志愿者的身份与学弟学妹们分享学习和生活经验;已经步入社会的兴华人纷纷捐出自己的工资,坚定地将仁爱之心传递下去……让我印象极为深刻的是,当年在与教育电视台合作的助学项目中,我们资助了一位来自湖北恩施的残疾女孩,之后她考上师范大学,毕业后回到恩施山区,成为一名小学教师。我们得知她的消息后甚是欣慰,到学校看望她,考虑到她的特殊情况,想再助她一臂之力。然而问起她是否有什么需要帮助之处时,她却对自己的需求只字未提,只说想给学生置办些美术教具,这样就能给他们上美术课了。

这一件件发生在眼前的事,化作更多仁爱的力量,激励着我在求仁之路上努力前行,新同方也在这条道路上不断探索和尝试着更加合理有效的助学模式。一方面,我们先后在江西省抚州市第一中学和云南省南涧县民族中学试行了助学励学模式;另一方面,近年来,由于白银市的经济状况逐渐好转,白银实验中学的贫困生比例也逐年下降。为此,2015年,我们对"兴华助学·新同方班"实行了新同方公司励学金与兴华基金会助学金的资助方式,开启了助学与励学并存的新模式。2019年，我们再次根据白银的实际情况调整助励学计划，经兴华基金会、白银市实验中学和新同方公司三方协商，我们决定对2020年起入学的新生，在年级范围内继续资助贫困生的同时，将更多的重心转向"兴华助学·新同方班"的励学工作，以更多有益学生发展的励学活动取代励学金的发放。在新的时代背景下，我们认为应该更加注重学生的精神成长。除了每年两次与学生座谈的惯例之外，自2017年起，新同方公司每年都为高二年级的"兴华助学·新同方班"举办深圳主题夏令营，并将其打造成我们的特色励学活动。我们为夏令营安排了知名企业参观、清华大学在校生座谈会、义工讲座以及博物馆参观等丰富行程，旨在帮助学生们开阔眼界，并尽可能在专业选择和职业规划方面给予他们启发，在升学的紧要关头为他们提供更多精神上的助力。

吾欲仁，斯仁至矣

回忆与赵老师相识以来的点滴，惊觉这已经是他离开后的第八个年头了。对于我来说，与赵老师故事的开始，也是我求仁之路的开端。追随赵老师的这一路上，我也曾疑惑到底何为仁、何以求仁，直至看到一名又一名的兴华人在赵老师的感染之下踏上求仁之路，我似乎已经得到了想要的答案。孔子曰："吾欲仁，斯仁至矣。"也许从我们开始追求仁爱之心的那刻起，"仁"就已经扎根在我们的生命中了，求仁只是一个自然而然的过程。而当看到赵老师的仁爱之心播撒出去，生出了更多爱的力量时，我便深深觉得，仁爱之心的感染力珍贵于仁爱之举本身，也许每个人的心中都有一股仁爱的力量，只是需要机缘将其激发出来。

回到当下，疫情当前，我们的民族、国家和体制都面临着巨大的考验。受到赵老师仁爱一生的启发，我想，也许我们可以创造更多的空间与机会，激发人们心中仁爱的力量，让这股力量引领更多的个体战胜恐慌、有所作为。所幸目前国内的疫情已基本得到控制，相信不久之后，经过疫情考验的我们，能够以更加强大的姿态应对未来的困难与挑战。新同方也会继续追随赵家和老师的仁爱精神，在求仁之路上坚定地一直走下去。

刘迅，清华大学经管学院本科1986级校友，1997年创立深圳市新同方投资管理有限公司，2006年开始协助赵家和教授助学，现为甘肃兴华青少年助学基金会理事。

毕生释放光与热
——深切缅怀赵家和老师

■ 清华大学经济管理学院党委办公室　执笔：万军

赵家和老师健在时，我对他所知不多，尽管那时我在清华经管学院校友事务办公室工作，我也只知道他曾担任学院副院长，是一位看起来很普通的退休教授。2017年，赵家和老师已经去世5年，经管学院党委报道并组织师生学习他的事迹，当时我与几位学生访谈了赵老师在大学时的同窗和后来工作时的同事，又翻阅了大量资料，才对他的生平事迹有了更深入的了解。在我心中，赵老师的形象立体生动起来。

结缘清华，积厚成器

赵家和老师是地道的清华子弟，人生之初结缘于清华、求学于清华的坚实厚积，奠定了他一生的方向，也使他成为一位器识不凡的清华人。他于1934年9月21日出生于清华园新南院（即今新林院）21号。父亲赵凤喈，字鸣岐，是著名法学家，1933—1949年任教于清华大学，抗战期间在西南联大执教并担任法律学系主任一职，随校返回北平后任清华大学新设法律系主任，兼清华研究院法科研究所政治学部主任。1937年，三岁的赵家和随父母南迁至云南昆明西南联大，1940—1945年在昆明粤秀、崒崀等小学学习，1945—1946年在西南联大附中学习，1946年随家人迁回北平。1946—1948年在燕京大学附中就学，1948—1951年入读北京四中高中部。

1951年9月，赵家和考入清华大学电机系，大二时，他因儿时对无线电的痴迷而选择转入新设立的无线电工程系。他天资聪颖，勤奋好学，成绩优异。大一时实行百分制，他的各科成绩平均为优良等级（80分）。大二至大四评分改用五分制，他所修课程的绝大多数——27门均获满分五分，仅有3门为四分。1954年，他荣获清华大学首届学习优良奖。1955年大学毕业时，他因品学兼优，获得清华大学首届"优秀毕业生"奖章。除了学业上成果丰硕，他在社会工作、学生工作等方面也表现突出。他从中学起成为无线电爱好者，对无线电应用的谙熟达到了相当水平，大三时，即1953—1954年，校学生会聘请他担任学生会广播技术组组长。一年内，他脚踏实地，不辞辛苦，出色地完成了工作任务。由于各方面表现突出，同学们一致选举他担任班长，并亲切地称呼他"赵头"。1955年毕业前，他所在的班级被评为"校先进集体"（全校最高荣誉）。

毕业之际，赵家和对自己的未来从未抒发过弘誓大愿，但他在学习中的自强不息、发奋进取，社会工作中的历练，校园生活的陶冶，都为他日后参加工作、为社会作出巨大奉献奠定了坚实的基础。在工作中，他总能自然而然地做出恰当的抉择。清华大学经济管理学开创初期的院党委书记邵斌老师如今回忆起赵家和的那段岁月，曾做出如下评价："回头看，他正是在他的人生之初——少年青春之际，就把他那聪明的头脑和旺盛的精力，专心致志地用到基础知识和专门业务的学习上了，并且达到了优异的程度，这为以后不论在哪一个岗位上，他都能开展起创造性的工作，打下了深厚而坚实的基础，并形成了他的那种哪里需要就到哪里去、无私奉献的价值取向，以及求真务实的思维方式。这样的人，不正是新中国建设最急需的人才吗？他的这个成功的开始，几乎就是他整个人生成功的一半！"

情系教育，释放光热

在此后四十三年（1955—1998年）的教书育人生涯中，赵家和老师在清华大学默默无闻、无怨无悔地释放光和热。1955年6月，他毕业后留校任教，先后在无线电系、电教中心、科研处、经管学院等多个院系和部门工作。1955—1977年在无线电系工作期间，于1960年被聘为讲师，讲授《无线电材料》等课程，还曾担任实验室主任等职。1961年12月，他加入中国共产党。1969年后，他先后在江西鲤鱼洲农场、清华绵阳分校工作。1977年，他调到电化教育中心，不久后担任电教中心副主任，负责全校电化教学的建设，开拓新兴的电化教育工作。他英语水平很高，在电教设备订货、验收、队伍培养及翻译等方面发挥了重要作用。1979年，他调至科研处，并被聘为副教授，先后担任科研计划科科长、科研处副处长，从事科研管理，负责全校科研设备的管理和采购。1983年，世界银行向教育部提供了一笔无息贷款，由于谙熟专业、精通英语，他受命前往美国选购计算机等先进仪器设备，出色地完成了任务。

1984年，清华经管学院成立。1985年，赵家和老师调至成立不久的经管学院，并被任命为院长助理兼管理信息系统系主任。1986年，他被任命为经管学院副院长，1987年又受命兼任国际贸易与金融系主任，1989年被聘为教授。在任期间，他对经管学院的学科布局和发展，特别是对金融学科的发展，作出了卓有成效的贡献。

在漫长的岁月里，赵家和老师始终从祖国的建设需要出发，坚决服从组织安排。分派给他的工作跨越无线电、计算机、经济管理等多个专业领域，充满挑战性和开创性，他不断放弃已有建树的业务，欣然接受新的任务，并做到"干一行、爱一行、精一行"，在每个岗位上都做出了十分突出的成绩。正如原经管学院党委书记陈章武老师所说，赵家和老师"从无线电、计算机再到经济金融，始终站在学术潮流前沿"。教书育人是他一生的理想追求，他的课程理论联系实际，教学方法灵活多样，内容丰富新颖，善于营造轻松活跃的课堂气氛，深受学生欢迎。而他"最高兴的时候"就是"讲一个问题，别人听懂了"。他为人师表，关爱学生，热心帮助学生成长，其治学态度和长者风范受到学生和同事们的尊敬与爱戴。清华大学党委常务副书记、副校长姜胜耀称赞赵家和老师是"一位有担当、有风骨的知识分子"，不仅是"教育的灵魂"，还是"时代需要的脊梁"。

爱国奉献，炭火不熄

1998年，赵家和老师退休，因毕生从事教育，很快便萌生了对贫困学生捐资助学、雪中送炭的想法。通过积攒资金、积累经验、实地调研（包括一次次挤919路公交车去北京延庆调研）的充分准备，他于2006年正式开始实施助学计划。到2010年12月底，他将个人积蓄和退休后在国内外高校、企业讲学的收入所得，以"一位清华退休老教授"的名义，先后资助学生近一千人次，共支出助学金210余万元。2009年7月，他在体检中查出了肺癌。2011年3月因身体状况日趋恶化，他找到往日的学生兼同事陈章武老师，把自己名下节衣缩食积攒的1409万元毕生积蓄委托给他，请他帮助筹建助学基金会。2012年2月，甘肃省兴华青少年助学基金会正式成为在民政部门注册的非公募基金会，赵老师的捐赠终于成了基金会的资产。

2012年7月22日，赵家和老师去世。去世前他决定捐献遗体，他把自己"捐了个干干净净"，实现了他"求仁得仁，了无遗憾"的夙愿。去世迄今已过八载，赵家和老师虽不留名，但他将自己毕生积蓄倾囊献出、将自己一切毫无保留地奉献社会的事迹已广为传诵，产生了强烈的社会震撼。赵家和老师的一生从心系清华教育事业到心系国家扶贫战略、复兴大业，他所开创的公益事业及其中蕴含的公益思想符合新时代要求，必将得到更多人的学习、继承与弘扬。他身后，甘肃兴华青少年助学基金会在理事长陈章武老师的带领下，正在资助越来越多的寒门学子，基金会的助学行动得到了社会上的广泛响应，各界爱心人士纷纷加入，捐助范围和捐助规模都在不断扩大,已形成显著的社会效应。

赵家和老师的一生犹如持续释放光和热的炭火,燃尽了自己,温暖了寒门学子。这燃烧了一生的炭火源自哪里?源自于他深植的清华情结,源自于他所践行的"爱国奉献"的清华精神,源自于他"时刻把党的利益和需要作为自己努力目标"的铮铮入党誓言。对于祖国和人民,他始终深藏着一份深沉而隽永的爱。正是他这种满腔的爱国情怀,在教育生涯中,汇聚成了像炭火般无私奉献的强大精神支柱和巨大的动力源泉。他做到了,以自己毕生的一切投入到对社会、民族、国家有意义的事业中去。他出生于斯,生活于斯,学习于斯,工作于斯,而今天,我们要纪念他,缅怀他,让从他身上释放出的光与热源源不熄,去温暖更多的人,去照亮这个社会。

万军,清华大学经济管理学院 MBA 中心资深编辑。

34-37新林院21号

1934年9月21日,赵家和出生于清华园。图为幼年时在清华园新林院21号的家中留影。

儿时的赵家和。

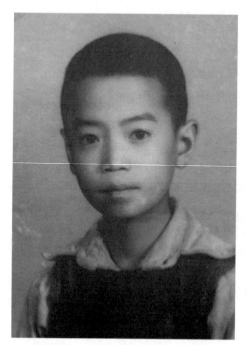

小学时期的赵家和。

抗战时期赵家和与父母在昆明合影。

1951年，16岁的赵家和考入清华大学电机系学习，1952年转入新成立的无线电系，大学四年担任班长，同学们亲切地叫他"赵头"。图为赵家和的学籍卡。

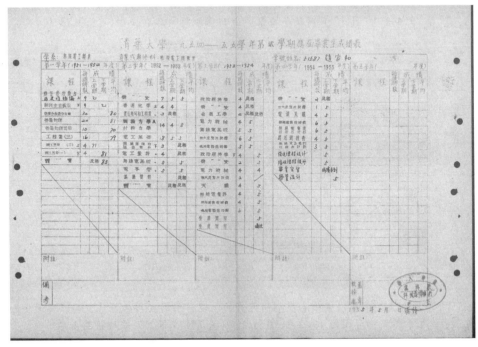

赵家和学习认真、成绩优异，很多课程获得满分。图为就读时的成绩单。

第一章 晚霞

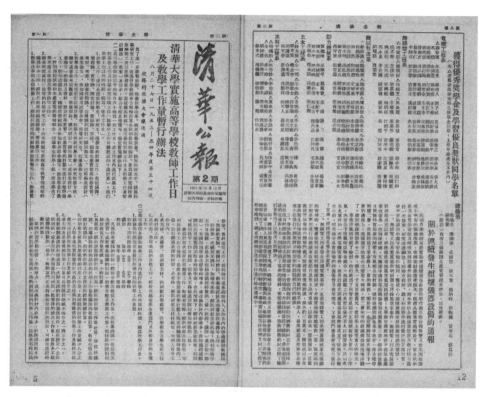

1954年，清华大学设立学习优良奖、优秀毕业生等奖励。赵家和荣获首届学习优良奖状。图为1954年10月12日《清华公报》上刊登的获奖名单。

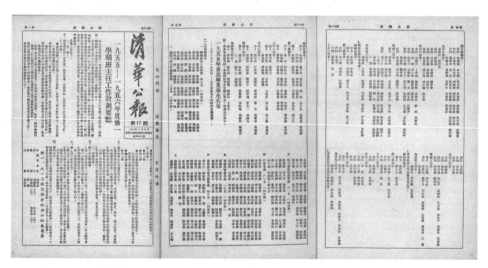

1955年赵家和大学毕业。凭借在校期间优秀的表现，同时获得学习优良奖、奖学金和优秀毕业生三项奖励。图为1955年10月20日《清华公报》刊登的获奖名单。

1955年,赵家和留校在无线电系工作,1960年被聘为讲师,讲授"无线电材料"等课程,还曾担任实验室主任等。图为在无线电系工作时的照片。

1969年,赵家和被派往江西农场,后又到四川绵阳分校工作。图为他1971年从江西回北京的路上,途经井冈山黄洋界留影。

1961年12月,赵家和在无线电系工作期间,由李章华、茅于海介绍,加入中国共产党。

第一章 晚霞 | 37

1977年，赵家和调入新成立的电教中心，不久担任了电教中心副主任，负责全校电化教学的建设。

1979年，赵家和被聘为副教授。他一心扑在工作上，很少有时间陪伴家人。图为70年代赵家和全家在清华园合影。

1979年，赵家和被调至科研处，先后担任科研计划科科长和副处长，从事科研管理。图为1983年赴美购置计算机及培训时留影。

1985年，赵家和被任命为经管学院院长助理兼管理信息系统系主任；1986年，被任命为经管学院副院长；1987年，受命兼任国际贸易与金融系主任。

赵家和在国际金融、投资学、公司财务等领域有深入的研究,图为他参与编著的《当代金融市场》一书。

1986年校庆与陈岱孙(左二)等合影。

1987年10月20日,赵家和(左二)参加祝贺陈岱孙执教60年暨陈岱孙经济学奖学金颁奖会。

1988年在波士顿与胡祖六、李稻葵合影。

1988年在纽约与汪潮涌合影。

1988在美国讲学时与学生合影。

赵家和（后排右二）向学生颁发社会实践奖状。

1991—1992 年在 UT San Antonio 做客座教授。

1995 年在香港参加国际学术论坛，发表关于中国经济的讲演。

经管学院师生老馆前合影。前排右四为赵家和。

2002年,赵家和夫妇在美国与硕士毕业的女儿赵蕾合影。

赵家和生前一直使用的"嗡嗡响"老式横放计算机主机。

赵家和生活简朴,几件衣服春夏秋冬几十年。

摄影是赵家和唯一业余爱好,却一直和家人合用一台非常普通的照相机。

第一章 晚霞 | 43

第二章

炭 火

雪中炭火,温暖了冻僵的手脚,也点燃了一盏盏希望之灯……

从未谋面的怀念

■ 余国忠

光阴荏苒,转眼间甘肃兴华青少年助学基金会陪乐都学子走过近十年,我有幸与各位爱心人士一起走过这十年的助学之路,一同见证了基金会的筹备、成立、发展及壮大。

回顾过去的点点滴滴,有些人和事已被时光冲淡,但赵家和老师在我心中的形象却愈加清晰和高大。其实,我从未见过赵老师,在接触兴华助学之前也从未听说过"赵家和"这个名字,象牙塔中的大学教授是离我很遥远的存在。

初闻赵家和老师的名字,是 2011 年 7 月 14 日。当时清华大学经管学院陈章武教授第一次来海东一中(原乐都一中),陈老师只说赵老师是他的恩师,受赵老师的委托在我校开展助学工作,由于基金会还未正式成立,以基金会筹委会的形式先期开展助学工作。后来我在网上做了查询,对赵老师在工作和学术方面的成就有了一些初步的了解。

2012 年 7 月 22 日,我突然听到了赵老师去世的噩耗,当时真是万分悲痛。2012 年 8 月初,收到陈章武教授的邮件,邀请学校派员参加赵老师的追思会,学校派马如鹏副校长参加了追思会,我因有事未能同去,但内心很不平静,于是给陈章武教授发了一封邮件表达我的哀思。

尊敬的陈教授及白秘书长:

你们好,首先对不能来兰州参加赵家和教授的追思会表示深深的歉意并鞠躬,对于陈教授及兴华助学的全体同仁的不懈努力表示无限的敬意。

我与赵教授从未谋面,仅仅在网上对赵教授的生平及工作经历有点滴了解时,他却离我们而去了。但就是这样一种平和的方式,他老人家在我们心中的形象就愈加的高大和光辉了。记得陈教授 2011 年 7 月 14 日第一次来我校时就对我们说,兴华助学基金会的发起人是他的恩师赵老师,赵老师用一生的积蓄和满腔的热忱设立了兴华助学基金。我不知道赵教授的生平与学术建树,陈教授也没有对我们多讲,只是说他也不愿意太张扬。但他在人生最后一刻所做的决定就足以让我们肃然起敬。他享年只有78岁，走的时候没有遗体告别仪式。最后连自己遗体都捐献给祖国的人，无疑是一个纯粹的人，是一个心中只有他人而唯独没有自己的人。所谓大爱无言，真爱无声，他老人家以自己的行动，默默地诠释了这一切。祖国要强大，西部要崛起，需要我们每一个公民的觉醒与努力，或许你我的力量是微不足道的，但在赵教授严谨治学、淡泊名利、无私奉献精神的感召下，相信会有许许多多的人加入我们的行列，同我们一起去努力。

谨以此信表达我对赵家和教授的无限哀思和崇高敬意，我愿与兴华助学的各位同仁一起携手，沿着赵老师开拓的路走下去，共同做好学生资助的各项工作，帮助更多西部的贫困学子学会做人，学会学习，帮助他们用知识武装自己，让他们早日成为祖国建设的有用之才。愿敬爱的赵家和教授一路走好，天国安息。

拜叩，拜叩，拜叩。

余国忠
2012年8月19日

印象最深的是陈教授多次提到，赵老师多次讲到助学时不许提到他的名字和具体情况。而我刚刚通过网络对赵老师有了一些了解，他却永远地离开了我们，怎叫人不伤心难过。

赵老师心存大爱，一直在做雪中送炭的事，帮助了许许多多的孩子。有位叫小梅的姑娘就是海东一中首批得到赵老师帮助的孩子之一，她的家庭情况极其特殊，孩子成长路上也多受磨难。我在这里实录下孩子在助学金发放仪式上的发言稿。

尊敬的各位领导、敬爱的陈章武教授、亲爱的老师：

大家好。我是高三（12）班的小梅，很荣幸能够代表受助学生发言。在这样的时刻，我只是想说说我的心里话，我一直在寻找这样一个机会，希望把母亲和我的故事说出来，也许现在还不是时候，但是在这样的场合我觉得我应该说一说。

我出生在一个贫寒的家庭，在我两岁那年父母离异，所以我被母亲抚养长大，在这十几年的风风雨雨里，与母亲相依为命。也许这样的单亲家庭并不少见，也不足为奇。的确，如果父母健全那当然不难，可是我的母亲却由于小时候的医疗事故而丧失了劳动能力，并且，医疗事故还引起了一系列的并发症和后遗症。由于当时的法律意识不高，所以也只能认命。也许常人很难想象，一个患有心脏病、高血压、类风湿性关节炎、骨髓炎、眼底动脉硬化、还做过大大小小几十次手术的人是怎样活下来的，更难以想象她用自己的坚强和倔强，艰难地抚养着她的孩子，供她上学。这个人就是我的母亲。

在母亲那里我学会了坚强，学会了用感恩的心去对待生活，用乐观的精神去跨越障碍。母亲没有霍金那么伟大，但平凡的生活中见证着她的伟大。记得我小时候，少不更事，看到母亲臀部的伤疤像螺丝洞那样深陷下去，以为我的妈妈是超人，但是等我真正长大了才知道母亲所承受的痛。

生在贫寒的家庭，因为穷，所以难免受欺负，但是同样有很多善良的爷爷奶奶、叔叔阿姨、老师同学，用他们的爱心为我搭建成长的路。我一路走来，并不是因为自己的强大，而是一路上无数双充满爱心的手，给我温暖和鼓励。是这份爱和感动让我对生活充满感恩，是这份温情给我前进的动力，让我挣脱命运的桎梏，追求自己向往的生活。

对于我们贫困生来说，上学是一种幸运，能给我们上学的机会和条件是我们莫大的幸福，我们的内心被温暖包围，我们是被阳光照耀的孩子，所以，我们会更加珍惜改变自己命运的机会，努力拼搏，用优异的成绩回报每一个关心我们的人。到我们有能力了，我们会去寻找并帮助那些和我们一样处在困境中的人，给他们温暖和感动，给他们活下去与命运抗争的希望和勇气。

上苍给每一个生命都设置障碍，为的是让我们领悟生活，磨炼意志，让我们最终以乐观积极的态度去对待生活，用从容淡定的心态去看云卷云舒。我们感谢帮助我们，给我们一臂之力的爱心人士，相信年轻的我们会用生命热情书写人生的篇章，不让帮助我们的人失望。

最后请让我代表我校万千学子，对向我们伸出援助之手的陈教授及各位叔叔阿姨表示最衷心的感谢。

谢谢你们了！（鞠躬）

学生：小梅
2011 年 7 月 14 日

像小梅这样的许许多多的孩子在赵老师和兴华助学基金的帮助下得以健康成长，实实在在地改变了命运。

赵老师更是用自己的行动，以无言之教，给孩子们的心灵注入了力量。2016届高三毕业生小雯这样写道：

"我是在听赵家和爷爷的故事中成长起来的。基金会最初的基金是赵家和爷爷靠着自己年复一年的节俭凑成的，他家中的摆设极其简单，生活非常俭朴。就在生命的最后时刻也想着节俭，为了能省一点钱，不用进口的药。有时我会想节俭和吝啬的差别到底在于什么？如若不知那些行为的目的，又怎能轻易划分节俭与吝啬呢？或许在爷爷没有将自己的想法说出之前，在某些人眼里，他无非就是个吝啬鬼，但是，他心中的大爱足以让那些认为他吝啬的人汗颜。赵家和爷爷有一点最让我感动，那便是真实。……赵家和爷爷的一生都在成全他人。当学校需要电化教学方面的人才时，他从事电化教学；当学校需要他在科研处工作时，他搬到了科研处；当学校需要创建经济管理学院时，他服从安排。哪里需要他，他便去哪里；谁需要帮助，他便成全谁。爷爷的成全不是暂时的，他将自己的毕生积蓄委托给自己信任之人，继续着他的成全，成全那些有梦的青年，成全那些有希望的父母。……从未有机会说声"谢谢"。爷爷，谢谢您给予我的帮助，谢谢您用实际感化我，谢谢您用行动教育我。"

从赵老师的大爱中受益的不仅仅是贫困学生，可以毫不夸张地讲，甘肃、青海等所有合作学校的师生都获益匪浅。因为兴华基金会的接棒人陈章武教授充分传承并发扬了赵老师的精神，把赵老师的大爱传播到了更广阔的天地，影响教育了更多的人。

十年来，基金会在陈章武教授的带领下，每年都要走遍所资助的几十所学校，在每所学校不仅发放助学金，还有家庭调查、座谈会、回答学生提问等许多工作。除了针对贫困学生之外，还面向全体学生做了许多工作，如励志讲座、学生心理辅导、师生拓展训练、联合中兴通讯公益基金会开展科普讲座、举办夏（冬）令营、联系爱尔眼科开展视力检测、免费为学生配镜、联系清华大学学生开展学习方法指导、社会调查等社会实践活动、联系香港明德基金会开展大学生资助等等丰富的活动。十年来，基金会工作人员及义工二十多次来乐都，每一次助学金发放和交流活动都是对学生最好的教育和精神鼓励。陈老师更是每年至少一次，前后走访学生家庭80余户，在乐都的行程累计5000余公里，走遍了乐都南北二山的十几个乡镇，把爱送到许多学子家中。

回顾兴华基金十年来在乐都的足迹，我自己也感到惊叹。十年来我校共有360多人得到了基金会的资助，累计发放助学金170万元。截至2019年12月，已经有259名受助学生顺利完成高中学业，他们全部升入大学就读，其中考入一本院校211人，一本率达81.47%，历年一本率均高于学校平均水平。也就是说，来自贫困家庭的孩子在兴华助学的帮助下得到了更好的发展。

我与赵家和老师从未谋面，可是这些年来陆续了解了很多。赵老师做好事不求名、不求利的思想也对我有着深深的影响，它时刻净化与教育着我。赵老师无私奉献不求回报的精神引领、教育了一批人。我从兴华基金会的接棒人陈章武教授身上看到了赵老师的身影。从2011年起,当时基金会还在筹备阶段,陈教授就开始在西部奔波。每一位兴华人以及助学的参与者都是新时代的追梦人,多年来都在努力奔跑。

在媒体报道之后,赵老师的大爱精神感染影响了更多的人。天津市电力公司退休职工王娅大姐就是其中的杰出代表。王娅大姐在报纸上看到赵老师事迹后就投身兴华助学开始帮助孩子。王娅大姐生前捐出包括房产在内的所有财富,在身患癌症生命进入倒计时的情况下,仍坚持参与兴华助学,帮助寒门学子筑梦。王娅大姐是不普通的普通人,她的事迹既平凡又不平凡。她的乐观,她的善良,是最真实的。她以自己的方式帮助别人,她面对死亡活出了最暖的样子,她像赵老师一样找到了生命的真谛。她放弃了治疗,但没有放弃对美好生活的向往,像赵老师一样燃尽了自己的全部,照亮了西部学子的天空。

赵老师留给我们的精神财富是无穷的,他的精神终将影响一批又一批人,我们沿着赵老师的大爱前行,一定能教育培养好更多的青年一代。中华民族的复兴需要更多人的默默努力和无私奉献。

2012年5月于海东一中(后排右二为作者)。

附:2017年2月26日,我到北京参加中央电视台《朗读者》节目录制,见到了赵老师夫人吴嘉真教授及其儿女。后来也有机会看望了吴老师,我许下一个心愿,只要到北京一定要看望吴老师。2019年12月2日上午,我在北京师范大学参加了第二届最美教师志愿者颁奖典礼。前一天到北京后,看望了可敬的像妈妈一样的吴老师。

余国忠,青海省海东一中教师。

万物皆有裂痕，那是光照进来的地方

■ 徐嘉成

泰戈尔曾说："你的负担将变成礼物，你受的苦难将照亮你的路。"人从有自己的生命开始，便沉浸在恩惠的海洋里。

大学是放飞理想的地方，一位西北偏远山区的寒门学子，以"穷且益坚"的姿态，在兴华基金会的帮助下，顺利地收到了心仪的大学的录取通知书。大一结束后，他积极响应国家征兵号召，毅然投笔从戎，报效祖国。今天我们一起认识这位大山深处的学子，聆听将负担变成礼物的励志故事。

——题记

我是徐嘉成，是从甘肃边陲小镇考入吉林大学的一名大学生，也即将成为一名中国军人。此时此刻，我的内心无比激动，能有今天的成就，得益于默默无闻帮助我的每一个人，在我生活压力巨大万般窘迫时，一个有爱的组织出现了，它就是甘肃兴华青少年助学基金会。

我与兴华基金会的缘分

2015年的那个秋天，我怀着无比忐忑的心情踏进了高中的校门，喜忧参半。高兴的是人生开始了一个新的阶段，惆怅的是巨大的生活压力让我没法静心学习。我是一个单亲家庭里的孩子，从小父亲去世，还有一个高二的哥哥。九年义务教育的结束，意味着我们继续求学的压力更大了，高中要交这费那费，每次交费都特别紧张。看到母亲手足无措的样子，我特别心疼。那时候的我，真的想挣钱替母亲分担，可母亲不让，她说我要读书，上大学，才会有出息。日子就在这么一天天地过着……

那一天，天气很好，班主任走到教室，说了兴华基金会的资助项目，最后按照学习与家庭两个条件，我获得了一个名额。从此，我便与兴华基金会结下了不解之缘。

物质与精神的双重馈赠

依旧记得很清楚，在第一次兴华助学金的发放仪式中，兴华助学基金会的爱心人士和我们交流了很久，我们不仅收到了沉甸甸的爱心款，还收获了很多精神的洗礼与为人处事的经验。从此我的心中埋下了一颗种子：不要看现在家中很穷，只要我有一颗心，有一腔热血，就一定可以改变贫穷。物质的贫穷不算什么，精神的贫穷才是贫穷。班主任说："只有学习好，品德好，你才能继续拿这个助学金"。要知道还有很多像我一样的贫困学生，他们或许更需要钱，但名额却是有限的。这使我更加严格督促自己，努力学习。连续三年，兴华助学金从未间断，始终坚持钱到、人到、心到。

实现梦想的第一步

2018年高考，我以优异的成绩被吉林大学录取。兴华基金会对我的爱依旧未曾间断。大学生活第一年，兴华基金会向我资助了8000元，这对我来说无异于雪中送炭。而我也在学习之余努力兼职，整个大一，我不但没向家里要过一分钱，还给了家人一些钱。这一切，都源于兴华基金会给我的支持与鼓励。

由于从小缺少父爱，我的性格不怎么好，充满自卑。在大学里，我在努力学习与兼职赚钱之余，认识了很多朋友，变得比以前外向乐观了，感谢大学生活带给我的改变。

兴华和我有缘，这个机会真的让我心中感激不已。每一次兴华助学金的发放仪式，都是对我莫大的鼓励，让我对学习更加有动力，让我的理想信念更加坚定。各位爱心人士都是有着丰富人生阅历的人，对我们指点迷津，让我们心中豁然开朗。

家国情怀伴我成长

兴华基金会的创立很感人，"炭火教授"赵家和爷爷，用自己一生的积蓄成立了兴华助学基金会。八年里，兴华人历尽艰辛，一心一意地为西北贫困地区的寒门学子助一分力，为了帮助我们而四处奔波筹集爱心善款，兴华在你们的努力呵护下成长壮大，吸引了社会各界的爱心人士。

中兴通讯也成为兴华基金会的盟友，为基金会捐了巨额善款，中兴的员工却要在中美贸易摩擦中咬紧牙关、攻坚克难。

天津的退休女工王娅阿姨的故事感人至深，已经患不治之症的她做出了高尚的选择，把自己一切财产捐给了兴华，以资助寒门学子，而自己输液的输液架却都是用竹竿做的。王娅阿姨笑对人生的死亡,用乐观和对生活的热爱感染着身边的人。完美诠释了"生如夏花之绚烂、死如秋叶之静美"。

社会各界团体与爱心人士对兴华的支持与肯定的背后,是兴华人对初心的坚持和对我们的默默付出。你们高尚无私的精神怎能不让人肯定。兴华,有许多感人的事迹,这些教会了我感恩,让我明白了热爱生活,让我更加乐观自信地面对生活。现在的良好环境,都是背后大家的默默付出,我会更加努力地去学习。兴华的理念,助学筑梦铸人,钱到、人到、心到,资助我的不仅仅是钱,更有精神上的财富。

投笔从戎、报效祖国

都说参军是每个男生的梦想,我也不例外。2019 年,我响应国家的征兵号召,报名参军。作为学校里为数不多的体检政审合格人员,我将保留两年学籍,去部队服役两年。两年后,我可能回到吉林大学继续读书,也可能留在部队里或是考军校,这是未来的变数,我们都不得而知,但我相信我不会辜负自己,兴华人带给我的温暖让我有直面未来的勇气。兴华助学基金会对我的关爱,我永生难忘。将来,我一定要做一个有用的人回报社会,尽我的最大努力奉献自己的能力,为人民服务。

军营里的两年,可能很难再和大家取得联系,很难给白叔叔写信。但不管走到哪里,我都会尽我最大的努力去做好自己。在军营,我不需要助学金,两年回来后我的学费也会由国家报销,这个政策很好,很适合我的家庭。所以在我参军之前,希望兴华助学基金会能够取消对我的资助,把钱给更需要的人,给更优秀、更努力、家庭却更贫寒的人。*

祝兴华助学基金会越来越好,资助越来越多的贫寒学子考上大学,祝陈爷爷、白叔叔和各位爱心人士身体健康,万事如意。

徐嘉成,2018 年毕业于甘肃省平凉市庄浪一中,考入吉林大学,现参军服役。

---

* 徐嘉成同学入伍前夕,第二学年的 4000 元兴华助学金已经打到嘉成同学的账户上,嘉成同学以捐赠的方式又将款打回基金会账户,以帮助更需要的人。——兴华基金会

我想把这爱说与你听

■ 程金霞

一支笔，总想断断续续记录些什么，我若有心，每一声鸟鸣都是温情的诉说。我总觉得随着时间的推移，很多事情都很难再抽出新芽，它会慢慢地老去，死去，直至化为灰烬。但是你能记住的，或许是风雪中的暖阳，只要一缕，便已足够！

忘了从什么时候起，我对这寒冬有一种莫名的喜爱。早晨从结满冰花的窗户向外望去，几枝孤寂的枯树干，以蓝色的天空为背景，倒也像极了一幅画。等到几缕阳光照进来的时候，冬天的早晨就开始了。这样的暖意，像极了我遇到的温暖。

我想把生命中的点滴都记录下来，为自己，为他们。我也想大声说出来，说尽这些年的感动和无数次的动容，可我不知道听众会是谁，我也不知道有谁愿意听，最后，我也只想说与自己听。

从 2015 年遇到你，你便不曾离开过。我记得寒冬的时候，你踏雪而来，却有着夏的炙热；我记得酷夏的时候，你顶着烈日而来，仍有着秋的清爽；我记得夕阳西下的时候，你拖着长长的影子来，依旧带着欢快的笑声。我亲爱的兴华啊，每每想到你时，总有数张可爱的面孔，涌现在我的脑海里，我微微颤抖的嘴唇，只能轻轻地说一句："谢谢你，谢谢你们，给了我冬日里一轮暖阳。"只求春天的风能代我传达给远在四方的你们。

我所知道的兴华，是清华已故教授赵家和爷爷在身患重病时捐款助学依旧心系寒门学子的舍己为人精神；是陈章武爷爷满头白发却依旧奔波助学的崎岖山路；是王娅阿姨三十年的爱心长征，是她身患重病时毅然把自己捐得干干净净的人间大爱；是自愿加入兴华，以志愿者为身份的爱心人士的奉献；是每一次翻山越岭的交流鼓励和雪中送炭的温暖；是每一个兴华孩子内心的一盏长明灯！与兴华相遇的四年时间，我也问过自己，我收获了什么，学会了什么，回报了什么。答案或许在路上，却总要有些许足迹留下。

在高一时初次遇见你，我带着好奇和期待，那时眼里涌出的泪水，是幸福，是激动，亦是感动。你递在我手里的助学金，是父母眼里的希望；你讲的故事，是大山之外的呼唤；你的安慰和鼓励，是梦想的接力棒。大一时再次邂逅你，是我经历高考的成长之后，你呵护的小树苗已经有勇气去面对琐碎的生活了，而你，依旧像母亲牵挂远行的孩子一样，满是叮咛和嘱咐，我走向校园的背包依旧沉甸甸。你守护了我四年，我对你的了解也多了起来，尤其是大一时候接触的王娅阿姨以及参加兴华助学金评审工作，更是让我快速地成长起来。你带给我的震撼和动容也让我对生命有了新的认识和理解。

活着是每一个生命的渴望，但是活着却不是每一个生命的唯一责任，倘若为了活着而活着，那么这段生命便少了一季花期。兴华教会我，无论我们的生命以何种姿态去盛开，总要有自己的意义。是鲜花，便奉献了花香，是土地，便孕育了希望。以前，我觉得帮助别人需要等到自己羽翼丰满之时，再去慷慨解囊，可是现在我却觉得奉献一点爱心，做一点善事，不是强者的义务；不奉献爱心，没做善事，也不是弱者的借口，强者与弱者之间根本就没有分界线。没有人会给善良下一个定义、定一个规则，善良只是每个人心中的光亮和信仰而已。

兴华陪我走过的这段路，没有告诉我具体的路线，也没有指明最佳的终点在哪里，却告诉了我如何走才能不会背弃内心的方向，告诉了我怎样才能走得有自我认同感。在这个世界上，人总要坚持并追求一份能够肯定自己的事业，而且这份事业最好是在利他中满足自己。

生而为人，感受别人的温暖是一种幸运，传递自己的温暖更是一种幸福。我亲爱的兴华啊，谢谢你教我懂得何为爱，何为暖！

程金霞，2018年毕业于甘肃省平凉市静宁县文萃中学，考入山东政法学院。

冬夜里的火把给我温暖和光明

■ 邓 华

我初入高中时第一次接触到兴华助学基金会,那是兴华助学基金会资助任市中学贫困学子的第一年。班主任告诉我们:这个基金会旨在帮助家庭经济困难的学子完成他们的读书梦。

"这是个充满了正能量和爱心的基金会。"我这样想着,可也仅此而已,那时我与兴华助学基金会没有交集,只是为那些接受资助的同学感到高兴。

我没有向班级申请基金会的补助名额。虽然我父亲患了肺癌,但由于发现得较早,父亲积极配合治疗,病情得到了控制。我认为应该把资助名额留给其他有需要的人,让爱心最大化。

可是后来父亲的病情突然恶化,癌细胞就像脱缰的野马一样飞快地转移到了头部,而家里实在没有钱支撑我们去搏医生口中的"一线希望"了。

对我而言,那是段黑暗的日子。家里的经济条件越来越困难,甚至有时连我的学费都难以凑齐,这就像一块巨石一样压在我们一家人的心头,让人喘不过气。

我深知没有谁的生活会一直完美,无论什么时候都要看着前方,不放弃希望。

班主任老师得知我家的情况后立即向学校反映,并为我争取到了另一位同学退学而空下来的兴华助学受资助的名额,我因此成了兴华基金会的一名受助学子。

从那时起,我对兴华助学基金会有了更多的认识。基金会始于赵家和爷爷的心愿,盛于万千爱心人士的汇聚,这是一个高尚且无私的灵魂带动爱心人士去照亮寒门学子的世界的故事。

我曾看到过介绍赵家和爷爷生平事迹的视频,视频里讲述了赵爷爷在美国节俭的执教生活和回国后的朴素生活。赵爷爷在患病后,为了节约治疗费用,拒绝使用500元一片的进口药,转而使用从印度带回来的50元一片的仿制药,由此造成赵爷爷因过敏而高烧不退……这令我非常感动。

节俭,只是赵爷爷高尚的品质之一。患病的赵爷爷把更多的注意力放在了贫困学子的成长和求学之路上……

赵爷爷希望能够帮助更多的贫困学子获得平等的学习机会,托好友陈章武爷爷以及几位同事，用毕生积蓄创办了兴华助学基金会。

兴华，兴华，振兴中华！我想，这应该是赵爷爷最高的夙愿吧！

有一句话将赵爷爷的晚年描绘得很好："最后的晚霞和最初的晨曦一样，都是光照人间。"赵爷爷带给我们的光明驱散了我们在求学路上的阴霾，同时也温暖了我们的心灵。

我被赵家和爷爷的事迹深深地感动了，同时也明白我拿到的每一份资助都来之不易。这些钱承载着赵家和爷爷和爱心人士的心愿，也正是这些钱、这份恩，如同寒冬里的火把，温暖了我们的心。

基金会创办人陈章武爷爷定下的兴华助学活动"三到"准则，也被西南设计院院长肖林奶奶和她的爱心团队完全践行了。"钱到，人到，心到"，质朴简单的六个字，淋漓尽致地体现了兴华助学的理念。"钱到"是助学之基，每学期的助学金都能切实地帮助到我们这些贫困学子；"人到"是助学之路，每年肖林奶奶和各位爱心人士都会与我们会面，还会通过家访切实关心我们的生活情况；"心到"便是助学之果吧，肖林奶奶和爱心人士们每次与我们见面，都会详细了解我们近期的学习情况，一对一地与我们进行谈话，为我们解决学习和生活中的难题，真切地关心我们的身心健康，为我们缓解因为家庭不幸带来的压力，为我们的学习和生活指引方向。爱心人士的关怀正是那黑夜中的光明，引导着我们继续前行。我想，这可能就是兴华助学的理念所在吧！

爱心捐赠人王娅奶奶的故事也再一次震撼了我。家中简单摆放的床和沙发，一个小小的茶几，一根斜放的竹竿充当着输液架，王娅奶奶坐在竹竿下，滴着点滴，慈祥地看着旁边的受助学子。王奶奶的这张照片深深地触动了我。"这是一位多么美丽、高尚的奶奶啊！"后来我又了解到，王娅奶奶捐献了自己所有的财产，甚至包括遗体，我内心掀起的大浪久久不能平复。或许，这才是真正的人性吧！

我相信赵家和爷爷、肖林奶奶和王娅奶奶的故事只是兴华助学基金会爱心奉献的缩影，自愿加入兴华助学队伍的叔叔阿姨们，哪一位不是满怀爱心和无私奉献呢？

这就是兴华，我越多地了解，我便越发地充满感激和心生敬佩。

这就是兴华，默默付出、无私地帮助下一代，振兴中华！

这就是兴华，是无数寒门学子在冬夜里遇见的火把，它带给我们温暖和光明，也为我们指明方向！

邓华，2019年毕业于四川省开江县任市中学，考入成都大学。

我与兴华

■ 高延臻

筑梦兴华，圆梦兴华。

毛主席说："星星之火，可以燎原。"

有这么一位老人，用他的爱心之火照亮了西北许多贫困学子的求学之路。今天，这团火熊熊燃烧，并且越燃越旺，而老人却悄然"燃尽"了自己！他是"一位清华退休老教授"，他在清华园默默工作大半生，很少有人知道他的事迹，他就是赵家和教授。

赵家和教授一生服务清华、爱国敬业，一直过着极其俭朴的生活。从2006年开始用兴华助学的名义，默默地资助高中阶段的寒门学子。2009年，他得知自己得了癌症后，便决定将一生的积蓄全部用于资助西北贫困地区的孩子。他委托清华大学经管学院原党委书记陈章武教授在甘肃成立兴华基金会。基金会成立不久后，赵家和教授于2012年7月22日去世，享年78岁。当晚，按照生前遗嘱将其遗体捐赠给了北京协和医院供医学研究。去世后，他的家人一直保留着他房间的原样，衣柜里，8件领口和袖口已经磨得有点起毛的衬衣，以及4件西服，这就是他的全部行头。"最后的死去和最初的诞生一样，都是人生必然；最后的晚霞和最初的晨曦一样，都是光照人间！"我想这是对赵爷爷一生最完美的赞赏。

我读高三的时候，兴华基金会秘书长白瑞刚叔叔和基金会爱心人士来到我的母校古浪一中进行访谈，他们介绍了赵家和爷爷的感人事迹，包括我在内的许多同学都被深深打动了。当时我在想，这是多么伟大的一个举动，将自己的全部遗产捐出就已经很好了，还要将自己的遗体捐献做医学研究。高三是我最艰难的一段时期，生活费、资料费等等各种费用使我几乎辍学，幸好有兴华基金会的及时帮助，我才得以完成我的中学学业。

我自幼在古浪县的贫困山村长大，小时候的乐趣就是拿着小铁铲去挖泥土、打弹弓、抓石子等等。每当放学，这些活动便成了我们的乐趣。兴趣班，舞蹈班，钢琴，吉他……那时候我们对这些是没有概念的。我们小学三年级的时候开始学习英语，学校师资力量薄弱，一位老师同时教数学和英语。我们的校园没有操场，也没有任何的体育器材,学习条件之差可想而知。就这样,我以较好的成绩升入初中。初中的学习环境和小学差不多,英语老师非科班出身,因此我们班出现了集体英语差的现象。初中终于有了操场,是那种凹凸不平的土地操场,篮板是木板拼成的,乒乓球台是水泥做成的。可我们并没有因为学习条件差而放弃,相反,很多同学更加努力学习,为的是将来能走出这落后的大山。

我的父亲从我上小学开始就患了心脏病,丧失了劳动能力,只能一直通过服药来控制治疗,种田和家务由母亲和辍学的姐姐们来承担。父亲要吃药,我要上学,家中经济负担特别大。我小学时背的书包是由母亲用碎花布一块一块拼缝的。家人时刻教导我要好好学习,以后不用过这么苦的生活,我也听话懂事,一直努力学习。

然而天有不测风云,我初三的时候,母亲患了癌症,这无疑是对我们家庭最大的打击。我们四处借钱为母亲做了许多次的化疗放疗,但最终还是没能延续她的生命。我成了单亲家庭的孩子,但并没有被打倒,因为我知道我是个男子汉,男儿当自强。之后我更加努力学习,考上了县城里最好的中学——古浪一中。在高中期间,我因为做事认真负责被班主任任命为班长,一干就是三年,期间还被年级主任任命为学生会副主席。

或许有人会问我,我是否因为这样的家庭而产生自卑?说真的,有过。但只是在心里,我从未说出口,也从未表现在脸上。我相信一句话:"你不坚强,没人替你坚强!"不错,就是凭借这股劲头,我将悲伤化为动力,凭着一定要走出大山的信念度过了高一和高二。在我高三时,又一个噩耗袭来,我的父亲患了肺癌,我顿时感觉天都塌了下来……我成了孤儿。

在我最艰难的时期,是兴华基金会雪中送炭,这不仅是金钱上的帮助,更是精神上的鼓励。若没有兴华的帮助,我是上不了大学的。自此我便与兴华结缘,成为兴华的一员。

目前,我在兰州交通大学读大三,这期间一直在受兴华的资助,而我也在时刻关注着基金会的动态。如果说赵家和教授是星星之火的话,那么兴华基金会则是被这星星之火点燃后的一团熊火。兴华基金会自成立以来,秉承厚德载物、大爱无疆的理念,延续清华爱国奉献的传统血脉,坚持雪中送炭的宗旨,在国家贫困地区挑选优秀中学,在贫寒家庭中挑选上进学生进行资助。基金会在理事会和各部门的共同努力下,资金运转良好,在保留原有赵爷爷的"火种"的基础上,已经向寒门学子发放助学金2062.8万元。

"众人拾柴火焰高",现在基金会已有一万多人参与捐助,而基金会良性运转的背后当然离不开每一位爱心人士的努力。在大雪封山的西北,在千沟万壑的黄土高原，在祁连山脉的丘陵荒漠，七十多岁的陈章武教授带领兴华团队没有停止过他们资助贫苦学子的步伐，到现在他们的行程已超过四万公里。

基金会经常收到匿名人士的捐款，我相信他们是不求回报的，为的只是传递爱心，传递人间正能量。最让我感动的是一位阿姨，她叫王娅，自己患有胰腺癌还将全部积蓄捐给基金会。她将自己的房产由生后捐赠改为生前捐赠，将自己的遗体捐献做医学研究。王娅阿姨和赵爷爷在生命的最后阶段，燃尽自己，照亮别人！

基金会自成立以来，一直参与精准扶贫的教育扶贫，注重扶贫同扶志、扶智相结合，通过教育改变命运，着眼未来，给高中和大学阶段的贫困学子带来了光亮，增加了希望。中兴通讯公司创始人侯为贵先生在得知赵爷爷的事迹后深受感染，决定与兴华合作，提供一部分资金帮助兴华基金会做公益活动。

兴华基金会是一个大家庭，兴华的种种事迹感染着我，鼓舞着我，也鼓舞着所有受助于兴华的学子。从前的我总是渴望、向往着大学生活，到了大学后我更清楚地认识到理想和追求的重要性。在大一大二学年里，我没有荒废自己的课余时间，有空我就去图书馆自习，学习累了就去运动场锻炼，每一天都过得很充实。感谢兴华的一路相伴。

歌曲《爱的奉献》中唱道："只要人人都献出一点爱，世界将变成美好的人间。"心中有爱，人间便温暖。

高延臻，2017年毕业于甘肃省武威市古浪一中，考入兰州交通大学。

吾辈当立志，不负兴华恩

■ 何玉琴

您是甘霖，给悲观绝望中的人带来生存的希望；您是黑暗中的灯火，照亮迷茫之人的前行之路；您是凛冽寒风中的暖阳，给前行的追梦者坚持下去的勇气。一份无私且充满爱意的帮助，饱含着兴华基金会的关怀与温暖，从高中开始就陪伴着我成长至今。

初次印象中的兴华，满满的都是赵家和爷爷带来的感动。一个既能投身物理科研又能研究经济动态的学者，在年近古稀的时候，依然取得了不凡的成就，他本可以凭借自己的积蓄治病养老，但他所做的选择却与常人不同。赵爷爷"克扣"了自己的生活保障以及治病的救命钱，在检查出癌症的时候毅然选择把自己的全部积蓄用于创办基金会，资助贫困学子完成学业。

赵爷爷的期盼没有落空，受他的委托，2012年"甘肃兴华青少年助学基金会"在陈章武爷爷的努力下创办起来，随后，越来越多的爱心人士加入基金会，希望为贫困学子贡献一份爱心。为了保证基金会的每一笔钱都用在贫困学子身上，基金会有很多叔叔阿姨自掏腰包，志愿到学生家中走访、参与受助资格评审工作，兴华基金会的影响力越来越大，能够资助的孩子也越来越多。

考上大学之后，我有幸在大一的暑假成为兴华助学2018年大学生受助资格评定的志愿者，与陈章武爷爷和叔叔阿姨们相处的四天时间里，我收获了更多的爱和感动。尤其是在此期间与我们说笑的王娅阿姨，让我对"穷则独善其身，达则兼济天下"有了新的认识。兼济天下不一定是功成名就者的专属，平凡中也能蕴含伟大，一个普通的退休女工，默默地捐资助学，身患癌症却放弃治疗，将余下的全部财产尽数捐出，遗体也捐赠供医学研究。王阿姨的一生朴实干净，病痛将她的生命定格在2019年，她所资助的孩子们以及受她的影响加入助学团队的爱心人士，带着她的这份爱与温暖，继续向前。王阿姨一生没有儿女，我们愿为她的儿女，愿叫她一声"王娅妈妈"。

与兴华同行的这几年里，我看到的是陈章武爷爷与同行的叔叔阿姨们不畏大雪封路，千里迢迢到学生家中走访、捐资助学；听到的是越来越多的受助学子考上大学、成才立业，逐渐改变着家庭情况的励志故事；感受到的是来自各界爱心人士雪中送炭、不求回报的大爱。

　　身为兴华资助的学子之一，我是无比幸运的，在接受兴华资助的这些年里，除了感动，我也暗暗地下定决心。赵家和爷爷、王娅阿姨等兴华爱心人士用自己的全部为我们点燃希望，并非理所应当，这份爱与关怀是沉甸甸的，寄托着对我们的殷切期望。我既然有幸获得了这份爱心资助，就要用自己的实际行动，成为一个有能力、有担当，能改变家庭命运，能为国家和社会做贡献的人。

　　兴华的精神，润物细无声。这里的人和这里的故事告诉我，不是每个人心里都只是装着小小的自己；这些让我感动的人和故事也教会我，今后要做一个怎样的人。

　　希望在前方，而我，已然在路上。

　　何玉琴，2017年毕业于青海省海东市海东一中，考入浙江大学。

好风凭借力，扬帆正当时

■ 何磊磊

岁在己亥，江城仲秋。气清天朗，临东湖以抒怀，登珞珈而排忧。"煌煌珞珈兮紫云起，烨烨其盛。炜炜东湖兮绿波生，烁烁其华"。此中大学，展古雅之仪，兼有超然之风，英才荟萃，智者云集。学于斯，成于斯。

方今弱冠，书生意气，忆昔之来矣，不禁悲欣交集。余幼家贫，家公南去谋生，余与两姊共三人，与母相依。妇人持家，外乏强近之亲，内有懵懂幼子，或巨或细，或衣或耕，两任一身。然事必躬亲，实则力有不逮，此中艰辛，不足为外人道也。余尝思之：以何刚强若斯？然窃有暗泣，余不知也。及至明义，远趋求学数十里外，或逢节假，及进陋室，饭菜已备，虽无鲜肥滋味之享，余食之，微潸然。假毕，负笈行于阡陌，见母躬耕于田垄，腰背渐偻！呜呼，只一弱女子耳。绵羊跪乳，乌鸦反哺，余不及也。每思及此，余不能言。自当励志奋发以图强，愈穷愈坚。尝闻希文少年苦学，或夜昏怠，辄以水沃面。至于余，夙兴夜寐，安敢负亲望耶？寒窗苦读，不期学有所成，但使夜深人静，所忆历历在目，除微潸然外，犹有所待。

及至高中，学益刻苦。然心有负重，不得自在。幸遇清华赵、陈两先生及仁心大爱者云云，鱼渔皆授。得其善款，助余成学；得其风骨，助余成人。忆昔初见，载欣载怯。怯者，陈先生乃清华之教授，度其德也厚重，学也博深，言也苛刻。余一蓬头稚子，言不成句，词不达意，不免心有所悸；欣者，此间学堂，虽处偏远贫瘠之地，此众学子，虽孤陋也寡闻，然仁爱之心，似春风过野，群芳竞发，不以优劣而论。既见，先生言语谆谆为导，循循而明，发余众之思，启余众之智。温泰和顺，如沐春风。更闻先生已年逾古稀，然赤诚之心若何，殷殷之谊若何？使之不计涉水跋山，舟车劳顿，始知何所谓大师之风度也。

闻悉赵先生壮举之始末，余受兴华所资已年余。每思及此，心有不安。诗曰："授之以木瓜，报之以琼瑶。"余等受人之恩也重，承其情也厚，生前既不可知，身后又不可为，呜呼，唯奋发尔。先生身之刚正，心之纯良，当为世范。然世之博学者，其达先生之境界者几何哉？况纷扰于俗事者若彼，数数于功名者若其，碌碌无为者若余，安敢奢乎？其不能也！

"云山苍苍，江水泱泱，先生之风，山高水长！"

得遇兴华实乃余生之大幸也，因之而居珞珈，所谓珞珈，是为自强、弘毅、求是、拓新也。余自当铭记于心，尽己所能，兴我中华！言辞有尽而感激之意无穷矣，更欲备述余所知兴华诸君之义举，然笔短恩长，恐片纸难陈，更奈何笔力微薄，则已矣。

行百里者半九十，非恒心无以致远。间或颓萎，虚度年华以自欺；间或踌躇拳拳之志，目中无人以自负。屈子曰："路漫漫其修远兮，吾将上下而求索"。余等兴华学子，来路坎坷，更当自省自查，但期立于慎独，但期学有所获，不忘椿萱之心，不愧兴华之名，不负韶华。

"好风凭借力，扬帆正当时"，路之漫漫，但使无悔耳！乃凭陋文，与君共勉。得遇兴华，幸甚至哉。

2020 年 1 月

何磊磊，2017 年毕业于甘肃省庆阳市镇原县三岔中学，考入武汉大学水利水电学院。

感谢生命中的缕缕阳光

■ 胡艳月

在我的生命中，爸爸妈妈从我呱呱坠地就呵护着我，是我生命中的第一缕阳光，这缕阳光伴随我成长；我的老师教我知识，引导我做人，是我人生中的一缕阳光；我的亲朋好友在我困难时帮助我，在我失败时安慰我，在我的生命里洒下缕缕阳光。还有这样一些人，我们从未谋面，我们不曾相识，相隔千山万水，而他们无私奉献，在我困难的时候给予帮助，在我的生命中照进了缕缕阳光。这些人就是兴华基金会的志愿者。他们资助山区的孩子改善上学环境，他们为孤苦伶仃的老人送去关爱，他们帮助留守儿童们健康成长……他们心中有阳光，心中有大爱，心中有国家和人民。清华大学赵家和爷爷就是这其中的一员。我很幸运，得到了赵家和爷爷和其他志愿者的帮助，在我的生命中照进缕缕阳光，让我在黑夜中迷茫的时候看到闪烁着的希望。

我出生在甘肃省静宁县的一个小山村，从小家庭并不富裕，但衣食无忧、其乐融融，我像所有的孩子一样享受着这样无忧无虑的日子，学习成绩也还不错。我以为这样的日子会永远持续下去，但是天有不测风云，在我15岁那年，爸爸由于意外事故去世，家庭的重担就落在了妈妈肩上。妈妈在悲痛中一蹶不振，持续几年脸上没有出现过笑容，时不时还说一些寻死觅活的胡话、乱发脾气。弟弟年幼不懂事，面对这样的家庭状况，每天战战兢兢，逐渐变得沉默寡言。

我不相信这就是我的家庭的现实，悲伤时在心里把这看作一个梦，认为梦醒了就好了。悲伤过后，面对实实在在发生的这一切，我抱怨过这个世界的不公平，我抱怨过这个世界的残酷，怀疑过自己的人生。但是，我也更加清楚地认识到自己的责任：我要撑起这个家，要去安慰妈妈，去开导她，努力做最好的自己，让她高兴，看到活下去的希望；我对妈妈更加依赖，让她觉得我和弟弟需要她，因为我真的很害怕她的胡言乱语会成真，害怕她会抛下我们而去。我也要开导弟弟，督促他学习，关心他的成长。

但我毕竟是个孩子，不可能每件事都做得那么好，我也有想放弃的时候，有力不从心的时候。我的中考成绩不理想，没有进入理想中的高中，因此闷闷不乐。

高中时，我离开了家，第一次住校，担心家里，更担忧高中的花费。学费、住宿费、生活费，开支一下增加了很多。这些都让我在学习时分心，对生活失去信心，对未来产生迷茫。

在我人生第一次走向低谷的时候，兴华助学基金会伸出了援助之手，使我有了未来的目标和方向，有了前进的动力。我弟弟上高中后也同样得到了兴华助学基金会的资助，通过参加座谈会和基金会组织的冬令营活动，弟弟也成长了许多，对自己的未来增添了信心，学习更加认真了，也逐渐变得乐观起来。基金会帮助我们家走出了困境，也给了我们精神力量，让我们看到了更广阔的世界，对未来充满了信心。还有许多像我和弟弟这样的学生，因为赵爷爷和其他基金会志愿者的帮助，而有了不一样的明天。

兴华助学基金会帮助那些真正需要帮助的寒门学子。赵家和爷爷生前对陈章武爷爷说过："我们没有多大本事，'热闹'的地方就不去了，要做就做些雪中送炭的事。"在经过实地调研之后，他们选择了甘肃省的寒门学子进行资助，"困中选优"，选择甘肃贫困地区的优秀中学、寒门学子中的上进学生进行资助。

基金会里没有全职人员，他们都是志愿者，被赵爷爷的爱心感召，共同经营这项爱心事业。陈爷爷和基金会的叔叔阿姨们每年都会不顾舟车劳顿来我们学校，给我们发助学金，开座谈会，解决我们的疑难问题，讲他们自己的故事，讲赵家和爷爷的事迹，讲科学的学习方法，指导我们选择大学、选择专业，也给我们讲一些我们所不知道的新东西。他们不仅给了我物质上的帮助，更重要的是滋养了我的心灵，让我的人生照进缕缕阳光。

赵爷爷一生三次改行，干一行、爱一行，爱一行、成一行，行行都出色。叔叔阿姨们分享自己成功的故事，我看到了他们成功路上的坚持与奋斗。这让我知道，成功的背后需要努力，你的努力决定你的高度，一味地埋怨不会有好的结果，自己的人生是自己奋斗出来的，我也需要有自己的目标，并且要坚定地去实现。爱心志愿者提供的无私帮助，让我的眼界更加开阔，看到了小山村以外的大世界，也让我变得更加自信，让我有了新的奋斗目标，不再是得过且过，而是追求更好，我在心底里，定下了自己的大学目标。在高中的日子里，在这些信念的陪伴下，我争分夺秒，迎难而上，我的心路历程也在不知不觉中发生了变化。在进入大学后，我继续接受了兴华基金会的资助，陈爷爷、吴奶奶和其他爱心人士还组织我们与北京地区的受资助大学生聚会。参加聚会的同学纷纷发言，在彼此的交流中，相互学习，共同提高。我们每年还会给资助人写信汇报我们的学习生活状况，分享我们的故事，并且致以感谢，希望让爱心人士看到我们的进步。

助学，是筑梦，更是铸人。兴华助学基金会帮助我们完成学业，圆了自己的大学梦，通过座谈会和各种活动为我们提供成长的平台，让我们看到更广阔的天地，在实现当前目标时有了更远大的理想，使孤寂的灵魂扫去阴霾，有了得以成长的土壤，使我们成为有理想、有责任、有爱心的新青年。

  作为受资助的我们，要学习赵爷爷和其他基金会的志愿者，把这份爱传递下去，尽管自己的力量很微弱，但星星之火，可以燎原。未来的我希望成为一名光荣的人民教师，去帮助那些需要帮助的贫困学生，鼓励他们积极向上，帮助他们完成自己的学业，帮助他们塑造自己的人格。更重要的是，教育我未来的学生学习赵爷爷的无私奉献精神，把这份爱与温暖传递下去。

  胡艳月，2017年毕业于甘肃省平凉市静宁县文萃中学，考入北京师范大学。

兴华如父

■ 拉存慧

我接受兴华青少年助学基金会的资助至今已有五年，我对兴华有着道不尽、说不完的情感。兴华带给我的不仅仅是经济上的帮助，更多的是心理上的温暖，是兴华让我明白了这世界有多么美好，家境的贫寒并不能阻挡我对美好未来的期待，在我的身边还有兴华这样的大家庭，支持着我前行。

我有一个很爱我的爸爸，在我的记忆中他总是笑呵呵的。我的妈妈有严重的肢体残疾，只能靠膝盖跪着走路。是爸爸一人撑起了整个家，我们家生活很苦，但爸爸对我却很好，他总是能带给我惊喜。那时，别人家的小孩有的东西我也有，爸爸给了我他作为一个父亲能给的所有的爱，他是我们一家人的希望。但是，在2009年的时候，我们唯一的希望也破灭了，我的爸爸因为他人误伤而永远地离开了我们。

爸爸的突然离去让我们痛得无法呼吸，也让这个原本就贫困的家庭雪上加霜。那时，我只有九岁，为了生活，我只好跟着妈妈上下村子乞讨。虽然最后在多方帮助下，坏人被绳之以法，还了我们一个公道。但是从那之后，我却有了很深的心理阴影。我害怕和陌生人说话，害怕受到伤害，心情每天都很沉重，学习成绩骤降，甚至曾产生过轻生的念头。

世界上终究还是好人多。知道我家的状况后，许多人都很关心我，并且安慰我、鼓励我好好读书。通过初中三年的努力，我考入了家乡最好的高中——乐都一中。但是本就拮据的家因为高中的昂贵学费而陷入了更加困难的境地。这时，兴华出现了。我曾见过好心人捐钱，可却从没见过像兴华这样不远千里、亲自为学生送来助学金的基金会。我对第一次发助学金时的情景印象特别深。那时候我正读高一，我在会议室里第一次见到了陈章武爷爷和白瑞刚叔叔，也是第一次了解到赵家和爷爷创办"兴华助学基金会"捐资助学的感人事迹。基金会一行人员和我们受助学生进行了分组交流，热心解答我们提出的问题以及对未来学习、就业方面的困惑。基金会的每一个人都特别亲切，我在和他们交谈时完全不会感到紧张拘束，那是我很久没有过的感觉，我在兴华有了家的感觉。

兴华就如同我的父亲一般，关心着我的学习、生活。每学期我都会向兴华汇报我的学习、生活和心理状况。在兴华的帮助下，我渐渐变得开朗起来，有了更多的朋友，学习成绩也开始逐渐提升，我对未来的生活更是充满了向往。兴华就是我人生中的一盏明灯，在我即将迷失方向时，给了我希望和勇气，让我明白了未来有多么美好。此刻，我已是重庆医科大学的一名学生，我爱这里的花草树木，也爱这里的同学和老师，我热爱生活，也感谢兴华给了我这份美好。

正因为接受过兴华的恩惠，我才更加了解兴华，也就更加明白兴华的伟大与无私，我迫切希望加入兴华这个充满爱的集体，为更多的贫困学生带去温暖。2019年夏天，这个愿望实现了，6月25日我收到了中兴公益基金会刘阿姨的消息，很幸运成为2019年"筑梦万里行"深圳夏令营的一名大学生志愿者。参加夏令营的是兴华资助的家境贫寒、品学兼优的高中生，他们都来自贫困山区，大多数人从未走出过那个读书的小县城，对于即将开始的深圳之旅他们充满了好奇与激动。第一次以志愿者的身份出现在兴华，我的心情同他们一样。

2019年7月，"筑梦万里行"夏令营参观清华伯克利深圳学院。

火车上，孩子们期待的目光；安全培训时，他们跃跃欲试的模样；与外籍员工交流时，因为交流不畅，他们的手足并用；在清华伯克利深圳学院、鹏城实验室、中兴通讯学院和深圳大学参观的时候，每个人充满求知欲的面容。每一个人的笑脸都深深地刻在了我的脑海里。

我看到为了保障这次活动能够顺利圆满地完成而默默为孩子们付出的兴华爱心人士，还有无条件支持助学公益事业的中兴通讯股份有限公司和中兴公益基金会，我还看到古稀之年的清华教授陈章武爷爷全程陪伴在孩子们的身边，这让我的内心充满了感动，使我成为一名优秀的医务人员的决心更加坚定。

一个善举，撬动一个梦想，一次助学，影响一生航向。兴华是伟岸的高山，鼓励我坚强；兴华是温暖的霞光，带给我希望；兴华是广阔的海洋，教会我大爱无疆……

拉存慧，2018年毕业于青海省海东市海东一中，考入重庆医科大学。

兴华！等我

■ 李天统

"我志愿加入兴华助学基金会，奉献自己，帮助他人"。不知道这句话已经多少次出现在自己的脑海了。鸦有反哺之义，羊知跪乳之恩。从兴华助学基金会选择我的那一刻起，这句话就烙在我的心上，激励我，照亮我前行的方向。

小时候爷爷经常告诉我，你长大后一定要去回报那些曾经帮助过你的人，你不仅要回报他们，你还要去帮助社会上需要帮助的那些人。人的一生不可能一帆风顺，必定会经历一些或大或小的挫折，而这些挫折将会磨炼你的意志，完善你的心性，成就你的伟大。但我家的遭遇对爷爷奶奶来说可能太不公平。一场车祸带走了一个生命，摧毁了一个家庭。

在我出生五个月的时候，父亲因为一场车祸永远离开了我，离开了爷爷奶奶，离开了妈妈。而妈妈当时也很年轻，选择了改嫁。我只能和爷爷奶奶相依为命，长大后偶尔听爷爷奶奶回想起当年的事情。爷爷奶奶说，如果没有我，他们可能坚持不到现在。我是爷爷奶奶活下去的希望，因为有爷爷奶奶，我才得以健康成长。如今，随着我国综合实力的提升，我的家乡也发生了翻天覆地的变化，爷爷奶奶每天辛勤劳作，我家的状况也在好转。正当一切都慢慢变好的时候，上天又给我们开了一个玩笑，我读高中的时候，爷爷患上了肺气肿，住院治疗的费用让我家生活再一次陷入困境。

这时，兴华青少年助学基金会进入了我的生活。有一天，班主任老师告诉我，鉴于我家目前的情况，一个叫"甘肃兴华青少年助学基金会"的组织要资助我。听到这个消息，我立刻借班主任老师的手机给家里打了一个电话，电话的那头是正在田里劳作的奶奶，我听到了电话那头奶奶的啜泣声。

一年之后，我们每个兴华人都敬仰的陈章武教授，也是我们口里的陈爷爷，和我们当时高中的领导协商，和其他的一些社会爱心人士一同去了我家，去看望我的爷爷奶奶。我当时就在想：我是多么的幸运，遇到这么好的组织，遇到这么好的陈爷爷。我跟陈爷爷说："陈爷爷，如果有一天我变得优秀了，我也要成为我们兴华助学基金会的一员"。陈爷爷很吃惊地看着我，说："随时欢迎你"。

就这样,在兴华助学基金会的资助下我读完了高中。2016年,我考入了一所普通高校——大连海洋大学,开启了新的征程,成就不一样的自己。大学期间,我继续接受兴华助学基金会的资助。

理想的实现离不开奋斗和勇往直前的韧劲。成为兴华人一直是我心里不灭的灯塔,指引我前

2015年5月,华池一中家访(左一为作者)。

进的方向。青春是一个拼搏、挑战、奋斗的时期,作为青年的我更应该无所畏惧、不怕失败和低谷、不墨守成规于经验。应该努力开创、奋斗。虽然生活给了我开了许多玩笑,将我弄得遍体鳞伤,但我需要做的是将这种磨难转化成动力。在我失落时,兴华是激励我奋斗的精神支柱;在我处于低谷时,兴华是拉我一把的援助之手。兴华给了我希望,温暖了我的家。身世生来注定,我无法改变,我所需做的是不断努力奋斗,不轻言放弃,用乐观、积极向上的心态去面对人生,去为了儿时的理想奋斗。

如今自己的大学生涯已进入尾声,身边的同学已开始忙碌着找工作,有些同学已签约自己心仪的单位,而我选择了另一条路——考研,在学业上继续提升。

滴水之恩,当涌泉相报。兴华等我!

李天统,2016年毕业于甘肃省庆阳市华池一中,考入大连海洋大学。

大爱无疆,吾辈当自强

■ 李旭华

写这篇文章之前,我重温了央视《朗读者》节目讲述赵家和教授事迹的那一期。斯人已逝,承蒙恩情,荧幕是我们这些素未谋面的后辈走近他的方式之一。

三尺讲台、两袖清风,先生是凡人,也是巨人。

他在清华大学执教,一件一美元的毛衣穿了十多年;退休后在美国一所大学做客座教授,薪酬不菲、一家人却省吃俭用、水果都舍不得买;三年后回国在深圳一家企业做顾问,他自带炊具、铺盖,骑自行车、租最普通的民房;2009年身患癌症,为了省钱,他拒绝昂贵的英国进口药、选择印度的仿制药。

《朗读者》节目现场,赵教授的女儿看到父亲的照片,眼睛红了,追忆往事,她哽咽道:"那个时候觉得爸爸有些抠门,后来知道他资助了那么多学生,我因为他而骄傲。"

赵教授的慈善故事从隐姓埋名开始,以可歌可泣结束。

2006年始,这位一生都在教学生"边际效用最大"的金融学老教授默默地做了一笔"大投资":资助贫困高中生完成学业。

助学工作有序进行并逐渐向西部集中,一边与死神赛跑,一边委托同事陈章武教授建立基金会。2012年,兴华青少年助学基金会诞生,基金会发起人"一位身患癌症的清华退休老教授"离开人世。

今天我们怀念并致敬赵教授,蓦然发现老人最大的投资原来是为社会和国家做贡献。我们赞颂他,正如董卿老师所说:"他燃尽自己,了无遗憾,他的精神,烛照世界,永不熄灭。"

我来自甘肃省平凉市灵台县一个贫困的农民家庭,高中就读于灵台一中,是兴华助学基金会资助学生中的一员。从贫穷山区到高等学府,这是基金会伴我走过的第六个年头。

六年里,兴华为我付出的远不止经济上的雪中送炭,很多时候更是一种精神上的引领和回归——自强自立、感恩社会。

我的父亲常说,我们这一代人生在了一个好时代。他年轻的时候家里太穷,实在拿不出多余的钱供他读大学，他遗憾一生。

2014年，我以全县第二名的成绩考到了县一中，也是那一年，父亲被查出患了肺结核。奶奶瘫痪、母亲高血压、妹妹年幼，就连父亲也病倒了，突如其来的打击，让我们这个原本就风雨飘摇的家庭雪上加霜。

正当全家人手足无措，为医药费、学费两头犯难的时候，我受到了甘肃兴华助学基金会的资助，两千元人民币整整齐齐地装在一个小信封里交到了我手上，沉甸甸的，当时心里是一种说不出来的感动。素未谋面的陌生人，在这个时候挽救了我和我的家庭。雪中送炭，此恩难忘！

高中三年，每次听到陈教授和白叔叔一行人要来学校的消息，我内心便十分激动。陈爷爷白发苍苍，但精神矍铄、和蔼可亲，白叔叔仁爱热情，语重心长。几年来，他们不辞辛苦辗转西北多所学校考察走访，带给贫困学子的不仅仅是助学金，更是宝贵的精神食粮。

记得陈爷爷和同学们交谈的时候说过一句话："只要肯努力，你们以后有一百条路去过城里的孩子过的生活，经历贫穷和苦难也是人生的一笔财富。"年少时的贫穷生活教会了我们坚强、勤奋、独立和谦卑，以后的许多日子我始终铭记着这句话并不断体会着它的真谛。人的一生，或许各种境遇（贫穷、苦难等）都应该体验一番，而真正体验到精神世界的富裕和满足才是人生的至高境界。

2017年3月，陈爷爷一行来我家家访。这是令我十分骄傲并感动的一次经历，如今想来历历在目，家人团聚依旧津津乐道。

陇塬上的三月，空气干冷，春雪正融。车子从县里长途跋涉沿山路行驶进村里，从柏油马路开进泥泞狭窄的乡间小道。一路上坑坑洼洼，车子不时打滑，轮胎、车身上沾满了厚厚的泥巴。

融化的雪水从房檐上吧嗒吧嗒地落下，院子里也是一片泥泞，原本只有一条窄窄的小路可供通行，父亲特意在路上铺上了几片装化肥的袋子。家里的房子是上个世纪修建的砖瓦房，远客的到来，使得小小的屋子里空气一下子变得温暖起来。

陈爷爷和我父亲聊到了家庭的情况，白叔叔还有几位热心的叔叔阿姨了解了我的学习现状，并为我提供许多好的学习建议和人生指导。

那是父亲第一次与一位教授同坐攀谈，父亲无数次地回忆当时的情景，"老人聊起家长里短、非常和蔼亲切"。陈爷爷还看望了我卧病在床的奶奶，临走的时候，特意嘱咐我给奶奶盖好被子，周末有时间多回家陪陪老人。

本该享受悠闲自在的退休生活，遛遛狗，养养花，此时的陈教授却选择了奔波在乡村之间，助学路艰难，殊不知他已经年过七旬。

2017年3月灵台一中家访（左一为作者）。

君子之交淡如水，为了赵家和教授的嘱托，为了一个个家庭贫困学子的梦想，多年来，兴华助学的这场接力赛，陈教授一直是先锋。

有人说，不论什么时代，劳动者都是这个社会的中流砥柱，他们勤劳善良，朴实无华，却有一颗金子般闪闪发光的心。

2018年11月27日，《光明日报》头版刊载了一篇文章《生命如此绚烂——退休女工王娅的助学故事》，让走在公益路三十载的王娅阿姨的故事进入大众视野。

第一次听到王阿姨的名字，是高中时陈爷爷读了她发给基金会的一封邮件。第一次看到她的样子，是白瑞刚叔叔在微信群里发给同学们的一张慰问照片，尽管隔着屏幕，她的笑容是那么具有感染力，依旧能够使人温暖。第一次听到王阿姨的话语，是我们在微信助学群里的互动，"想到你们，我就开心。"热爱生活、乐观向上的她，生命本不该笼罩着病痛的阴霾，通过微信，同学们用文字表达祈愿，希望王阿姨战胜病魔，可是噩耗还是传来。

2019年2月16日，病榻上的王娅阿姨离开了她相依为命的小花猫、离开了她阳台上郁郁葱葱的花花草草，"我再无法继续为孩子们做事了"，这是她生命最后一刻的遗憾。

谢谢王娅阿姨，您已经为我们做了很多，但愿天堂没有病痛，愿您在另外一个世界美丽地活着。

助学的实质是"铸人"，这并不仅仅是一场扶贫攻坚战。向往翱翔蓝天，兴华为我们插上了翅膀，但如何搏击风雨，我辈更应自强。如果把一切资助视为理所当然，浑浑噩噩，不思进取，只会让资助我们的爱心人士寒心。

大学不是高考的终点，而是人生的又一个起点。未来的人生路还很长，感谢兴华，陪我走过了青春；未来的挑战还有很多，感谢兴华，给了我勇往直前的勇气。对于无数默默无闻奉献着的人们，感谢你们把西北贫困学子挂在心上，感谢你们无私奉献把社会大义扛在肩上。

未来，不管走到哪里，不管做什么，我都不会忘记自己是一个兴华人。大学期间，我做过志愿者，参加过无偿献血，也利用寒暑假支教，虽然力量微薄，但是我从中获取了许多快乐，兴华教我的仁爱与奉献，我将受益终身。

我想,未来也将会有我资助的兴华学子,他们朝气蓬勃又不愿为命运所缚的脸庞一定恰似我当年的模样。

愿每一个有爱心、有梦想、有责任、有担当的人都能被这个世界温柔以待。

感谢兴华。

李旭华,2017年毕业于甘肃省平凉市灵台一中,考入中北大学。

梅花香自苦寒来

■ 梁维梅

我出生在甘肃省环县偏远又落后的农村，在我很小的时候，我也有一个幸福的家庭。但是，接连不断的灾难使我的家庭支离破碎。一场意外让爸爸长期躺在病床上，忍受着疾病的折磨，爷爷接受不了这样的事实，不久就离我们而去。家里留下了奶奶、瘫痪的爸爸和我们懵懂的姊妹三人。亲戚朋友虽对我们的不幸感到痛心，但大多也无能无力。那时的奶奶每天以泪洗面，生活还要继续，奶奶很好强，尽管有太多的不如意，但她没有放弃让我们继续读书的决心。因为她深知，只有让我们好好读书，才可以走出大山，改变命运。依稀记得爸爸第一年冬天出事，第二年春天，奶奶就把我送进了学校。我家离学校很远，需要走两个小时的山路，就这样我踏上了自己的学习之旅。

2014年，姐姐中考结束，家徒四壁、孤苦无依的我们由于老师的宣传而被媒体关注。记者们不辞劳苦来到我家了解情况，为我们的坚强所感动，更为我们的不幸所揪心。姐姐被评为"最美孝心少年"，我们得到社会各界爱心人士的帮助，命运发生了转折。初三那年，在爱心人士的帮助下，我转学去了县城的初中就读，为了不辜负各位爱心人士的帮助以及爸爸对我的期望，我更加努力地学习，从班级倒数到以班级第三的成绩考入县城重点高中。

2015年夏天，一个本该因我考上当地重点高中而开心的夏天，却带给了我永远无法痊愈的伤痛。爸爸卧床九年，受尽了折磨和煎熬。那年夏天，爸爸的病情加重了，也许厌倦了这样的生活，他拒绝治疗，像发疯一样怒视着医生，从他的眼里看到的是生气、无奈、伤痛，我们心如刀割、无力反驳。爸爸最终离开了我们，永远离开了……

处理完爸爸的后事，奶奶到处借钱给我凑学费，每天愁得难以入睡，头发一天天变白，我不想让奶奶为学费为难，想要辍学，最终还是被奶奶说服了。于是我下定决心一定要好好读书，不辜负奶奶的期望。在班主任老师的帮助下，我申请了兴华助学金，很幸运我被选上了，就这样我的学费有了着落，奶奶的压力减少了，笑容增多了。

每次在兴华助学金发放时，陈爷爷都会带领他的团队不远千里来到我们学校，跟我们交流互动。陈爷爷慈祥的笑容感染着我们，他说话幽默，教给我们很多道理。陈爷爷将赵家和教授的事迹告诉我们，他说："每一分钱都来之不易，我们应该珍惜"；他说："每个人都应该练就自己的能力，如学习能力、交际能力……"他总是以最朴实的话、最亲切的语气和我们交流，一点一滴地教给我们很多无法用金钱购买的东西。我懂得了什么是"只求付出、不求回报"的宽阔胸襟，我明白了什么是"用爱铸就辉煌、用爱温暖他人"的伟大情怀。

陈爷爷及所有爱心人士陪我度过了三年高中生活，我的生活里充满了爱与温暖。感谢遇见陈爷爷，老人家已是高龄，却每年奔波在助学的路上。他们将这份爱的炭火传递到祖国大西北，黄土高坡因为爱心呵护而长出一片片绿荫。"有爱就有希望"，西北贫困地区的孩子收获了希望，找回了自信。

高三是人生一个重要转折点，面对接踵而至的试题和不绝耳畔的叮嘱和期望，我的思想包袱越来越沉重，甚至疾病缠身，是兴华的信念一直鼓舞着我。虽然我的高考成绩不是很令人满意，但仍能清晰记得出成绩时他人惊羡的目光。

高考结束后，我第二天便去做兼职攒钱凑学费，大学的学费对我无疑是一个天文数字。后来填报志愿结束，兴华继续资助一本上线的家庭困难的同学，很幸运再次与兴华结缘，能够延续我的大学梦。兴华给予我的不仅仅是经济的支持，更是精神的富足，为赵家和教授的大爱所感动，被陈爷爷的微笑所温暖，更为王娅阿姨"生如夏花之绚烂，死如秋叶之静美"的人生所震撼。

"梅花香自苦寒来"，挨过寒冷冬季的梅花更加幽香。寓意要想拥有珍贵的品质或美好才华，需要不断地努力、修炼、克服一定的困难才能达到。人生路漫漫，可我并不孤单，在我身边有兴华助学基金会爱心人士的陪伴，你们给予的关心和帮助，使我前进的步伐更加自信和坚定！我要努力学习，力所能及地帮助需要帮助的人，将这份爱发扬光大，不辜负你们的期望，做一个对社会有用的人。

梁维梅，2018年毕业于甘肃省庆阳市环县一中，考入河南理工大学。

他日定为中华献终身

■ 刘洪春

时光如白驹过隙。回想过去，这已经是我与兴华助学结缘的第五个年头，从初识到深熟，叔叔阿姨已经陪伴我从高中走到了大学，每当我想起和叔叔阿姨在一起的时光，我的泪花就开始在眼里打转。

这几年，我成长许多，感知许多，尤其是在遇到挫折与困难的时候，会有承受不住的感觉，但往往在这个时候，我就想到了赵家和爷爷和陈章武爷爷，想到了与爷爷交谈过的点点滴滴，在偏僻的小县城里。陈爷爷一行团队来为我们送梦想，送温暖，始终坚持着"钱到、人到、心到"的理念。至今特别清晰地记得，在一次座谈会结束的时候，陈爷爷拍拍我的肩膀微笑着对我说："小伙子，加油！"这不知给我带来了多大的能量！备战高考，快要撑不下去的时候，我便想起了陈爷爷的这句话。

大一生活已经结束，在这一年里，因为有兴华助学的资助，家里的经济压力减轻了不少。在外地打工的爸爸妈妈知道我有爱心资助可以安心读大学时，一定会多一些欣慰，多一些希望。凭我内心的感受，爸爸妈妈习惯于向我报喜不报忧。在高中时，我可以一周或者两周回一次家，爸爸妈妈难以掩饰家里的窘况，但这上大学的一年，向北遥望的时候，我不确定爸爸妈妈在劳作了一天的时候，是否还要拖着疲惫的身体去做饭，我真的不知道……

来到千里之外的南国，走在繁华漂亮的都市，确实令人感慨：外面的世界真精彩。我这个农家孩子得以见到这么令人炫目的城市景观在这个城市求学，是兴华的力量、兴华的爱心使我不断地追求自己的梦想。在大学里，我不敢懈怠，也有了一些收获。在食堂刷餐具、做销售员，兼职带来的体验和经济收入，让我感觉是充实和快乐的，也拓宽了朋友圈，体验到不一样的生活。大城市里的物价很高，学习机会来之不易，在吃穿用等方面必须精打细算。但是有兴华助学金，我可以将更多的时间和精力用到学习上，因此图书馆成为我的好去处，我能够安心地在这里学知识、做学问。

大二的学习任务更艰巨了，但是我有信心攻克一道道难关，勇敢地接受挑战，去实现兴华人应有的梦想,为社会做出自己的贡献。

谢谢兴华助学基金会的各位叔叔阿姨!谢谢社会各界的爱心人士!今日兴华已为我撑起蓝天,他日我定为中华献出终身!

刘洪春,2018年毕业于甘肃省武威市民勤一中,考入武汉科技大学。

你为我的梦想插上翅膀

■ 刘 钰

画家笔下的人物是多彩的,因为万物有一颗多彩的心;伟大的兴华人一定是墨色的,如同墨水一般,容得下一切杂色,因为他们懂得爱,他们将一群孩子的灰色世界变得多彩!是兴华人为我们的梦想插上翅膀!

我没有故事,生活过得平凡而宁静,出生在偏远的山村,在那里长大,母亲生我的时候落下了病,父亲因为我的到来工作更加努力,家里的条件使我从小就养成了不能放弃的坚韧性格。后来,弟弟妹妹到来,爸爸超负荷劳作,妈妈全年无休。十几年的陪伴,父母的身体越来越清瘦。日子清苦,但我从不觉得委屈。父母单薄的肩膀为我们姐弟三人撑起一片天。小学期间我是留守儿童,中学寄宿,孤僻彪悍是我的代名词,同学眼里我是能自己扛起桌子的另类女生。从记事起就知道什么是"日出而作,日落而息"。我闻过山路旁青草的味道,我尝过夏日田间劳作的汗水,我见过"带月荷锄归"的美景,我体验过手心水泡磨破的痛。后来的大学生活也不轻松,我明白:有些差距不是靠努力学习提高成绩就能缩小的。大大小小的假期,没有游山玩水的奢望;喜欢看新闻纪实,喜欢读旅游随笔。我的大学生活依然节俭勤奋,我不能忘记当初为什么要走出山村,我不能忘记我是兴华大家庭中的一员,我是因为有了兴华才能大胆追梦。

曾经有一句名言让我感触颇深,"有人帮你,是你的幸运;无人帮你,是公正的命运。"的确,这个世界没有谁一定要为非亲非故的陌生人付出,当有人向你伸出援助之手,在你苦难的时候为你献出爱心时,请你怀有一颗感恩的心去回报对方。在我成长的关键时刻兴华青少年助学基金会教会我爱与奉献,给我灰色的心灵世界添上浓墨重彩的一笔,带我看太阳升起,让我领略世间的风采。我知道,我要时刻记住他们,时刻记住他们的奉献。时刻努力,让这份奉献有价值!

兴华人赵家和爷爷将自己的一生献给了祖国,将自己的所有捐给寒门学子。"只计天下利,不求万世名",赵爷爷不求回报、无私奉献的精神,值得我们每一个人尊敬、学习!"生如夏花之绚烂,死如秋叶之静美",这是王娅阿姨一生的真实写照,普普通通的工薪族,省吃俭用,从大熊猫救助到黄河上游植树捐款,从汶川、玉树地震捐款到云南干旱捐款，从主动寻找贫困地区的小学生资助，到兴华助学，她尽其所能，用毕生精力诠释奉献！面对采访，王娅阿姨说的最多的是："没什么好说的，都是应该的"。这简短的话语，不正是爱与奉献的真谛吗！陈爷爷已经七十多岁了，踏着黄土高原的千沟万壑为我们带来精神食粮，带来物质帮助；中兴通讯的叔叔阿姨们在困难面前也不曾忘记我们。

遇见兴华，我的信念开始谛听远山沧海、大地长天，揉皱了的灵魂不再颠沛流离，内心小小的围城中不可承受之重得以释放，我的人生始得以慷慨陈词，字正腔圆。感谢兴华，为我的梦想插上翅膀！

刘钰，2018年毕业于甘肃省庆阳市华池一中，考入甘肃中医药大学。

点滴爱意，燎原星火

■ 柳丽婷

一根火柴，漫长漆黑的暗夜中，
彷徨迷茫的瞬间，点燃了谁祈求的希望？
梦里、心里，
都是希望的折痕，满溢出泪光的真诚。

一方炭火，久历寒夜的角落里，
瑟瑟发抖的刹那，温暖了谁困顿的凄惶？
梦里、心里，
皆是狂风的呼啸，唤醒雏鸟的胆量。

一座灯塔，无边无际的航程上，
孤独无助的时刻，照亮了谁求索的目光？
梦里、心里，
全是绚丽的彼岸，缓缓驶入幸福的港湾。

芸芸众生里，他是致力于助学的清华教授。
千山万水的距离，缩短成心头萦绕的惦念。
炽热的心是炭火，为寒门学子送来温暖，
"兴华"华章里，他是开篇的梦想蓝图构建者。
踏遍情意两端、留下大爱无疆，
化作最后的晚霞照亮人间灰暗的角落。

茫茫人海中，她是一名平凡普通的女工。
"兴华"画卷里，她是一颗耀眼灿烂的星星，
追随老教授，

她把自己捐得干干净净。

一滴滴水,汇成波涛汹涌的大海;
一珠珠泪,融成千丝万缕的怀念;
一丛丛火,点燃寒门学子的梦想;
一点点爱,洒下温暖炽热的阳光。

那点滴的爱意,
早已成燎原的烈焰,
梦里、心里,
都是天堂里你的模样,
梦里、心里,
都是想象中春天的模样……

柳丽婷,2018年毕业于甘肃省庆阳市镇原县三岔中学,考入南开大学。

阳光中，你们走来

■ 卢彦宏

从懂事时起，我便知道"好好学习，天天向上"。我们只有两个选择，要么刻苦学习，走出家乡，走向更新奇广阔的世界；要么和父母一样，辛勤劳作，为了生计终日奔忙。

我出生在甘肃省庆阳市的一个小山村。那里四季分明，晨起雀鸣，傍晚鸟儿归巢，核桃树伴着暮色四合。到了大学，我才发现家乡有多么令人神往。那儿的夜晚漫天星辉，不用点灯，路边的野菊沁人心脾。可是，家乡又是偏远的、贫穷的，定格在我的脑海里的是一幕幕往事：夏天的烈日下父母劳作的身影；冬日暗黑的早晨，祖母送我上学时那束手电筒的光亮；收麦时，我跑去田园摘黄瓜的小小满足；秋风瑟瑟，我们拔萝卜时的欢笑……我的童年，简单充实，一根黄瓜就可以快乐半天。

不像那些不用为生活发愁的孩子，我们的生活没有"简单"可言。我记得自己五点起床，背着书包走山路的那种恐惧。我害怕黑暗，但在那时候，却必须一个人穿过黑暗，走向学校。下午放学回家，我用一个小时向着家的方向奔走，看着夕阳在我回到家以后隐起最后一片余晖。我知道，勤奋学习是自己通向梦想的捷径。只有学有所成，才能有机会到山的那边看看。生活上的困难没有把我们压垮，因为我们是幸运的，前行的路上，有家人的关爱，有朋友的鼓舞，有兴华基金会爱心人士的资助。我们的爸爸妈妈宁愿自己受苦受累，也不会让我们受委屈。他们不会在我们面前诉苦流泪，他们只会展现给我们坚强的一面。他们年轻时上不起学，没有走出大山，所以他们希望自己的孩子成为有知识、有担当、有更好未来的人。

我第一次听闻兴华基金会，是在高一。高中三年，我一直享受着基金会爱心人士的资助。每年，基金会的陈爷爷、叔叔阿姨们都会来到我们中学。我记得那天，阳光和煦，我们穿着蓝色的校服，几位长辈踏着阳光向我们走来。会议室里，一张张慈善的面孔，成为我们眼中最美的风景。你们关切的眼神，是温暖的阳光。那天，没有烦恼，没有乌云，有的只是我们欢乐的笑颜。我们面对面地谈心，聆听着谆谆教诲。

自从第一次见到兴华基金会的陈爷爷、叔叔阿姨后，我们的心中便播下了爱的种子，坚定了学习、拼搏的信心。陈爷爷和叔叔阿姨们带给我们的不仅是助学金，还有对未来的希望。

对自己颇有点"狠劲"的赵家和爷爷，身患重病却不愿意用高档进口药治病，液晶电视和诺基亚手机是他最现代的电子产品。他对自己"狠"，对我们却是关爱备至。甘肃、青海等地11所高中的许多贫困学生都感受到了他的爱心。赵爷爷没有在繁华闹市中享受岁月静好，而是把爱心送到了陇原大地，将助学的接力棒从手中传送出去。生活于山村的我，见惯了春华秋实、大雨滂沱和银装素裹，爱上了小街小镇、麦田村落。高考之前，感觉璀璨霓虹和高楼大厦有些遥远。我知道学习是自己梦想开花的唯一捷径，知道自己必须努力学习，然而，我却不清楚，求学之路会在何时终止，或许会因为支付不起学费和生活费在高三拉下帷幕。我没有勇气过多地考虑这些，只是在学习的路上默默前行。幸运的是，在我人生的关键时刻，兴华基金会向我伸出了关爱之手。从此，我不用担心学费的问题，可以在自己理想的大学中汲取新的知识，感受不一样的生活。

如今，我已在"兴华"的帮助下，如愿进入梦想中的大学，在这里舒心地学习。不止是我，还有一个又一个从贫困山区走出的孩子。我们一起铭记着这份大爱，带着爱心人士的殷切希望，学习更多的知识，掌握更多的技能，立志成为一名有理想、有责任、有担当的大学生。

母校高中还在那里，送走了我们这届高三，还有下一届。"兴华"的大爱在我们的母校撒下阳光，留下温暖。我记得那天，蓝色的校服在阳光下变得更加美丽，相机将一张张蓬勃的面孔定格。会议室里，有掌声，有笑声，还有朗诵声："让我怎样感谢你，当我走向你的时候，我原想捧起一朵浪花，你却给了我整个海洋……"

卢彦宏，2018年毕业于甘肃省庆阳市镇原二中，考入成都信息工程大学。

求学路上，兴华相伴

■ 谯雪宁

今天是 2019 年 9 月 21 日，是我接受甘肃兴华青少年助学基金会资助的第四年。

我出生在甘肃，成长在甘肃，也许别人提到这个省份都会想起西北地区，有些落后的西北地区。然而我却有幸在这里遇见"兴华"，遇见赵家和爷爷，遇见兴华的诸多成员。是他们为我以后的人生打开了第一扇门，并一路相伴。

那时，我刚上高一，因为从小就在农村长大，我也早早就明白了父母要担负五个孩子学费及生活费的艰辛。他们笑着生活的背后，是每天早上五点去工地，晚上九点回来。在距家三小时车程的"外地"上高中的我，可以清楚地感受到我们家庭的担有多重。我小心翼翼地计算着每月的生活费，每顿饭的饭钱、每次的零花钱，我都会记在本子上。2016 年 9 月 21 日星期三，班主任告诉我，我将会是兴华基金会的受助人之一，三年将会有 6000 块钱的资助。这是我爸爸三个月的工资啊！雪中送炭，我和哥哥姐姐都特别开心，只有父母严肃郑重地对我说，你万万不可辜负这么多人对你的期望。我一直都记得，9 月 21 日这个带给我希望，带给我曙光的日子。后来在逐步了解兴华的过程中，一个很偶然的机会，我突然在网页上发现我一直记得的"重要日"竟如此巧合的是赵爷爷的生辰。赵爷爷如果还在的话，那天该是他 82 岁生辰。

高一的第二个学期，我见到了陈爷爷和兴华基金会的其他成员。陈爷爷讲述了赵爷爷的一生，那是我第一次完整清晰地了解赵爷爷，那天的会场格外安静、格外严肃，每个人都在非常认真地听着，想要更多地了解这位大爱无疆的炭火教授赵爷爷；这位自己一家人住在小房子里却还想着有些孩子不能坐在明亮的教室学习的赵爷爷；这位在病中宁愿忍受病痛也不舍得花高价买进口药的赵爷爷；这位一美元买的化纤毛衣却穿了十几年的赵爷爷；这位将毕生积蓄慷慨捐赠的赵爷爷；这位让人心疼又心怀敬佩的赵爷爷。当时和陈爷爷一起来的爱心人士，他们每个人都极其优秀，在他们个人经历的分享中，我才知道他们小时候的生活条件比我们还艰苦，却都一直努力坚持，最终走向了成功。那一刻，我心中的目标更加坚定，我要努力学习，实现梦想，将来帮助更多需要帮助的人。

在接受兴华资助的这几年，我得到的不仅仅是经济上的帮助，更是精神上的鼓励。陈爷爷和兴华团队每年都会来学校了解我们的学习情况，解决我们提出的在学习上的各种问题，分享自己的学习经验。此外，我们还可以写信给资助人汇报自己的学习情况。那次，我的资助人黄叔叔给我写了回信，还赠送我一本书。信里对我的一些疑惑做了解答，还有一些鼓励我好好学习的话以及黄叔叔自己的电话号码，还说以后也可以通过微信联系，有什么问题都可以问。即使我现在进入大学，黄叔叔依旧会问我"学习怎么样""在大学是否适应"之类的问题。这种像父亲、像老师、像朋友的关怀与鼓励陪伴了我三年之久。是赵爷爷、陈爷爷以及更多心系教育的兴华团队成员助力西北部地区教育的发展，见证着这些寒门学子完成自己的学业。

今年是我大学生活的第一年，是接受兴华资助的第四年。大学校园里有上百个社团，我毅然选择了加入志愿者协会。因为在刚开始接受资助时，我便有这样的一个目标，用心去回馈社会，将来也做基金会的一员。志愿者协会是一个很好的平台，使我有更多的机会回馈社会。开学以来，我几乎每周末都会申请去敬老院、儿童医院做志愿者，去了三次儿童医院陪伴白血病儿童，去了六次爱照护颐养院陪伴孤寡老人，这也仅仅只是第一步，后面的路我会一步一个脚印地走下去。此外，我还报名参加勤工助学，每个月会有近400元的收入，利用课余时间参加社会实践，同时，替父母减轻一些负担。大学生活才刚刚开始，我一定会加倍努力地学习知识，掌握本领。感谢兴华雪中送炭，有兴华相伴，求学路上，我不再迷茫。

2019年9月21日，如果赵爷爷还在，今天该是他的85岁生辰。

谯雪宁，2019年毕业于甘肃省庆阳市镇原二中，考入浙江工商大学。

彼岸，花开不败

■ 苏亚梨

"让我怎样感谢你，当我走向你的时候，我原想收获一缕春风，你却给了我整个春天；让我怎样感谢你，当我走向你的时候，我原想捧起一簇浪花，你却给了我整个海洋；让我怎样感谢你，当我走向你的时候，我原想撷取一枚红叶，你却给了我整个枫林；让我怎样感谢你，当我走向你的时候，我原想亲吻一朵雪花，你却给了我银色的世界。"每每读到汪国真的这首诗，我总是忍不住想起赵家和爷爷，心里充满感动，眼里饱含泪水。

故事的小黄花，从出生那年就飘着。我和很多人一样，出身贫寒，家里姊妹众多，虽然一家人过得很拮据，但是心里满满的快乐。我沉浸在这简单的幸福中，以为可以就这样长大，可是残酷的生活却褪去了我的天真。八岁的时候，父亲被检查出身患重病，从此家里就没有了晴天。仅有的收入全部用来给父亲治病，数不清遭受了多少白眼和非议，还欠下了很多外债。可是四年之后父亲还是走了，甚至都没有来得及给我们留下一句话。虽然很早之前我们都心里清楚地知道会有这一天的到来，可是母亲还是伤心地病倒了，而这一病就是大半年。那一年对于刚升初二的我来说，是一个很长的噩梦。春节的时候爸爸走了，端午节的时候妈妈病重住院，甚至都没来得及去伤心，家里的重担就落在了我的肩上。一边上学，一边忙着照顾家里，周末的时候领着妹妹去地里干农活。六月的太阳格外的刺眼，晒蔫了田埂边上一丛丛的刺花，不知道是汗水还是泪水，淋湿了一大片地。看着十来岁的妹妹因割麦子而划伤手，心里又心疼又自责。弟弟太小，还干不来这些农活，就在家里照顾妈妈，踩着板凳给我们做午饭。那一年的天空很蓝，雨水出奇的多，我也收起了天真的笑脸。

有人说，上帝为你关闭了一扇门，就一定会为你打开一扇窗。可是我却找不到属于我的那扇窗在哪里，直到初三毕业。也许是经历了生死离别和生活的洗礼，我以优秀的中考成绩被县重点中学庄浪一中录取，正式成为一名高中生。而那时妈妈的身体也日见好转，阴霾笼罩已久的家终于看到了一点晴天。九月渐近，欣喜之余更多的却是辛酸。高中阶段高昂的学费和生活费，再次埋葬了我们仅存几天的快乐。报名的那一天，我一个人在门口呆呆地坐了很久，梦想和现实，这个世界充满了为难。黄昏的时候，妈妈回来了，她把手里攥得汗津津的钱全部塞给我。原来她把家里所有的低保费用，都拿出来了。在妈妈的强烈要求下，我踏进了一中的大门，开始了我的高中求学生涯。了解到我的家庭情况，老师和同学都很照顾我，班里仅有的两个助学金名额给了我一个。村干部也积极响应国家政策，将我家选为精准扶贫户，免去了一定的学费。冰封已久的心慢慢地有了温度，而我也是后来才知道是甘肃兴华青少年助学基金会资助了我，并给了我一路走下去的勇气。

和兴华的缘分，就这样开始了。虽然高中一直接受着基金会的资助，但当时的我对于基金会的了解并不是很多。高一发放助学金的时候，只是远远地看到了陈爷爷、白叔叔和基金会的其他爱心人士。通过座谈会，切实感受到了他们对我们的爱与关怀，也对兴华基金会有了一定的了解。那是我第一次听到赵家和爷爷的名字，"清华老教授、癌症患者、捐资助学"，仅记住的几个字眼，让我对这位老教授有一种莫名的敬仰和亲切感。心里有太多的疑问和谢意，想当面和各位叔叔阿姨说，奈何当时的我胆子太小了，唯唯诺诺最终也没勇气上前哪怕是向他们问好。直到高三，有一次赵老师问我们：陈爷爷要家访受助学生，有没有同学特别希望陈爷爷去自己家的？如果有的话就可以优先考虑。这一次我终于鼓起勇气举了手。陈爷爷他们来的时候正好是秋天，家里刚收了玉米，金灿灿地摆了一院子，再加上满屋子的爱心，让原本简陋的小土屋看着很是温馨。当时我也比较害羞，就只和陈爷爷说了家庭情况和学习情况，同时也听陈爷爷讲述了赵家和爷爷的感人事迹和基金会的发展史，这是我第二次听到这位"神秘老教授"的名字。小小的心里感觉暖暖的。这些素不相识的人，他们那么关心我。千言万语难开口，未语泪先流。看着陈爷爷花白的头发，我的心里顿时充满了勇气。

2016年，赵家和爷爷捐资助学的第一个十年回访活动时，很荣幸白叔叔等人又来我家一次。那时候距离高考也就两个月了，但是我的成绩却不怎么理想。见到白叔叔他们的时候心里酸酸的，觉得自己挺对不起他们的一片爱心。但白叔叔再次鼓励了我，给了我坚持下去的信心。高考结束，去拿录取通知书的时候，我看到学校里的杜鹃花在阳光下骄傲地盛开着，不禁泪眼婆娑。大自然的阳光晒蔫了一朵朵刺花，而他们的爱心汇聚成的阳光却照亮了我的整个青春。

上大学以后，我以为和基金会的缘分不会再有了，没想到却还能再次见到陈爷爷等爱心人士。随着基金会渐渐发展壮大，资助对象范围也开始扩展到大学生了。我很荣幸自己能够被选为兴华助学第一届大学生评审工作的志愿者，帮助基金会的各位爱心人士完成评审工作。在这期间有幸又和陈爷爷聊了很多，大一的时候总是很迷茫，因为不太喜欢自己的专业，陈爷爷就说起了赵家和爷爷的人生经历。"17岁的赵家和爷爷考入清华，选择了无线电电子学，毕业后留校任教。1977年，学校筹建电化教育中心，43岁的他割舍心爱的专业，第一次转行；两年后，学校调他到科研处搞管理；51岁那年，年过半百的他第三次转行，筹建改革开放后清华大学第一个文科学院——经济管理学院。干一行、成一行、爱一行、精一行，从无线电到计算机，再到经济金融学，他始终站在学术潮流前沿。"陈爷爷的这一番话语给大一的我吃了一颗定心丸，也更加坚定了我专业学习的信心。这是我第三次听到赵家和爷爷的名字，索性赖着陈爷爷，将心里的疑问都说了出来。可是听陈爷爷讲完以后，敬仰之余更多的却是惭愧。没想到捐资助学的钱是赵爷爷节衣缩食一辈子，甚至是放弃生命的最后一丝希望攒下来的，而作为受助学生的我竟然此刻才清楚地知道。我想，赵爷爷的家国情怀大抵就如《晏子春秋》里所述"薄于身而广于民，约于身而广于世"，他用一生诠释了什么是平凡人的伟大，并感染着世世代代的青年学子。

作为兴华青少年基金会的受助者，我很幸运能够见到资助我的各位叔叔阿姨们，当面表达感恩之心并和他们一起聊天谈心。其中有一位让我印象特别深刻的王娅阿姨，是在2017年参加大学生资助对象评审工作时认识的。见到王娅阿姨的第一眼，就有一种莫名的亲切感。一件洗得发白的衬衫，鬓角略微花白的头发，可是灿烂的笑容却让原本朴素的她与众不同。得知王娅阿姨热爱公益并默默坚持捐资助学三十余年时，我心里也是充满敬仰。2018年5月，惊闻王娅阿姨身患重病，可是她却舍不得花钱治疗，心心念念的依旧是助学，甚至还捐出了自己仅剩的存款。更可敬的是她带病参加了基金会的第二届大学生评审工作，并选择将自己唯一的房产赠予兴华基金会，甚至捐献遗体。刚知道这件事的时候心里既感动又难过，王娅阿姨那么好的人，为何命运要如此待她？王娅阿姨和赵家和爷爷一样，都是心怀大爱之人，兴华的每一位爱心人士都心系千千万万的贫困学子。赵爷爷用毕生的积蓄创建了基金会，我们兴华学子在接受帮助的同时，也一并会发扬这种舍己为人的精神，虽然此刻的我们仅仅是学生，但是我坚信千千万万的兴华学子一定能学有所成，回馈社会，建设祖国。

以为自己经历的已经很多，能够独当一面了。可是上大学以后才发现，生活远不止眼前。追梦的路，就是流泪的路，泪渐渐滴下，路慢慢成形。也许是急欲证明自己，所以屡屡碰壁。专业课本来就比较难，再加上平时参加一些活动，还要抽空做兼职，我的各科成绩也只是在80分左右，也没什么特长，总感觉自己在大学这个小社会里普通得可以若有若无。曾委屈过，迷茫过，失望过，徘徊过，但是不曾放弃过。今年我即将毕业，正式告别学生时代。无论以后身居何方，身处何位，我都会鼓起勇气面对生活，在自己力所能及的范围内，给予需要帮助的人爱和温暖。

人生是一列奔驰的火车，在每一段行程中，都有一个特别的故事。我们都是故事的主角，无论是熟悉的，陌生的，遇见的，错过的，记忆的，遗忘的，都在尽力扮演好自己的角色，为的只是一场永不谢幕的演出。尽管有人下车，有人上车，但却一直在向前，永不后退。我很幸运在自己的旅程中遇到了很多像赵家和爷爷、王娅阿姨一样的爱心人士，他们给予我一路走下去的勇气和信心。在这里，我想对所有帮助过我的人发自肺腑地说一句"谢谢"，感谢你们用爱心和关怀温暖我整个青春。今后我也会努力像你们关心我一样关心身边需要帮助的人，让他们也能体会到这种温暖，体会获得帮助的喜悦，让他们知道，遇到困难的时候，其实背后有很多人和你站在一起。

彼岸花，开彼岸，花叶生生两不见。我是花，梦想是叶，梦在彼岸，我在此岸徘徊；叶生彼岸，我在未来等待。等待，靠近彼岸，恰逢花开。

苏亚梨，2017年毕业于甘肃省平凉市庄浪一中，考入西北师范大学。

我与"兴华"这六年

■ 魏涛涛

2018年9月3日,我收到一条手机短信,我的中国银行卡里多了5000元钱。我知道,这是甘肃兴华青少年助学基金会资助我的第六笔善款。至此,我已经收到兴华基金会资助给我的21 000元。六年,就是这一笔一笔雪中送炭的善款,为我的求学生涯减轻了许多负担。

从农村考上县城中学后申请成为贫困生,至今已经九年。九年的贫困求学生涯,六年结缘兴华。

一

"带着感恩努力生活,会有意想不到的惊喜和感动!"这是我的人生信条。许多事情,看似在无意间发生,却又好像冥冥中已经注定。

我家在甘肃大山里,在村里的生活还算过得去,至少在我上学之前还不用担心温饱问题。但自从姐姐和我上学开始,我开始觉得家庭负担重了。虽然每年收获了粮食可以变现,但是辛辛苦苦一年换来的那几张钞票对我家来说显得格外的珍贵,所以爷爷一般不会轻易拿出。我在二姐辍学产生的担忧中读完了小学。到了初中,便开始面临着租房子的问题,要开始自力更生了。我上初中时12岁,身高1.45米。从那时开始,就正式成了"贫困生",不得不申请国家助学金。所幸那时我比较争气,几乎每学期每次考试都是班里第一,所以班主任很喜欢我,自然就轻松获得了每学期625元钱的助学金,而那时房租每学期600元,正好给家里减轻了负担。那时自己租房子,自己做饭。直到现在也很清楚地记得第一次做饭时的苦笑经历。开学报到后返回租的土坯房,学着隔壁阿姨的样子,先在一个用水桶做的炉子里放一把草,然后点燃它,赶紧打开鼓风机吹,灭了,接着再来,又放了一把,灭了,继续放,灭了……这样尝试了好多次,仍然点不着,急得哭了。那是我第一次,真切地感觉到了无助。幸好隔壁阿姨人很好,教我如何点火并安慰我。点着了,然后倒油,等油热了就把切好的土豆和菠菜倒进去炒,然后加水。有一次,水开了后需要下面条,我当时不知道如何和面,以为直接把面粉倒进去就可以成为面条，于是我往锅里倒了两勺面粉，拿筷子搅拌了许久，但就是不见形成面条。我很清楚地记得，那次吃的面条实际上是就着自己的泪水喝下去的面糊糊。那一刻，我在心里暗暗发誓：一定要努力学习，争口气。我确实做到了，也学得了做一手好菜，做各种面条饭。现在想想，那时候的努力真的都是逼出来的，不逼自己一把，永远不知道自己的潜力有多大。我当时也没有想到，一个1.45米的矮个子新生，在初中毕业的时候能够长成1.78米的大个子男生，从小男孩到大男生的蜕变，好像梦一样，但真实地存在着。

考入庄浪一中在当时是稳操胜券的事，所以中考对我来说没有什么压力，后来如愿进入重点班学习。但是我最怕的事情还是接踵而来，高中每学期1500块钱的学费加住宿费是沉重的家庭负担。当时中考成绩出来后，我在村里同级学生中考得最好，但这一点没有让我高兴，我家人也没有丝毫开心的迹象。当爷爷从一个陈旧的箱子（奶奶的嫁妆）拿出16张一百元的纸币反反复复数了好几遍才交给我的时候，心里更多的是难受和心酸。我当即就表示不想读书了，想出去打工。但爷爷对我还是充满期望的，也可能是他的几个孙子里面我学习最好的缘故，爷爷第一次主动劝我好好学习，不用担心钱的问题。那一次鼻子一酸，就真的哭出来了。我爷爷比较偏心，对我四叔家的小儿子格外关心，所以第一次这样主动安慰我，倒让我无所适从，更多了几份难过和感动。我哭着开始了我的高中生涯。

二

高中生活开始了。我所在的班级多数同学的家庭条件都很不错，班里贫困生寥寥无几。全班65个学生，好多是干部家庭的孩子，所以竞选助学金，自然比其他班级容易一些。这一年的10月份便确定我是兴华资助的学生。自此我知道，在高中三年的求学生涯中，我每学期都会领到1000元的助学金。也就是从这一年开始，我与兴华结下了不解之缘。

班里绝大多数同学的家庭条件都不错，贫困就成了一件难以启齿的事情，我甚至将它视为身份卑微的象征。每学期开学，看到其他同学都有父母接送的时候，便将自卑在心里默默地"雕刻"一遍。我想，这个社会对我是不公平的，甚至有点残忍。于是，一度的灰暗生活伴随我好一阵子。那个时候，我内心脆弱，自尊心特别强，所以脾气异常暴躁，甚至在家里流露叛逆，说过一些很伤人的话。

"人生如果没有一些落差作比较，就没有那么多趣味了。"人生的轨迹就是这么奇妙，改变也有可能在一瞬间完成。上面提到的叛逆，主要是为了得到爷爷、奶奶和姐姐的认可，但是他们总喜欢干一件事情，那就是"泼冷水"。高中汇集了初中的"精英"，自己和其他优秀同学的差距很快便显现了出来，一次次考试成绩都不理想，心里特别难受。回到家想寻求安慰的我，却被认为不努力学习，就好像没有防备一大盆冷水就泼下来一样，心理落差太大，言行难免不理智。但人生真的很奇妙，如此僵硬的家庭关系，在兴华基金会陈爷爷和白叔叔一行来我们学校交流并且去我家家访的时候，彻底改变了。村里人的思想比较古板，觉得要是家里来了很重要的人物，一定是孩子特别有出息。因此陈爷爷和白叔叔一行，等于给我的学业贴上了"优秀"的标签，也让我家人第一次真正感觉到，我才是那个有出息的孩子。直到现在，每每想起说过的那些无知的话，还是非常悔恨，爷爷奶奶的包容和理解，以及姐姐考入大学带给全家的喜悦，让我看到了家庭的生机，很快就把卑微的自尊心收了起来，默默地继续努力学习。

2014年兴华基金会庄浪一中家访（左三为作者）。

三

对贫困生来说，生活有太多不幸。在煤矿打工的四叔出事走了，这件事就发生在距离高考仅剩两天的时候。我家虽然贫困，但是我很爱这个家，无论走到哪里，家都是我内心最温暖的那一个港湾。在四叔下葬之后，我选择了在爷爷奶奶身边再待一年。高考结束后，我脑子一片空白。我不知道我这样做到底对不对，也不知道家里人会怎么想，但就是这样选择了。2015年的整个下半年，我一直沉浸在失去至亲至爱的悲痛和高考落榜的遗憾中。一个被重点培养的学生没有考上大学，我不敢再去原来的高中复读，就去了另外一所高中。在这所高中浑浑噩噩地度过一年，靠着以前的基础，第二年考入了山东大学。

真切地感觉到来自兴华的关爱，正是这一年。就在我准备填报志愿的时候，赵校长（原庄浪一中负责兴华基金会的老师，学校副校长）给我打来电话，看到他的电话出现在屏幕上，我很诧异，有一丝丝的错愕，不知道他打来电话干什么。接通的那一刻，才知道原来是陈爷爷和白叔叔委托赵校长联系我，让我参加每年的明德助学的遴选。当时接到电话的时候真的太感动，从来没有想到陈爷爷和白叔叔一直没有忘记我，一直在默默关心着我。我一度以为自己和兴华的缘分止于高中。

直到现在，六年时间，我跟兴华，我跟兴华大家庭里的成员紧紧地"绑"在一起。兴华就像亲人一样，为我的人生树立榜样，言传身教，给我温暖，给我动力。

四

大学生活已经过半，我从一个懵懂少年转眼变成了身高1.82米的大小伙子，从腼腆不自信甚至自卑，蜕变为阳光、开朗、自信且能够让别人敢有所托付的人。得到兴华资助的六年来，我时常在想"兴华带给我的是什么"这个问题。兴华让我感受到来自这个世界的关怀和爱，让我明白要带着感恩努力生活，这也成为我的人生信条。兴华让我明白"伟大的脊梁都甘于平凡"，要做一个不甘平凡的普通人，要将自己有能力之时所得到的奉献给社会。更重要的是，兴华让我明确了自己的努力方向。

一直很喜欢白岩松老师写的《白说》，书中一段话让我感触很深，今天在这里分享，与每一位贫困生共勉："恭喜你们，你们有了别的同学所没有的一份履历，表面上是由挫折、痛苦、贫穷造成的，但是将来它会成为你的亮点。你可以在简历中写你是某某基金资助的，我相信很多老总看到这个都会眼前一亮。因为现在很多单位招人都要家境贫寒的，他们觉得这样的孩子韧性更强。"因此，从另一个角度说，我们也可以为经历过这样的青春感到骄傲，它能让现在的我们正确面对困难和挫折，也让我们对感恩和善良的感悟更加深刻。

五

关于"遇见"，大家一定会想起一个人，一个足以感动中国的人物，这就是赵家和教授。很遗憾我没有见过这位慈爱的老人。当初，我甚至不知道资助人是谁，只知道那是一位清华的老教授。他平时省吃俭用，生活俭朴，对自己的儿女也严格要求。"最后的死去和最初的诞生一样，都是人生必然；最后的晚霞和最初的晨曦一样，都是光照人间"。这是赵家和爷爷的真实写照。

六

兴华助学基金会理事长陈章武爷爷是每一位受兴华资助的学子都熟悉的人。他年过七旬，却依然为了基金会的事情忙前忙后，不辞辛劳地长途奔波于每一所偏远的中学乃至学生的家中，只为干"雪中送炭"这一件事。陈爷爷特别和蔼可亲，这是给我的最深印象。每次见到陈爷爷，他都会讲一些我们不知道的事或者曾经发生的值得人们去记住的事。我依然很清楚地记得去年在参加评审会议时，陈爷爷给我讲的《人类简史》和《未来简史》这两本书，后来果断买了纸质版本阅读。今年又有幸参加了评审会，听陈爷爷讲原子核，讲制造原子弹的那段艰苦时期，讲解放兰州。无论讲什么，陈爷爷总是讲得很生动，很吸引人。有人说陈爷爷像尊佛，我赞同。年过七旬的陈爷爷依然奔波在助学路上，依然坚持讲课撰书，将得到的薪酬全部捐了出来，真的是很伟大的人。

七

我一直感觉兴华助学基金会秘书长白瑞刚叔叔经历很丰富，军人出身的他很厉害。在当志愿者的过程中，我看得出来他对这项工作的负责、对每一位受助学生的负责。白叔叔也深深地影响了我，让我懂得对待自己热衷的事情要持之以恒。陈爷爷在评审会结束的时候说了这样一件事：在兰州给赵教授开追思会的那天，陈爷爷并不知道白叔叔的母亲那天正好在做手术。在追思会结束后吃饭的时候，白叔叔才说自己没法吃饭了，母亲让姐姐帮忙照看，他现在要赶过去。当时感动了陈爷爷，现在感动了参加评审的每一位人，也感动着每一位学子。

八

和天津市退休职工王娅阿姨能够认识，我感觉真的是很幸运。我觉得，王阿姨就是诠释"伟大的脊梁甘于平凡"最典型的人物了。她没有很多钱，出身不高贵，工资也没有多高，但是她依然坚持每年给基金会捐3万元。我今年三月份得知了一个很不幸的消息，王阿姨患了癌症，然而她并没有被病魔击垮，毅然坚持参加了评审会。让人感动的是，家在天津、离兰州这么远、本应该接受化疗的她却放弃化疗来参加评审。听陈爷爷和白叔叔说，虽然治疗费用很高，她还是坚持拿出3万元来。后来，还从陈爷爷那里听到了王阿姨的一段话："我在晚年的时候可以将自己一点微薄的力量贡献给西部，资助一些西部的孩子，让他们不为生活拮据，我这辈子就值了。"恰如白叔叔所说："感动中国的事例就发生在我们身边。"

九

穷人的真正敌人，很多时候是多年后已经逆袭的自己。

我开始认可接纳社会的多样性，开始更深入地认识自我、探究外部世界。我想研究我们国家的制度变革，想了解外国经济和文化如何影响我国的社会发展。我想尽己所能帮助一个又一个还处于贫困中的人。

我相信社会组织助力教育、精准扶贫和国家助学同等重要。如果没有兴华助学基金会，我现在或许是另外一个人，但恐怕不是我喜欢的那一个。

感谢生活！向我 21 年生命历程中出现的所有善良的人致敬！

2018 年 10 月 25 日于山东大学

魏涛涛，2016 年毕业于甘肃省平凉市庄浪一中，考入山东大学威海分校。

感恩有您，竹翠梅香

■ 席盘珠

"成功的花儿，人们只惊羡她现时的明艳！然而当初她的芽儿，浸透了奋斗的泪泉，洒遍了牺牲的血雨。"我出生在大山深处，家庭贫寒、生活艰苦，所以从小就渴望通过自己的努力，学有所成，进而改变家庭和个人的命运。然而，天有不测风云，上小学的时候父母相继离世，家庭遭受变故、生活陷入窘境，求学之路也面临险境。幸运的是读高一时，遇到甘肃兴华青少年助学基金会，得到赵家和爷爷以及陈章武爷爷等爱心人士的慷慨资助，我才得以读完高中，顺利步入向往已久的大学。吃水不忘挖井人，自己能够走出生活困境，再获重生，感谢兴华助学基金会和各界爱心人士！

涅槃重生的历程还得从艰苦的环境和艰难的生活说起。当城市里的孩子在游乐园玩耍嬉戏的时候，贫困山区的农村娃在跟随面朝黄土背朝天的爸爸妈妈下地干活，寻找黄土高原上顽童独有的"欢乐"——农活为欢、劳动为乐！当清晨第一缕阳光洒向高原梁峁的时候他们怀揣着"知识丰富人生，读书改变命运"的家庭教诲，沉浸在穷乡僻壤的村学里、陶醉在琅琅的读书声中；当收到高中、大学录取通知书的时候，别人家的孩子欢呼雀跃，他们却为高昂的学费寝食难安。美好的求学愿望在困顿与无助中煎熬。幸运的是在追梦的路上遇见了兴华，遇见了好心的爷爷奶奶、叔叔阿姨、哥哥姐姐——是他们的慷慨资助和大爱关怀，让暗淡的希望重新被曙光照亮、让怀揣已久的求学梦得以实现！

感恩有您，让我在无望中重获希望、在困境中涅槃重生！从小爸爸妈妈就教诲我们好好学习，汲取知识，奋发图强，改变命运，涓滴恩情，涌泉以报。春苗遭寒霜，世事太无常，家庭的巨大变故使得我常常为生计和学费而忧愁。当年收到高中录取通知书时，不得不利用假期帮低年级学生补习功课来拼凑上学所需费用。即便这样，秋季开学时，仍然差点因缴不上学费而退学。开学以后，在学校和社会多方协调下总算如期入学。在这柳暗花明之时，我遇见了兴华，也见证了兴华人的大爱无私，见证了捐资助学路上爱心人士的慷慨义举，并为之震撼：第一次听到赵家和爷爷含辛茹苦、捐资助学的感人故事，第一次见到陈爷爷不辞辛劳、奔波千里来到西部的贫困山区,为和我有相似困难的学子送来温暖和祝福,送来点燃心愿的希望之光!

光阴易逝,岂容我待。如今我们这些享受资助步入大学继续深造的寒门学子,时常和兴华人分享自己学习生活中的快乐与烦恼,及时汇报我们的学习情况。和蔼可亲的陈爷爷、杨叔叔,细心温厚的白叔叔、葛阿姨都会及时地给我们答疑解惑、勉励支持。自此我们成了兴华大家庭中的幼苗与花蕾、翠竹和寒梅,倍受呵护和关爱。

我目前应做的是珍惜现时的美好时光,用自己的刻苦与勤奋,回报兴华人恩重如山的资助与关爱,回馈爱心人士的仁爱善举。学有所成的那一天,服务社会,建设国家。

2020年2月27日

席盘珠,2019年毕业于甘肃省平凉市庄浪一中,考入天津商业大学。

数年相伴，兴华带给了我什么？

■ 杨小凤

我一直觉得，秋天是一个特别适合回忆与遐想的季节。以前，未曾走出过那片大山的我，喜欢站在山的高处，在广阔的天空下张开双臂，听风在耳边呼啸着远方，一遍遍的幻想远方的模样……直到现在，像很多年前那样，我还是喜欢秋的天高气爽，每当秋风起的时节，还是喜欢在广阔的天空之下张开双臂……时光的流转里，变的是我所处的时空和眼中看到的风景，而不变的是那个始于秋天的故事，以及让故事开始的那份一直默默守护着我的温情……

与兴华结缘第六年了，从初相遇时的一知半解，似是而非的陌生感，到数年温情陪伴让我与兴华真正相识相知。兴华，于我而言，不仅仅是一个在经济层面给予我帮助的团体，更是一个给我强大精神支柱的友爱大家庭！

我时常问自己，数年相伴，兴华带给了我什么？始终不能忘记天津之行，匆匆两天，留下的太多温暖与感动常常在眼前浮现。当我和骨瘦如柴的王娅阿姨相拥时，当我握着她干瘪却又温暖的双手时，当我看到她忍受着病痛的折磨向我们微笑时……我突然明白，或许，这就是大爱吧！从赵爷爷成立兴华的初心，到陈爷爷、白叔叔一行人的奔波，再到以王娅阿姨为代表的爱心人士的倾心奉献，他们用行动向我诠释了什么是"捧着一颗心来，不带半根草去。"作为一个平凡的工薪阶级，过好自己简单的生活，本已足够，但王娅阿姨却如润物细无声的春雨般，静悄悄地走进了兴华，走进了我的生活；作为清华的资深老教授，本可以安享晚年，或是在查出肺癌晚期时，靠自己的积蓄得到更好的治疗，可赵爷爷却像炭火一样，成立了兴华，为寒门学子送去温暖！兰州之行，回想起来，就像做梦一样。第一次真正参与到兴华的评审工作中，叔叔阿姨们对每一份资料的反复掂量、纠结难取，让在场的我不禁唏嘘。原来每一篇用心写的文字背后，是更认真的倾听；原来每一件看似水到渠成的故事背后，有那么多人在默默付出……而我，又是何其幸运，可以成为兴华的一分子，见到了那么多有趣又有温度的灵魂。做一个认真的倾听者，品大师的格调，观察他们的言谈举止，学他们的胸怀与境界；我不仅一次次感慨，何其有幸，遇到了兴华这个大家庭！

有人说，但凡你被温暖过，见过真正友爱慷慨之人，那么，你看待这个世界和他人时绝不会心怀恶意。或许，这就是兴华带给我的最美好的礼物吧！年少之时，接触着一个个温暖的人，感受着一个个温暖的故事，我的心开始变得坚强，像到处阳光明媚般，充满了正能量！对生活充满了美好的憧憬。

相伴多年，兴华教给了我什么？我想除了奋进与感恩，也教会了我如何去做一个温暖的人。无意中接触到我们县的一个名为"大爱无疆"的公益组织，并且以志愿者的身份加入。当我一笔一画用心地给我所结对的单亲儿童写信时，体会到了一种责任；当我寄出信开始期待回信时，并非想让他反馈给我多少感激，只是想知道他的近况，想知道自己微薄的关心，是否给了他些许勇敢成长的力量。每每这时，似乎更能体会到你们收到我们来信时的心境！有人说，当知道前方有人等你的时候，人就会格外勇敢，可有人在身后始终注视陪伴，又何尝不是呢？因为我知道在这个世界上，有一群如赵爷爷般素未谋面的人，抑或是如陈爷爷、白叔叔般只打过几次照面的人，可以这样说，我对你们知之甚少，而你们却在为我们的岁月静好而负重前行。因此，心中总有一个声音在不停地告诉我，你必须足够努力，才能证明自己足以与这份助学金相配，才能对得起像赵爷爷般的那些爱心人士的付出。也只有这样，在不久的将来，才会有资格成为像他们那样的人，有足够的能力去帮助更多需要的人，将这份爱延续下去。而现在，我也在学着以自己力所能及的方式，去传递一份爱！兴华陪着我成长，而我希望自己像个大姐姐一样，把看到、感受过的美好与温暖，分享给我所结对的小朋友，陪着他去成长，去弥补他生命中的一些缺憾。

我与兴华的故事始于回忆满满的秋，秋天与我而言，似乎格外美好。每一次，当我在远方张开双臂感受秋的气息时，相比多年前，心中似乎更多了份踏实与沉着，回忆涌上心头，暖暖的，这些温暖，汇成了一道暖流，让我的世界春暖花开……

杨小凤，2018年毕业于甘肃省平凉市庄浪一中，考入山东财经大学。

以爱之名，点亮希望

■ 张宁宁

又是一年开学季，车站旁边的路上是匆忙拖着行李的年轻人，脸上充满着期待与向往。我知道，梦想的旅途，虽然荆棘密布，但风景依旧很美。愿能走进曾无数次向往的学府的我们，开启属于自己的美好生活。

我已踏上离乡的列车，十几个小时的车程，我从一个偏僻的小山村来到一座繁华的都市；从泥泞的山路到宽阔的柏油马路；从窑洞到高楼大厦；从家乡方言到标准的普通话。人生第一次坐火车，惊喜、激动、忐忑不安，所有的心情都夹杂在一起向我袭来。坐在窗前的我一路见证着这巨大的变化，但越来越美的风景并未让我开心不已。此时，不知是对家人的不舍，还是对过去的那个自己并不满意，脑海中的点点滴滴都在告诉我，就算是笼中的一只小鸟，也不能放弃对外面世界的期待，我必须用尽全身的力气向前飞。

作为一个从小生活在大山中的学生，回看过去成长的十几年光阴，真心说，自始至终也许我就是那个最幸运的人。上小学的时候，不论风雨，每天都要往返二十里山路，爸爸背着我跨过泥泞、越过沟壑，他略显弯曲的背影瘦弱但却无比伟岸，那时小小的我不知什么是心疼。初中时的我，每天手捧单调乏味的馒头眉头紧锁，难以下咽，但我知道我的父母正在田野里辛苦劳作。国家九年义务教育也给我们带来了很大的帮助，让我们在学校能安心读书。冬天的每个夜晚，当我在二十几个人的大通铺上冻得瑟瑟发抖时，身边的同学会给我递来热水袋。我很幸运，生在寒门，但在充满爱的家庭长大；我很幸运，长在穷乡僻壤，但我深爱着我的祖国；我很幸运，道路艰难，但一路上遇见了许多爱我又帮助我的人。

2014年，我初中毕业，我亲眼看着村子里和我一起长大的孩子一个个辍学外出打工或者回家务农，这是他们的选择，那我的选择呢？中考分数还算理想，但我选择了条件相对一般的高中，因为县城里的消费较高，而且来回车费会贵一些。告别九年义务教育，我第一次看见爸爸拿着这么多钱去给我交学费，就连校服也从几十元变成了一百多元，学习资料费用也比之前多出很多。渐渐地我明白，原来把一切想得太过简单了，但家人还是顺利地把我送进了高中校园。随之而来的是，"高考"这个词每天都会在我的耳畔响起。从进入高中的那一刻，高考如同黑夜中的灯塔，给我光明，激励我走出大山。

　　就在初入高中的那个夏天，我见到了一个慈祥的老爷爷，看见我们时，他的眼里是满满的关心与疼爱。他坐在台上认真仔细地回答着我们提出的每一个问题，讲着大学和外面的世界，也讲着他的老师。就这样，我第一次听到了赵家和爷爷的名字。最初对赵爷爷的了解只是停留在听说，听说他是清华大学的老教授，倾其毕生积蓄用于资助寒门学子，而他却已经永远地离开了我们。2017年夏天，正是高考的冲刺阶段。接到通知，我来到了多媒体教室，今天这里挤满了几十个同学。"再往里面站站"，我听见老师这样说，好奇地踮起脚尖探着头看向前方，只见屏幕上正在播放央视的一档节目《朗读者》。我们所有人好像都心照不宣，不再交头接耳地闲聊了，只是静静地站着看完了节目。节目结束的那一刻，我真正地认识了赵爷爷，不知脸上流着的是泪还是汗，只知道大家在那一刻都低头沉默了。震撼、感动、难过、或许是一份思念，这是我能想到的可以形容那一刻我们心情的词语，但我清楚地知道这远远不够。从那以后，我总感觉有一种无形的力量在推动着我，直到今日我明白了原来那是赵爷爷给予我们的爱的力量。加油前行，为自己、为家人、更为了帮助我的人和更多的寒门学子。

　　2017年，我高中毕业了，高考分数出来了，志愿报好了，录取通知书收到了……我却有了从未有过的一丝犹豫，一次次地想着以我这样的成绩花这么多钱去上学，值得吗？但父亲对我说"你是我们家第一个大学生，去吧，家里你不用担心"。正当我迷茫、不知所措时，我惊喜得知兴华青少年基金会自2017年开始，资助大学生完成大学四年的学业，而我就是其中的受益者，这使我坚定了完成大学学业的决心。我不再因交不起学费而害怕，不再因自己的无能为力而自卑，脑海中总是陈章武爷爷慈祥的笑容和谆谆教诲。那一刻，一个个爱心人士的名字在我心里按下了永久储存键，终生难忘。

　　感谢赵爷爷如天使般降临在我的生命中，他带着兴华助学基金会走进了我的人生，也参与着我的梦想，让我有了从未有过的安全感。助学基金如雪中送炭，陪我度过了高中三年。助学基金如光一般照亮了我的生活、温暖了我的家庭，支撑着我以坚定的步伐走出高考这个竞争激烈的战场。今日的我，虽然还未成功，但我有了更加坚定的信念，大学生活不敢松懈，只为不负青春，不负这份爱。

　　2018年，我读大二，学习、生活、朋友，一切都是我想要的模样，在大学的每一天我都很快乐，我知道这一切离不开赵爷爷和众多兴华爱心人士的帮助。而这一年也正因为兴华，我认识了一个人生命中很重要的人——王娅阿姨，兴华学子都亲切地称她为"王娅妈妈"。我们一起坐在湖边看天鹅、一起包饺子、一起聊天。我还坐在沙发上听她唱歌。阳光下,她的笑容及她对待生活的积极态度,让我忘记了她已经是身患胰腺癌的病人。她就是这样一个人,永远坚强、永远乐观、也永远挂念着她资助的寒门学子。我想,在每个被病魔折磨的夜晚,她或许从未孤独害怕过,因为她的心中永远有光、有爱。王娅阿姨说过,帮助别人,自己也会收获一份幸福。在我看来,那一笔笔雪中送炭的助学捐款,是她最美丽的写照;那一张张捐资助学的荣誉证书,是她最珍贵的财产;那一封封受助学生的亲情家书,是她最开心的收获。"牧羊姑娘放声唱,愉快的歌声满天涯",这是她带病远赴甘肃家访途中唱给我们的歌。王娅阿姨走了,但那悠扬婉转的歌声依旧飘荡在我们心中。我们一定会永远记得她——用生命追逐光的人。

我记得董卿姐姐曾在节目中说到"第一次听说赵家和先生的故事,除了钦佩他本人外,我也非常钦佩他的家人"。是呀,这样伟大的人,背后到底会有怎样的家人呢?我曾无数次想象,如若相见,我会将心里有的感谢都讲给她听。而就在 2019 年,我有幸见到了吴奶奶,但就在奶奶握着我手的那一刻,我直视她的眼睛,她的眼里满满的都是温柔与慈爱。一瞬间,好像所有的话语都变得苍白无力,哽在喉咙、压在心底。我们一行人围坐在桌旁分享着各自的大学生活和梦想,有的说"看见阅兵的飞机从头顶飞过,第一次近距离感受,我感觉我们的国家越来越强大,我很幸福,我一定会更加好好学习,成为一个对祖国有用的人"。有的说"我跟随学校的实践团出国学习,看到了更多更美的景色,学到了更多更新的知识。"我说:"因为兴华,因为赵爷爷,我遇见了王娅阿姨,这一年我把他们的故事讲给更多的人听。我很开心,是兴华让我有机会来到天津,也是兴华让我成长,谢谢梦想路上遇到的每一个可亲可敬的你们"。……吴奶奶总是面带微笑注视着我们,倾听每一个人发言。这时,她的目光里又多了一份欣慰、幸福,或许也是一份安心。吴奶奶说道:"之前我总是担心你们来到大城市会不会不适应,会不会不自信?不过今天看到你们,我放心了"。吴奶奶开心地笑了起来,我们都笑着,我知道这一刻所有人都心有灵犀,默默在心底诉说着那一份多年来的感谢。赵爷爷和吴奶奶,于我们而言,你们是亲人,是良师,也是我们人生路上的一座灯塔,温暖着我们,也照亮我们前行的路。谢谢您,我们爱您。

生命最伟大的光辉不在于永不坠落,而是坠落后总能再度升起。当直面死亡时,赵爷爷和王娅阿姨做出了同样的选择,在生命经受清贫考验之际,他们捐出一笔笔助学金,温暖了寒门学子的求学之心;在生命饱受病魔摧残之际,他们拒绝了昂贵的治疗与药物,对自己做到了难以置信的苛刻;在生命进入倒计时之际,他们捐尽毕生积蓄,献出遗体用于医学研究,实现了人性升华与精神永生;在生命溘然长逝之后,他们的精神力量仍在激励着我们,把助人与利他进行到底!遇见他们，让我懂得这世间有一份善良终究会让人泪流满面。愿那一颗颗泪珠化作满天繁星，照亮每一个漆黑的夜，给予更多的人力量与希望。

六年来，有兴华陪伴，我学会了把爱放在心里，把感恩转化成我前进的动力。清华园的老人，他燃尽了自己，以爱的名义，点亮了我们的人生。爱心如同种子，在我们心中萌芽；如同火炬，在我们手中传递。如果说从前我是被照亮的，那么今后我也要努力发出一线光亮，给自己一份生活的勇气，给需要帮助的人一份希望。

张宁宁，2017年毕业于甘肃省庆阳市镇原县三岔中学，考入天津商业大学。

第三章

追　忆

影响过我们的人,走了,
却依然常驻在我们心里……

忆点滴往事
——怀念同届老友赵家和

■ 桂伟燮

赵家和是我们1951年同届入学老电机系的学友,院系调整后根据国家建设需要,电机系新设发电、电机和电讯等三个专业,赵家和等近30人分入电讯专业(后称无五班),我们发电专业约60人称发五班,另外约30人归入电五班。"无五"和"发五"虽专业不同,但同学之间从入学到毕业以至工作之后,还都长期保持着同届同窗的友情和交往。赵家和是属于给我印象较深的一位,他头脑聪敏,颇具幽默感,大家都称呼他为"赵头",起源为何我并未考证,只感到这样称呼更为亲切。

当年每逢五一节、国庆节,学校都会组织学生进北京城参加大游行,黎明前就得起床赶进城集合。一些在城里有家的北京同学,会根据可能邀请个别外地同学提前住到自己家中,第二天上午直接按时在指定地点集合。记得1956年参加那次大游行,赵家和与我都已毕业留校任教,当他得知与我已确定关系尚在校就读的女友的家在美术馆对面,离他在沙滩的家不远时,就热情邀约我在游行前一天住到他家四合院。记得他老爸模样和蔼,平易近人,特别关心他儿子找对象的问题,还请我们同学帮忙介绍。那时候我尚不知老人家颇有造诣,曾任老清华法律系的教授和系主任。由此可见,赵家和继承他老爸的谦虚不张扬的优点。

若干年后,我获知赵家和也已结婚成家,对象在化工系实验室任教。"文革"后我在江西鲤鱼洲农场见到了赵夫人吴嘉真,一位常面带笑容很谦和有气质的女士。在农场兴建修路工程期间,我们都在后勤系统劳动锻炼,休息闲聊时,我说起当年她公公委托帮助赵家和找对象这段故事,笑着夸她和赵家和很般配,自己物色比别人介绍要强得多。

我事后才获知,在"文革"中赵家和竟然挨过抄家、隔离审查、被斗或陪斗并被送到江西农场劳动。"文革"后,他先后曾被调到校电教中心和科研处工作,属所谓"双肩挑"型干部。我在1956年调工物系后就已被抽调任"双肩挑"干部,1960年调到校教务处工作,"文革"中下放到校办汽车厂,也曾因反对工人阶级领导的"莫须有"罪名挨批判，被派送去鲤鱼洲劳动，在一定意义上个人经历似乎和赵家和相似。

赵家和"干一行、爱一行、成一行"，获得大家公认，是我学习的榜样。

改革开放后，为追赶世界科技发展的步伐，学校重视教学改革，着力加强基础课和专业实验室建设，在全校范围内对在职教师普及电脑知识和实践培训。建立全校规模的电脑实验室，积极开展电化教育，大型阶梯教室中配置了整套电脑视屏。我在基础课教研组兼职给电类大班讲物理课，亲身体验到电化教育的优越性。当时我只曾听赵家和本人告知，学校委派他选购计算机及有关仪器设备。事后才进一步获悉，他如何出色地完成此项任务，为学校教育事业立了大功。他是此次出国采购团队的领队，既是一位懂技术的专家，负责技术把关，又是采购行家、砍价能手，还身兼翻译员。最后圆满地完成了交托的任务，购得的大批量先进仪器设备所花的钱只相当于当时市场价的一半，为学校节约了大量经费。

赵家和1985年调入经管学院任教，先后任系主任和副院长。他在经管学院发挥的重要作用和特殊贡献，是多次由我熟悉的原工物系加速器专业优秀青年教师陈章武告诉我的，"干一行、爱一行、成一行"就是他对赵家和的评价。赵家和具有很好的英语功底，他通过自己的钻研率先开出了"微机原理与应用""电子企业经营管理""对外经济管理基础"及"商务英语课"等多门课程，在专业上开创性地为经管学院打下了扎实的根基。

赵家和在多个教学、科研、管理岗位上兢兢业业、默默奉献，退休后又隐姓埋名将全部积蓄捐资助学，将爱洒向祖国大地。在2009年一次体检中查出患有肺癌。之后，曾有几次遇见他在蓝旗营或清华西南区散步，我以自己2006年前列腺癌手术及放疗后的体会，鼓励他增强信心、科学态度应对。

2011年，他病情恶化，亲自找到当时即将退休的学院党委书记陈章武，要求他接下"接力棒"代替他筹建助学基金会。赵家和选择陈章武为助学事业的接班人，充分体现他的伯乐眼光和远见。陈章武称自己是在赵老师的爱心感召下决心投入这项爱心事业的。2012年2月间，"兴华青少年基金会"正式批准成立。陈章武告知我，赵家和已病重住校医院，由他亲自把注册获准的信息向赵老师做了汇报。此间正值我们老"发五"班陈寿孙、阎平凡、顾永昌、杨陵康、贾继洵、陈世猷和我七位同窗老友约定聚会，获知老友赵家和正在校医院住院治疗，即前往探视并与他合影留念。约两周后，获知赵家和离世，我们此次探视竟成永别。

赵家和过世后，经管学院举行了隆重的追思会，参会的除其家属吴嘉真及由美国赶回来的女儿赵蕾外，院系的领导和教工代表、受资助学生代表等过百人。同届老友中有马祖耀和我参加，马祖耀还代表同窗作了追思发言。与会者回顾赵家和的优秀事迹,十分感人,最后院领导宣布,要在全院范围内开展向赵家和学习的活动。

2016年1月21日

桂伟燮,清华大学工程物理系教授。

把聪明往哪里用？
——怀念赵家和老师

■ 邵 斌

赵家和老师那"炭火精神"，感召着许许多多的青年学子，感召着社会上许许多多的人，也感召着我这个已经住进养老院的老年人！

国际上许多人评论说，中国人聪明；怀念赵家和的人们也说，清华聪明人很多，而赵家和却是更加聪明人里的一个。我的了解，他正像许多有造诣的聪明人一样，他们都是把聪明用到最合适的地方了！

1955年，我在清华工字厅从事行政工作。一天，看见院子里，几个人围着一个年轻人，有说有笑。那年轻人，个子高挑，微笑着细声漫语，尽显精明聪颖。我身边的人向我介绍，这是今年无线电系优秀毕业生，叫赵家和。我眼望着他，啊，我好羡慕啦！

那时，新中国成立之初，已经掀起建设新中国的热潮，最急需的是各门类、各层次的建设人才，特别是高科技人才。1952年，北京高等学校院系调整，清华变成一所工科大学，专门为国家工业建设培养高级科技人才。1953年初，我被调来清华。此时，我刚自学了列昂捷夫的《政治经济学》，懂得了社会发展最强大的动力是生产力的不断发展，生产力决定生产关系，经济基础决定上层建筑。于是我最想去工业第一线工作——发展生产力去！来清华后，我的上级领导（也是我的老师）怕我不安心工作，对我进行教育。先是晚上领我去看大图书馆。馆内灯火通明，学生坐满，而却静得只听见翻书的声音。这场面，感人！我的领导说，这都是全国优秀的学生，他们这样刻苦学习，就是要成为高级科技人才，建设我们的国家。我们的工作，就是为他们服务的啊！我深深地接受了这个教育，我们为工业建设培养高级科技人才，不就是为发展生产力服务吗！后来，在下午四点以后，他又领我去西大操场，看那满场地的学生，龙腾虎跃，做着各式各样的锻炼，骄阳下的年轻身躯飞溅着汗水，场面也实在感人。我的领导又说，这都是从全国拔尖来的，为了将来承担重任，你看他们是多么刻苦地锻炼啊，我们就是为这些可爱的学生服务的！他对我一再地这样说服教育，我完全心悦诚服了。以后，他又几次向我介绍华罗庚自学成才的故事。他的意思，我都明白了。

赵家和，这次我认识了他（但他还不认识我），他的这个典范的作用，在我那时的心境下，像我的领导教育我的那样，也给了我很大的"正能量"，强烈地激励了我，我愿意为这些可爱的人服务，他们成材了，也就是我为发展生产力出力了，我就从我的实际出发吧。

从这以后，由于我对赵家和的关注，多少年来，关于他的信息就不断地传到我的耳朵里来：说他留校当教师了，又说他被调到学校科研处去，参加组织和领导全校的科学研究工作了，还说他由于英语好，又被派到美国引进来大批计算机，装备起全校的计算机系统……

现在回头看，他正是在他的人生之初——少年青春之际，就把他那聪明的头脑和旺盛的精力，专心致志地用到基础知识和专门业务的学习上了，并且达到了优异的程度，这为以后不论在哪一个岗位上，他都能开展起创造性的工作，打下了深厚而坚实的基础，并形成了他的那种哪里需要就到哪里去、无私奉献的价值取向，以及求真务实的思维方式。这样的人，不正是新中国建设最急需的人才吗？他的这个成功的开始，几乎就是他整个人生成功的一半！

1985年，这是清华经管学院成立的第二年，突然听说，学校派赵家和来当常务副院长了。这一消息，让我又惊又喜！惊的是，没想到他从无线电系到学校科研处转一圈，落到这儿来了！喜的是，他这个能人到这里来，将可能创出一种新的局面来吧！领导上的派遣和他本人的选择应该是一致的。他的这一选择，应该说是有眼光的，是他的又一次聪明的选择！

改革开放以后，国家把经济建设作为中心，这是中国一次最具历史意义的改革。经济建设需要科技人才，虽然现有的科技人员还远远不够，但毕竟已经有了一些；而面对全新的现代经济和现代科学管理所需的各层次人才，则几乎是个空白！钱学森领导航天事业，面对这个巨大的系统工程，他最感缺乏的是科学管理人才。他大声疾呼尽快培养这种人才，甚至他亲自讲授管理科学，我们这些改行过来的人，争先恐后地去听他的课。清华1979年底筹备成立经济管理工程系，招收了硕士研究生，1980年开始招收本科生，1981年开始举办在职干部研究生班。这些正是为了适应国家经济建设和改革开放这个最急迫的需要。清华好多系的老师，冒着不被理解的舆论压力和可能的风险，改行过来；有的甚至说是"把脑袋拽在裤腰带上"来的。他们几乎都要从头学起——"现炒现卖"，甘愿当铺路石子。这是一批让人敬佩的人！回想当年学习苏联时，对于新学科建设，许多人不也是这样吗？！现在，又来了一个赵家和这样的能人，怎么不让人高兴啊！

他的聪明在于他善于不断地追求"边际效用最大化"！

他担当学院的副院长，是他的入门；然后他就"登堂入室"了——运用他的纯熟的英语，逐步进入了最急需、最热门的国际金融领域。于是，他辞去了副院长的职务，专当金融系主任，走上教学第一线，顽强拼搏，成为这一领域的专家，直接培养学生，撰写论文，出国讲学，进行国际交流。他不断追求的是贡献的最大化！

出国讲学，赚来一笔美元，他委托学院毕业后从事金融工作的学生，为他理财。当那笔钱增值以后，他不是考虑自己如何使用，他一向省吃俭用。当他患上重病——肺癌时，他的学生要用这笔钱为他买进口药，他却坚决地拒绝了，他要把这笔钱用来捐资助学！

他曾与人们探讨，怎么捐资助学效果最好，他认为像"撒胡椒面"那样，到处撒钱资助，效果不一定好，他想出要资助高中阶段家境困难、难于继续读书而品学兼优的学生，在这关键的时候资助他一下——推他一把，他也许就上去了。现在我们国家实行"精准扶贫"，你看，他这是否也可以叫"精准助学"？盯准人头，一个一个地帮扶，这不又是一个"边际效用最大化"了？！至今，用这种方式资助的学生，已达数千人之多了。

当他病危之时，他又决定把遗体捐给医学，他彻底奉献了！

他曾一再嘱咐为他办理捐资助学的人，千万不要向外宣传，特别不要提及他的名字。但是，这位隐名埋姓"炭火教授"的这种燃烧自己、温暖别人的精神，怎能不感动那一批批受资助的学生和他们那终日辛劳而又生活贫困的父母呢！又怎能不深深地震撼我们这个精神饥渴的广大人群呢！一个人，一生只追求对人民贡献的最大化，而自己却一无所求，这是一种多么崇高的价值取向啊！

人们的聪明程度，在一般的情况下，似乎差别不是特别大，那显现出差别更多之处，则是在于你能否审时度势，悟出你那一贯的价值追求，并且创造性地执着奋斗了。赵老师的精神，启示了我们。

我老了，但是"老牛不怕夕阳晚，不用扬鞭自奋蹄"，我也要好好地向赵老师学习！

2017 年 3 月

邵斌，清华大学经管学院前党委书记。

严师慈父的赵家和教授

■ 徐瑜青

记得 2009 年秋季的一天早晨,我骑自行车出了小区大门,远远看到一个清瘦、高大、衣着朴素的熟悉背影在我前面行走,是赵家和老师!我急忙加快了骑车的速度,突然停在他面前,他看到我露出了慈祥的笑容,我已记不清我们交谈了些什么。但是,我没想到这次见面却是我们在校园中的最后一次见面。此后,他住进了医院再也没有离开医院。直到现在,一提到赵家和教授,我脑海中总是浮现出那个清瘦、朴素、善良、可敬可颂的高大背影!

赵家和教授是经管学院建院早期负责教学的副院长,这期间有一件事令我终生难忘并以此为鉴。20 世纪 80 年代初的一个暑期,我带学生赴农村进行了十多天的调研,直至学校正式开课的前一天晚上才返回学校。第二天的第一节课我上课迟到了,为此赵院长严肃地批评了我,指出任何情况下都要严格遵守教学纪律,这是作为教师的职责,在教学的圣坛上没有为自己开脱的理由。我等待着学院对我的严惩,时间一天天过去,我的教学还在正常进行,我实在按捺不住内心的忐忑,问赵院长学院如何处置我,赵院长和蔼地说:培养一个教师不容易,应以此为戒,同样的错误不能再出现了。自此,凡上早晨第一节课的头天晚上,我多次开灯看时间,宁可睡得不踏实,也要保障第一节课提前 15 分钟到课堂。

赵家和教授对学生如父亲般的慈爱,他的办公室在伟伦楼 334 房间,是一间没有明窗仅几个平方米的小办公室。因离我的办公室较近,我常常能看到学生排队等待着进他的办公室,请教相关问题。学生说能得到赵老师的亲自点拨是自己的最大荣幸。有时,我在走廊碰到赵老师,问您一天与那么多的学生交谈累吗?他说,与学生在一起是他的快乐。

2005 年 6 月 29 日,经管学院本科二年级 165 名同学在 30 位学院领导、老师和辅导员、研究生的带领下赴甘肃省 17 个县市进行农村社会实践与调研活动,这次活动也得到了赵家和教授的高度关注。返校后,由院党委书记陈章武教授任主编出版了《甘肃行》一书。除了涉及甘肃农村经济财政状况及特色农业的调研报告,也收编了各支队队员的调研感受,如第十一分队在调研日记中写道:"在最贫困的地区，农户的生活状况让我们十分难过"。同学们在十多天的时间里感受到的不仅仅是甘肃人民的淳朴与真挚，更多的是一份沉甸甸的责任。也许就是这次经管学院的甘肃行让赵家和教授选择了甘肃，以他慈父般的爱心资助甘肃的贫困生。

在他住院的日子里，我几次去探望他，他从不谈他的病情，不提资助贫困生的事情，只是关心着学生历届社会实践的收获、青年教师的培养。和他在一起，我总感到是在与一位朴实、慈爱和善良的老人交谈。直到他去世后，我才知道"兴华基金"和捐赠遗体的惊人之举，才从他的护工那里知道他对这些从农村来的打工者的无私关爱。

严师慈父的赵家和教授是知识分子的楷模，他那清瘦、朴素、善良、可敬可颂的高大形象永远定格在我心中！

2017年3月20日

徐瑜青，清华大学经济管理学院教授。

斯人已逝，精神永存，吾侪楷模！
——纪念赵家和老师

■ 宋逢明

提起笔来写纪念赵家和老师的文章，他的音容笑貌、无私忘我的高尚品质、对于办学的执着和勤奋，都历历在目；尤其是回想起他和我的交往、对我的关心、帮助和提携，不禁思绪万千。

1988年，我在清华经管学院获得系统工程博士学位后留校工作，校、院领导征询我对工作安排的意向。我的博士课题是研究系统方法论的，但其实践背景是将创新方法应用于企业金融的投资分析，所以我希望从事金融方面的教学研究，到当时赵家和老师兼任系主任的国际贸易与金融系工作。

国际贸易与金融系是建院时朱镕基院长指示创建的。因为首任系主任黄鼎模教授调离了清华，由时任经管学院副院长的赵家和老师兼任系主任。当时这个系仅有四名教师，主要的发展设想是依托清华的工科基础，向技术贸易方向发展，金融还是空白。当赵家和老师得知我的愿望后，立即表示了欢迎，并推荐我担任了教研室主任（因为我在外校担任过系主任，有一点工作经验）。当时，陈小悦老师在汽车工程系获得博士学位后，从校党委学生工作部副部长的职位上卸任，来到经管学院担任院党委副书记，加入了国际贸易与金融系。杨炘老师也从信息系调来了，另外，还留校了一名青年教师李治平。国际贸易与金融系的教师队伍一下子人数翻了一倍，壮大了许多。我至今清楚地记得在赵家和老师家里举办的欢迎新鲜血液的聚会，大家都很兴奋，都有把这个系办好的决心和信心。赵老师对我说，他将逐渐摆脱学院的行政领导工作，集中精力和我们一道把这个系的专业办好。

赵老师和我一起建设的第一门金融专业课程是"国际金融"。当时系里的教师除罗绍彦老师的学科背景是国际贸易外，其他教师都是转行的。所以，实际上是边学边教。硬着头皮教了一个学期后，才把教学大纲和讲义整理出来。赵老师对这门课程钻研很深，后来他到美国得克萨斯州立大学讲学，主要就是给美国学生开设这门课程，当然是很不容易的。

这里附带说一下，赵家和老师的英语在当时经管学院的教师中是最好的。他能流利地用英语交流。后来他去美国讲课，我看过得克萨斯州立大学给他的教学评语，美国学生对他的语言能力是满意的。我们这些"文革"前接受教育的人，从中学开始都是学俄语的。所以我很好奇，问他怎么能把英语学得这么好。他告诉我，在"文革"中，他受到冲击，被关在"牛棚"里，用一个小半导体收音机偷学的。可见他在逆境中的坚持和努力不懈。

而后，赵老师就让我开发"公司金融（公司财务）"课程，有了开发第一门课程的经验，这门课程赵老师就比较放手，基本上由我独立开发完成。但我深深体会到，完全由我们自己摸索着办教学，很难保证质量。赵老师和我一致认为，应该给青年教师比较规范完整的学习机会。我们把青年教师张陶伟派去香港中文大学专门学习"国际金融"课程，回来后他就一直开设这门课程，还编出了一本不错的教材。陈小悦去加拿大西安大略商学院进修时，和我们商量进修计划，我们建议他主攻会计和公司财务。他在加拿大的学习非常刻苦，迅速从外行转变成内行，也因此为他后来担任国家会计学院院长打下了业务基础。后来金融系进行了重新整编，我们支持青年教师朱武祥开发"公司金融（公司财务）"课程。武祥非常努力，也很有天分，不辜负大家对他的期望，成长为在国内学界有相当影响力的财务专家。

我在攻读博士学位时，研究不确定性分析的创新方法论并应用于企业的投资决策分析，还开发了相应的推理软件。一位美国教授读到我发表的论文后很感兴趣，邀请我去美国做博士后研究，这样，我获得了到北美系统学习和从事研究工作的机会。对此，赵家和老师很支持。在我出国之前，和我进行了详谈，特别是告诉我在国外生活工作所要注意的事情，这对我刚到美国时茫无头绪的境况有很大的帮助。

在美国加利福尼亚州大学河滨校区，我的学习和研究工作很顺利。一方面，我整理了自己博士学位研究的成果，将之发表在国际学报和国际学术会议上；另一方面，在商学院系统地旁听经济学、会计学和金融学课程，进行了全面的补习。当时，国内培养的学者在国际商学刊物上发表学术论文还是很稀少的。我的博士研究成果发表在一份 ABI（美国商学检索）刊物上。在系统方法论方面，在美国的新研究发现了法国著名模糊系统专家杜波伊斯和帕雷特在模糊随机统计方面的一个大漏洞，提出了纠正改进的方法，结果发表在该领域的顶级刊物上。赵家和老师来美国看我时，我向他汇报了这些成绩，他非常高兴，并鼓励我进一步把创新方法论应用于金融领域。在他的鼓励和支持下，我和我的美国合作导师成功地申请到加利福尼亚基金资助的一项研究课题，采用人工神经元网络技术研究环太平洋区域的国际资本流动。回国后我还指导博士生采用这项先进的人工智能技术为中国人民银行研究人民币汇率。

我在美国系统地学习商学院课程的同时，也在积极地思考和探索清华金融专业的办学路子。时值20世纪90年代初期，一门新兴的交叉学科——金融工程正在欧美诞生和兴起。金融工程是金融学向工程化方向的发展，致力于创新金融产品和流程的设计、开发和实施，对于金融和财务问题给出创新性的解决方案，是金融创新的技术支持。它又是金融理论、信息技术和工程方法论的大范围交叉学科。我在美国接触到这门刚诞生的新兴学科时，非常兴奋，意识到对于清华这样拥有雄厚工科基础的综合性大学来说，引进和开发这门新学科将可能成为专业亮点。我把这个想法说给赵老师听，他非常赞许，还特地通过他在美国的关系找到一个教学软件给我。

为了把这门新兴学科引进中国，我一方面大量收集有关资料，一方面和刚成立的国际金融工程师协会建立了联系。我和时任协会执行主席、美国纽约理工大学的约翰·马歇尔教授进行了多次交流和沟通。马歇尔教授非常高兴中国大陆开始有学者来接触和准备引进这门新兴学科。他向我介绍了他的专著《金融工程》一书，并建议我参加他的协会，成为该协会在中国大陆的首名成员。

1994年末，赵家和老师到美国讲学期间，特地到加州大学河滨校区来看我，在我那里住了三天。在这三天里，我们进行了非常深入的交流和沟通。赵老师希望我尽快结束在美国的研究工作，回国参加学科建设。他很诚恳地对我说，他的年龄已届退休，希望我接任他的系主任职务，把金融专业的学科建设担起来。他对我们的办学条件、学院的人和事都进行了深入细致的分析，鼓励我回国后放手工作，并承诺一定给予全力的支持。他还很关心我的职称晋升（当时我还是副教授）。他教我说，按照当时国内的情况，升职称光有论文不行，还应该编写著作。他问我是否可以尽快编写一本金融工程的专著。我表示条件还不成熟，我的计划是先把马歇尔的那本名著翻译成中文，资料收集整理完之后再开笔编写一本金融工程方面的专著。我对自己的要求是把这本书写出管理和工程的特色，而不是一般的经济学教材。他考虑后建议，因为时间比较紧迫，我回国后可以先开发一门商业银行管理的课程，编写一本《现代商业银行管理》的教材。而且，他还把自己收集的商业银行管理的英文资料无私地给我。后来，我就是按照我们讨论的步骤，顺利地晋升为教授，成为清华金融专业的学科带头人。每念及此，心头对赵老师充满感激之情。

赵家和老师对我的言传身教，不只是作为前辈对晚辈的关爱和提携，而且保持朋友的热情。我向他表示，根据当时美国的移民政策，可以申请J1签证的豁免获得永久居留权，有些访问学者就是这么做的。但我是决心回国工作的，我要把金融工程这门新学科介绍并引进中国，这是命运交付我的任务。

1995年年中，我回到清华经管学院工作。在赵家和老师的举荐下，接任了系主任工作。按照学院的规划，重新整编了系的教师队伍，朱宝宪、朱武祥、陈涛涛等中青年教学骨干加入金融学科的教学科研队伍中来，陈小悦则调去主持新筹建的会计系工作。在他的领导下，会计系的师资队伍后来发展成国家会计学院（北京）的主要教学支持力量。按照我们的规划设想，并征求本人的意见，朱宝宪和杨炘老师一道，在（证券）投资学领域发展，朱武祥则专攻公司金融（公司财务），陈涛涛依据她原来的基础，着重研究国际直接投资和资本流动。系里原来的教师则各按自己以前的方向开展教学科研。宝宪、武祥和涛涛三位后来在各自的领域都发展得很好，先后晋升为教授。

我回国后除了接受教育部对归国留学人员的资助，继续和美国的合作导师进行在国外未收尾的研究外，第一项任务是开发了新课程"商业银行管理"，编写出版了《现代商业银行管理》一书。这本书在银行业界的反映还是不错的。后来我参加国有大型银行股份制改革，担任建设银行独立董事时，银行的同事告诉我，他们很早就知道我写的这本书，当时的银行领导还推荐他们读这本书。当然，这得益于赵老师给我的那些非常有用的参考资料。

开发了"商业银行管理"课程后，我将这门课程交给青年教师承接，紧接着开发又一门新课程："期货、期权及衍生工具"。同时，继续保持与马歇尔教授的联系和合作，积极地准备引进"金融工程"新学科。1997年初，我在《人民日报》理论版发表了大版面的文章《一门新兴的工程学科——金融工程》，这是国内第一篇产生较大影响的介绍金融工程新学科的文章。紧接着，又在国内最重要的金融学刊《金融研究》上发表了首页专稿论文《金融科学的工程化》，系统地从学术的角度论述了金融工程发展的必要性和对金融发展的历史性作用。这两篇文章在国内金融学界产生了广泛的反响，尤其是引起国内传统金融学科基地中国人民大学及许多财经类院校的高度关注和重视。而后，我又在中文《科学》《科学中国人》等杂志和《国际经济研究》等学术刊物上发表文章，介绍和引进这门新学科。每当我向赵家和老师报告进展时，赵老师都很高兴，因为引进这一新学科的进程完全符合我们俩在美国时的计划设想。而当我建议他也来和我一起署名发表有关文章时，他则明确表示："工作是你做的，我也不懂，不要扯上我。"他就是这样默默地当着无名英雄来支持我的工作。

20世纪90年代末，以彭实戈、史树中为代表的一批数学家，受到美国芝加哥大学数学系举办"金融数学"项目的启发，向国家自然科学基金委员会建议开展

"金融数学"的研究。基金委在进行项目调研时,我向基金委介绍了金融工程新学科。最终,在当时兼任基金委管理科学部主任的全国人大常委会副委员长成思危教授的支持下,基金委组建了跨数理学部和管理学部的"九五"期间重大项目"金融数学、金融工程及金融管理"。项目由金融数学、金融工程和金融管理三个大课题组成,金融管理课题中又分成了五个子课题。课题都由国内相关领域的知名专家主持。经过专家评审,由我主持金融工程大课题,并成为重大项目五人领导小组的成员。我们特地请赵家和老师担任了金融工程课题的顾问。

国家自然科学基金委发起的跨学部重大项目是很少的,而这又是国家在全国范围内组织的第一个金融研究的重大项目,因而受到高度重视,也产生了比较大的社会影响。由清华主持其中的金融工程课题,也就奠定了清华作为在中国的金融工程发源地的地位,为清华创建有特色的金融学科找到了契机。这个课题的研究取得了丰硕的成果,项目结题时,整个项目和金融工程课题都被评为"特优"等级,这在基金委资助的项目中也是罕见的。我本人一直按照与赵家和老师商讨的计划主持和开展课题研究。在课题研究中,我们按照原计划翻译出版了马歇尔教授的名著《金融工程》,而我撰写的《金融工程原理——无套利均衡分析》一书获得北京市哲学社会科学优秀研究成果一等奖。结合教学,我接连开发了《金融工程导论》《金融工程》和《金融工程案例分析》系列新课程,这一系列课程后来被评为国家级暨北京市普通高等学校精品课程。

我在和赵老师讨论学科建设时,赵老师对我说:金融工程站住脚以后,我们紧接着要抓紧建设金融学科的主干课程,尤其是"公司金融(公司财务)"和"投资学"的模块课程,而且一定要提携年轻人。在这方面,朱武祥是我们着重扶持的对象。武祥在"公司金融"领域的教学和研究方面都做得很出色,也产生了一定的社会影响。《中国证券报》在中国证券业协会的支持下,评选对中国资本市场做出贡献的人物时,我和武祥都入选了"对中国资本市场发展最有影响力的二十人"。而赵家和老师,就是支撑我们代代薪火相传的"人梯"。

赵家和老师出身名门,他父亲是著名法学家,新中国成立前担任清华大学的法律系主任。他从小天资聪颖,成绩优异。他的本科是学电机工程的,在电机系学习时担任班长。他的一生都是在清华园度过的,他是清华之子。他热爱清华,热爱教学,将一生贡献给了国家的教育事业。他的经历也有坎坷,有时也面临并不公正的待遇,但他总是兢兢业业地工作,叫他转行就转行,安排他做什么就努力做好什么。以前清华大学的老党委书记李传信同志对我们说过,家和心情再不好,工作一定是好好做的。所以,他把自己所有的积蓄"裸捐"给贫困地区的青少年学子,这在旁人看来是惊世骇俗之举,实际上是完全符合他的生命逻辑的。

2007年初，我在体检时发现患有癌症（右肾肾癌），随即就动了切除手术。赵家和老师和陈小悦都来我家看望我。实际上，他们当时也都患上了癌症，只是未被发现。我的癌症因为发现得早，又及时动了手术，至今没有复发，而他们都先我而去了。每念及此，心中不禁哀伤。

三年后，突然闻讯赵老师患了癌症，而且已是晚期。我立即和妻子去他家看望。我家住在蓝旗营2号楼，赵老师和他爱人吴老师住在8号楼，都在同一小区内。由于比较复杂的原因，赵老师分房比较晚，他家的户型和我家是一样的。吴老师还特地来我家讨论过有关装修的一些问题。我们两家是比较熟悉的，所以，在发现赵老师罹患癌症后，我和妻子时不时一起晚间去他家探望。开始时，我们主要是探讨治疗方案。我们把他病情检查的影像资料拿去给熟识的肿瘤医院的影像科主任看，认为已经发生了脑转移，手术风险很大，所以还是采用靶向药治疗为好。试用靶向药后，有一段时间疗效不错。我记得赵老师指着自己的鬓角笑着告诉我们，吴老师给他熬芝麻糊吃，白发都变黑了。我们就不仅谈病情和治疗，有时还聊聊人生，赵老师表现得很乐观。偶然我也开车送他去校医院注射药物。

赵老师和吴老师是患难夫妻，彼此很恩爱，我妻子经常说他们是一对好夫妻。他俩平时从不红脸，但有一次吴老师告诉我们，她和赵老师吵架了。因为赵老师为了省钱，不舍得再服用英国进口的靶向药，要改用印度仿制的产品。一个老人，把自己毕生积蓄的巨款捐献出去，资助贫困地区学子们的教育，自己在生命垂危之际，还要节省药钱，这是何等的胸怀！

我和赵老师最后一次见面是他在校医院打吊针的注射室，那次我因为发热也在那里注射点滴。那是夜间，整个注射室里只有我们两个人。因为身体不舒服，我们俩都没有说话。他一直微笑地看着我，这一情景，深深地印记在我的脑海里。

赵老师走了！一听到这个消息，我当时因为犯腰病，行走有困难，就吩咐妻子赶紧去校医院送行。晚上妻子回来告诉我，赵老师的遗体已经拉走了，捐献给了医院。他把自己最后的一切，都贡献给了祖国的教育事业。听闻之下，我们不胜唏嘘。

斯人已逝，精神永存，吾侪楷模！敬爱的赵家和老师，愿你在另一个世界安息！我经常仿佛看到他手捧薪火，微笑着凝视我们。赵老师，请您放心，我已将清华金融办学的薪火，传交给后人。江山代有才人出，清华大学的金融专业，一定会越办越好，为祖国的经济金融发展，培养出一代又一代的优秀人才。

2017年3月28日

宋逢明，清华大学经济管理学院教授，曾任金融系主任。

走在时代前列的智者
——忆赵家和老师

■ 潘庆中

所有见过赵家和老师的人都会被他谦和的风度、睿智的谈吐所吸引,并从他那里感受指引,获得启发。在我受教于赵老师的 27 年中,最大的感受就是,赵老师看得开、想得远。赵老师不仅是一位德高望重的教育家,一位胸怀天下的学者,更是一位走在时代前列的智者。无论在学科建设、人才培养,还是教育扶贫方面,他都深刻感知和把握时代脉搏,想时代所想,做时代所需。

学科建设顺应经济发展大势

1985 年初夏,在清华大学精密仪器系大楼的一间摆满扶手椅的教室里,举行了清华经管学院管理信息系统系的首届毕业典礼。说是典礼,其实就是老师和同学们穿着随意地围坐在一起话别。在我们每位同学从赵老师手中接过了毕业证后,赵老师开始讲话,大意是:我们总讲学好数理化,走遍天下也不怕。但是,我们发现很多企业和单位搞不好,不是技术问题,不是生产问题,更多是管理问题,而懂管理的专业人才太少了,与国家发展的需要严重脱节。一年前,清华成立经济管理学院,组织上把我调过来,我理工科出身,你们过去五年也主要学习理工课程,但今后我们要建立完整的经济和管理学科。怎么做好?没经验,要学习。成立管理信息系统系,就是发挥清华优势,培养懂技术懂管理的专业人才,我这个系主任也刚上任,但你们就毕业了,希望你们成为种子,为经济管理的发展做些事情。

在接下来的五年,我继续在清华经管学院学习,和赵老师有了更多的接触。赵老师在担任管理信息系统系首任主任不久,又担任了经管学院副院长,在首任院长朱镕基教授的带领下,赵家和老师、赵纯钧老师和学院老师们一起推动着经济和管理学科的建设。改革开放以后,中国经济体制改革经历了从农村到城市的转变过程,从计划经济转向有计划的商品经济,企业管理模式开始从计划经济下的生产管理型转向社会主义市场经济下的经营管理型,学习国外管理学知识的重点从苏联转向美、日、欧等发达国家。一批管理学研究机构相继建立,各个大学也相继成立经管系或管理系。清华大学管理学科的建立和发展可说是应运而生,顺势而为。1984年5月,清华大学经济管理学院成立后,院长朱镕基教授不止一次在师生会议上说,要把清华经管学院办成中国经济管理的黄埔军校,赵老师就是最早投身到清华经管学科建设的拓荒者和推动者。

在改革开放初期,中国的金融业开始起步,随着1984年中央银行制度框架基本确立,主要国有商业银行开始成型,保险业开始恢复。今天,金融行业是年轻学子趋之若鹜的金牌行业,从业人员近千万,但在20世纪80年代,听过"金融"这个词的人寥寥无几,我们今天耳熟能详的几乎所有金融产品都还没有诞生。那时我们只知道北大、人大、南开有金融系,但学生很少。赵老师前瞻性地认识到中国金融体系的逐步成形对金融学教育和金融专业人才会有巨大的需求。于是,在赵老师和经管学院老师们的推动下,清华大学于1985年筹建国际贸易与金融系(即现在的金融系),1987年赵老师兼任金融系主任。记得赵老师经常和宋逢明老师、曾道先老师、张陶伟老师等开会讨论金融系的发展,我作为博士生常常做记录,从学科发展、定位、师资、课程设置以及研究课题等方面详细论证,推动落实。清华经管学院金融系是国内最早按照国际标准进行学科设置的院系之一,现在已然发展成为中国乃至亚太地区最具活力的金融系之一。1990年底,中国第一家证券交易所——上海证券交易所成立。鲜为人知又值得一提的是,大家现在所熟悉的H股,赵老师是最初推动者之一。

学科建设首要的任务是师资队伍的建设。除了延聘外系和外校高水平教师、邀请外教上课,赵老师也注重培养年轻人。1986年前后,赵老师多次找我们经研五班的李治平、鞠建东、曾强、裴建胜和我谈话,希望我们毕业后留在院里做老师。为此,赵老师为我们分别做了安排,到香港科技大进修半年,上人民大学办的"经济学福特班",以及联合培养的方式攻读博士生。

赵老师以他敏锐的前沿发展意识、前瞻的国际视野和广阔开明的教育理念为清华管理学科和金融教育的发展奠定了基础,也为中国金融改革发展做出了贡献。

留学尚未普及的年代号召海归

赵老师是电子系的优秀毕业生,做了半辈子电子学研究,来到经管学院后,研究金融,研究投资。但不管做什么,他心中有杆秤,也是他的人生指南,他坚信只要是做有益于国家的,就是最好的投资。

赵老师的英文很好,20世纪80年代末就用英文讲课了,是经管学院最早用英文讲座和讲课的老师之一，但赵老师在清华上学时学的是俄语。怎么学好的英文呢？我曾问过赵老师，他说，70年代初，在清华绵阳分校工作时，每天坚持背英文字典，那是他唯一有英文字的书。1972年2月，美国总统尼克松访华，中美关系开始解冻，赵老师意识到，英文将会对今后的工作有帮助。也因为赵老师英文好，在改革开放之初，赵老师最早走出国门访问，并和国外学校建立起合作，推荐经管老师去国外进修，引进国外老师讲学，鼓励学生到国外留学等。

1997年到2002年期间，赵老师曾经多次赴美访问和讲学。那时在美国工作的我也有幸接待赵老师，当时在硅谷的很多清华校友和中国留学生也来参加和赵老师的聚会。大家凑在一起，有时也会牢骚几句，这么多的高才生，在硅谷大多只能做码农，未免心有不甘。赵老师和大家聊，做任何事都要有个标准，就是看"对国家和社会的贡献究竟在哪里。"他鼓励大家回国，为祖国的建设贡献才智。他告诉大家，中国处于一个快速发展的时期，需要各种高端人才，尤其是接受过海外深造的人才，可以将国外优秀的技术、管理知识用于国内的建设，在中国可以让大家英雄有用武之地。

1999年初，老院长朱镕基总理访美，为中国加入WTO做艰苦的谈判，我和赵老师一起听了朱总理的讲话。之后不久，在和校友们的聚会上，赵老师专门讲加入WTO对中国发展的重要性，那个时候在海外留学和工作的华人，很少有人认识到WTO对中国意味着什么，对WTO几乎没有概念。记得赵老师说，加入WTO后，在中国不论是政府部门、企业，还是研究机构、高校，都需要大批有国际视野、懂国际规则的国际化人才，他鼓励大家回国工作。

在一年66万人出国留学、近52万人留学归国的今天看来，学成归国已经稀松平常了。但是，在留学人员寥寥无几（1998年为1.7万人）、"海归"尚未成为热词的20世纪90年代，国内外收入差距还很大，赵老师鼓励同学们回国发展，参与国家建设，足见他的远见和爱国情怀。

教育行业的"精准扶贫"

在中国实施"精准扶贫"政策方略之前，赵老师也一直关注着中国地域间发展不平衡、贫富不均的问题，作为教育工作者，他很早就将目光锁定在了教育界的弱势群体，筹划并实施了教育领域的"精准扶贫"。他关注到，我国的小学和初中都属于义务教育阶段，国家有大量的资金投入，而且从2005年起，中国全部免除农村义务教育阶段学生学杂费，对贫困家庭学生免费提供教科书起并补助寄宿生生活费。但是，他同时也关注到，高中阶段的贫寒学子很容易因家庭贫困而辍学，因此他把帮助对象确定为家庭贫困的高中学生，从2006年开始，直至临终前将毕生积蓄全部捐献。

　　赵老师为贫困的孩子慷慨解囊，却从不谋私人之事，对自己的事非常"吝啬"。查出得病后，他宁愿舍弃昂贵的进口药物，放弃耗资去知名医院治疗。即使他自己的孩子，直至如今还是清华一位没有固定编制的实验员。赵老师病重入院后，我们几个同学多次劝他转到比校医院医疗条件好的医院，他一再摆手拒绝说，不愿意麻烦大家，也不愿意浪费资源。即便是安排最后的归宿，他也时刻不忘给社会做点贡献。临终前三个月，我和李稻葵、刘燕欣等几位同学一起去校医院探望他，当时他整个下半身都不能动了，身上扎满了针。稻葵爱琢磨，就跟他讨论，"这针灸从表面上啥也看不出来，可还能治病，到底是什么样的工作机理"。赵老师乐了："我到时把自己捐出去，让医生好好看看，它们到底是怎么 work（工作）的。"如是说，如是做，他真的兑现了。

　　春蚕到死丝方尽，蜡炬成灰泪始干。赵老师是富有远见的教育家，从清华大学经管学院学科的建设到学院国际化，他始终走在时代的前列。他也是胸怀天下的教育家，他用实际行动解决地区教育不均衡问题。

　　今天可以欣慰的是，赵老师开拓和为之奉献的事业，都在开花结果。1985年，清华经管学院是清华最小的院系，今天是规模最大的；他号召过的校友们，大都回到国内工作；他发起的捐资助学的义举，已经影响了一届届学子加入，当陈章武老师带领师生们去拜访受助学生时，每个人都很感动。有同学说：今后我不再吃冰激凌等零食了，省下的钱来资助一位学生。赵老师无私奉献的精神，激励着大家，赵老师做的事，必将薪火相传，也相信会有越来越多的人成为传递薪火的火炬手。

　　潘庆中，清华大学经济管理学院本科1980级、博士1985级校友。现任清华大学苏世民书院常务副院长。

令公桃李满天下，何用堂前更种花
——记赵家和老师二三事

■ 方 方

我在清华经管学院读书五年，毕业后留院工作两年，但实际上并没有上过赵老师的课。

那时候经管学院很小，进出院馆常能遇见一位戴高度近视眼镜、背略微驼的老师，我没敢打招呼，因为从没见这位严肃的老师笑过。1989年毕业后留院工作，才开始听到这位赵老师的更多情况：他是经管学院的创院元老之一，无线电系出身，现在却是金融教授，英文很好，经常应邀给外宾讲解中国的经济金融现状和改革进展。我毕业后，曾在经管学院帮忙参与一些外事接待工作，与赵老师有过一两次简短交谈。有一次在院馆迎面遇上赵老师，我斗胆向他请教关于报读研究生应选技术经济学、运筹学还是MBA方向。要知道，在那个年代，MBA在中国尚不存在，绝大部分人认为MBA毕业之后是去工商管理局工作的。没想到的是，赵老师把我带到他办公室，给我仔细讲了讲这几个领域，并且分析了这几个学科申请的难度。从那以后，我与赵老师的沟通多了起来，但见面仍不多，主要是通过在院馆大门口的传达室留信的方式交流。

1991年秋，我获得奖学金去范德堡大学（Vanderbilt University）的商学院入读MBA。不久，我听说赵老师刚好在得克萨斯州立大学圣安东尼奥分校（University of Texas at San Antonio）讲学，离我所在的纳什维尔市不远。于是，我找到商学院的院长，向他推荐来自清华大学的赵家和教授，建议请他来商学院给学生和教授讲讲中国的经济、金融和投资的状况。没想到，经过研究，学院竟同意了请赵老师来办一次讲座，并给了经费，我真是欣喜不已。赵老师到达的当天，我请一位美国同学开车载我到机场接他，并且在讲座中积极发动美国同学与赵老师互动，赵老师也尽量用美国人听得懂的方式讲中国问题，效果很好，学院也很满意。讲座之后，我邀请赵老师和几位感兴趣的美国同学共进晚餐，赵老师又讲了不少故事，宾主都很尽兴。那时我在学校图书馆勤工俭学打工，薪资只有3.5美元/小时，虽然那顿"大宴宾客"吃掉了三分之一的月收入，但感觉为老师、为清华、也为 Owen 做了一件有意义的事，心中很是痛快！

1998 年，我已回到香港工作。有一次赵老师从深圳来香港，其中一件重要的事，就是我陪他去香港的银行开账户，把他在美国讲学所得的存款都转到香港。那之后一段时间，他在深圳为一些企业提供咨询服务。我们或在香港，或在深圳，经常促膝长谈，讨论有关资本市场和企业融资的一些新趋势、新问题，我能感觉到赵老师的敏锐与勤学。赵老师曾介绍一家深圳企业客户给我，试图协助它进入国际资本市场。他对学生爱护支持的拳拳之心，我至今难忘。之后，赵老师结束了在深圳的工作，搬回北京，我们联系就少了。

2011 年的一天上午，我正在办公室开会，突然在手机里收到一条短信，是赵老师发来，短信的大意是"癌症晚期，国内已无特效药，想了解一下国外有无新的治疗方法"。我走出会议室，立刻打回去。在电话里，赵老师以一贯的冷静和逻辑性把自己的病情详细道来，但对我这个门外汉来说，还是一头雾水。随后我带了一些营养补品来看望赵老师，跟他讨论尝试以干细胞方式治疗，没想到赵老师也已有了深入研究。言谈之间，赵老师对自身绝症的学术性分析、对生死的淡定讨论，让我至今想起，仍不禁唏嘘。

赵老师去世后，我陆续听说了他发起的"兴华基金会"，再联想起之前我们交往中的几件事，才理解赵老师从很早已经开始谋划这件大事，并把这个基金会作为他为人师表精神的永久延续。

"令公桃李满天下，何用堂前更种花"，与赵老师交往的这几件小事，将永远印刻在学生的心中，潜移默化地影响着我们的为人处事……

2020 年 4 月 4 日清明节

方方，清华大学经济管理学院本科 1984 级校友。

东风已度玉门关
——忆清华恩师赵家和教授

■ 汪潮涌

京城二月，农历新年伊始。寒风凛冽，冰雪覆盖，荒岭枯枝，万物萧肃。因为新冠肺炎足不出户，独坐书房，网上传来清华经管学院征文邀请。特别为逝世的清华恩师、兴华教育基金会捐赠人赵家和教授写上一篇回忆短文，作为老师逝世八周年的纪念。

水木清华，诲人不倦

时光倒流36年，年仅19岁的我从华中科技大学管理工程系毕业，深感阅历尚浅，需要继续深造学业，恰逢清华大学经管学院创建，院长朱镕基和众多清华名师向全国各重点院校开放招生，不限本科专业。从全国各地报考的一千多名考生中，通过笔试与面试，招收了46名研究生，我有幸成为其中一员。

从15岁离开湖北黄冈老家，到省城武汉四年大学生涯，我对首都北京和百年名校清华，既充满着荣誉感和诱惑，同时也觉得非常陌生。住进清华园的第一天，我的陌生感就消失得无影无踪。

在经管学院就读后，我有幸和赵老师有较多的接触。当时赵老师负责经管学院世界银行技术引进培训项目，经常邀请一些外国专家来讲学，因为我的英文成绩尚可，赵老师多次安排我去机场接送外国专家，每次他都细致耐心地交待我如何去校外办申请专车，如何入住友谊宾馆的外国专家楼等等，我甚至有机会帮助外国专家翻译教案，这对我的专业外语水平是一个极大的锻炼和提高。

另外一件院务活动，赵老师也让我参与较多，就是创办当时经管学院院刊《清华经济管理研究》，朱院长是名誉主编，赵老师是执行主编，我因为在大学时代担任过《大学生学报》编辑，因此赵老师让我也担任《清华经济管理研究》院刊编辑，负责向朱院长和其他老师们约稿，参与校对、印刷等工作。记得朱院长为院刊的创办撰写了发刊词，每期院刊组稿，赵老师都亲自审阅、编辑，并耐心地指导编辑部的工作。除此之外，他在学院学科建设、课程设置、教师队伍建设等方面功不可没，尤其是配合朱院长为学院聘请了一批国务院发展中心等部委央企领导专家作为兼职导师。

1985年夏天，朱院长访美回国，带回了一个赴美留学的奖学金名额。经过经管学院院务委员会讨论通过，我有幸获得了这个名额。那个难忘的六月傍晚，我浑身大汗地从圆明园西校门跑步回来，在宿舍门口，赵老师非常郑重地给我送来了出国留学的通知。在接下来的几个月里，帮助我完成留学前的各项准备工作，包括考试、写推荐信、赴美签证等。其中最让我难忘的是因为我是来自大别山区的贫困生，赵老师告诉我学院为我特批了一千元特殊补助，用来置办赴美的行李和服装，这也是我第一次穿西装、穿皮鞋、打领带。赵老师亲手教我如何打领带，嘱咐我在美国留学的各种注意事项，尤其是代表学院领导期待我能早日学成归来，报效祖国。

相逢华尔街

1985年赴美后，我用两年时间完成了金融MBA的学业，于1987年9月进入华尔街著名的摩根大通银行工作，三年后通过猎头到世界著名评级机构——标准普尔公司工作。我在公司的结构融资部任联席董事，负责资产证券化产品的评级工作。

1991年夏天，我接到了赵老师的电话，他正在得克萨斯州大学圣托里奥分校做访问教授，讲授国际贸易的课程，计划半年后回国，帮助清华管院创办国际金融系，非常希望利用暑期的时间到纽约华尔街进行金融市场的考察与研究，希望我能联系一笔研究经费和研究课题。当时我所在的标普工作小组正在开展"美国公司债券破产与信用违约率"的课题研究，我向标普研究中心申请了7000美元的经费，邀请赵老师以外部研究专家身份前来纽约。在不到两个月的时间，赵老师如饥似渴地研究华尔街的金融市场，拜访不同的金融机构和专业人士，收集和记录了大量的金融产品实务资料，为后来返校创建清华国际金融系打下了坚实的基础。

夕阳无限好，兴华基金献爱心

1995年，我作为摩根士丹利投资银行北京首席代表回到阔别十年的北京，得知赵家和老师任国际贸易与金融系系主任。此时的经管学院如日中天，引领着中国的经济管理教育，朱镕基院长已经由上海市市长的岗位升任国务院常务副总理兼人民银行行长，学院日常工作由常务副院长赵纯均教授担任。赵老师因年龄关系也逐步退出繁重的教学工作，把一部分精力投入到帮助中国公司规范公司治理方面，出任部分公司独立董事或监事，并指导一些学生和校友的投资工作。在此期间，我们经常在专业研讨会和投资论坛等场合见面，有空我也回学院看望他，聆听他对我回国后工作的宝贵建议。

1999 年，我和团队一起创办了信中利资本，致力于打造中国本土化的高科技创业投资平台，尤其是帮助海归科技人才回国创业。早期投资了包括百度、搜狐、瑞新、朗新科技等一批互联网高科技企业。公司名称"信中利"来自我 1996 年第一次见到偶像巴菲特时他的忠告：相信中国，投资才能获利。在"信中利"成立初期，赵老师担任我们的名誉顾问，经常来公司指导工作，也对我们投资的一些项目公司提供高屋建瓴的建议，获得了同事和合作企业家们的极大敬重。

2009 年秋天，我接到赵老师的电话，让我去他家，他面色凝重地告诉我他好像体检查出疑似肺癌早期，希望我安排公司司机小李带他去市里的专业肿瘤医院复诊，他不想麻烦学院给他派车。过了几天，我又去了赵老师家，吴师母也在场，神情悲凄，在座的还有一位经管校友，深圳新同方投资公司董事长刘迅。赵老师告诉我们他的肺癌已经确诊，来日无多，计划把自己这些年出国讲学、担任兼职独董的收入以及投资收益设立助学金，想听听我们的建议。赵老师知道我来自大别山老区，已在国家级贫困县的老家设立贫困生助学基金，他说希望他的助学金能设在甘肃西部贫困山区，希望我们能有时间帮助基金献计献策。我们安慰赵老师，并联系了一些专家帮助诊疗。除了放疗的几次出车，赵老师尽量不再让司机接送，坚持从三甲医院转院到清华校医院，以降低住院成本。专家推荐的进口靶向肿瘤药物，赵老师舍不得花钱，而是服用从印度进口的仿制药物。

在清华校医院一年多的住院期间，我去探望过老师几次，每次赵老师都打起精神谈起基金的筹备进展。他非常欣慰地告诉我，清华经管学院党委书记陈章武老师刚退休，非常愿意承担基金的筹建工作，基金取名为"兴华助学基金"，已与甘肃省团委、甘肃清华校友会联系上了。陈老师为了筹备基金，多次不辞辛苦考察甘肃的多所偏远山区的中学。在病榻上，赵老师流露出自己对清华园的眷恋，他说自己从小出生在清华园，除了随着也是清华教授的父亲赴西南联大任教的几年之外，几乎人生的全部历程都是在清华校园度过的。师母吴教授以及儿子都在清华工作，他们用毕生的奉献在清华为国家培养了数不尽的栋梁之材。除了希望我们支持寒门学子的助学以外，赵老师还嘱托我多参与清华教育公益基金的捐资与募资，他说虽然国家每年给了清华大额教育与科研经费，但是基础学科的学生发展与国际学术交流方面的经费远远不够，只有寄托在校友的捐赠上。赵老师的嘱托我一直牢记在心里。2011 年清华百年校庆，我为清华教育基金会捐赠了一笔资金，支持学校数理化专业的国际学术交流，前后共资助了 60 多名博士生作为访问学者赴海外学术交流。2016 年，在信中利挂牌新三板周年之际，再次向清华大学教育基金会捐资，得到了前任校长陈吉宁和现任校长邱勇的大力支持和肯定。

2012 年 7 月 22 日，与癌症病魔抗争了三年之久，我们敬爱的赵家和老师在清华校医院溘然长逝。他的遗愿是不让举办追悼会，将遗体捐献给医学研究，遗产捐赠设立的兴华助学基金不能以其命名，仅让说明是以一位清华退休老教授的名义捐赠。在清华经管学院师生为赵老师举办的追思会上，陈章武老师代表赵老师宣布"兴华助学基金会"正式成立。在庄严肃穆的追思会上，我们这些赵老师曾经的学生带着无限的怀念与敬意，向赵老师深深地鞠躬！

从二月底的寒冬动笔，写完这篇短文，京城已是春光明媚。举国上下在政府的有力领导下，全力控制了新冠肺炎的疫情蔓延。在 4 月 4 日这天，习主席主持了全国性的致哀活动，表达了全国各族人民对抗击疫情牺牲的烈士和逝世同胞深切的哀悼。在这清明追思的日子，谨以此文表达对赵老师的深切怀念。

2020 年 4 月

附唐诗一首：

凉州词

王之涣

黄河远上白云间，
一片孤城万仞山。
羌笛何须怨杨柳，
春风不度玉门关。

和诗一首，步原韵，缅怀赵师

水木清华一世间，
树木育才恩如山。
寒门助教泽学子，
兴华唱彻玉门关。

汪潮涌，1984 年研究生就读于清华大学经济管理学院，信中利资本集团创始人、董事长。

深切缅怀我的导师赵家和老师

■ 宁宏军

2012年7月22日，对我来说是一个特殊而难忘的日子，就在这一天，我的研究生导师赵家和老师面带微笑，永远地离开了我们，也永远离开了他热爱的祖国、深爱的教育事业。按照赵老师生前安排，遗体捐献给北京协和医院用于医学研究，一千多万元存款全部捐献成立"甘肃兴华助学基金会"，用于帮助家境贫寒、品学兼优的高中学生完成学业，考入理想的大学。

转眼间，时间已到了2017年，五年来，赵老师播撒的爱心种子，已深深扎根在了广袤的西北高原，数千名寒门学子在赵老师爱心的帮助下完成了学业，成为建设祖国的有用人才。时光虽然久远，然而赵老师的音容笑貌依稀可见，缅怀赵老师，让我仿佛看到了他用爱心点燃的困难中的希望，也仿佛让我看到了他用大爱无疆温暖的学子们磨砺成长。

第一次见到赵老师，是在1984年秋天，那时我刚刚考入清华经管学院，成为赵老师门下的一名普通学子。当时，经管学院刚成立，我们是第一批研究生，是从众多考生中选拔出来的，备受瞩目。赵老师主持经管学院日常工作又兼着管理信息系的系主任，可以说日理万机。初次见面，赵老师温文尔雅、和蔼可亲，给我留下了深刻的印象。在我攻读研究生的三年时间内，赵老师始终对我严格要求，并时常鼓励我，孜孜不倦地给予我教诲，使我受益匪浅。在生活上，我虽然算不上贫困学生，但家境也不富裕，在清华攻读研究生时也常常出现经济拮据，赵老师也经常给予我经济帮助。安排我出去调研，记得到上海的江南军工厂，引得其他同学好生羡慕。赵老师对我们非常好，我们经常到赵老师家。因为赵老师白天工作太多，就利用中午或晚上指导我们，回答我们提出的问题。我们常常受赵老师之邀到他家吃饭，虽然每次的饭菜算不上丰盛，但也味道十足，总能让我们体会到家的感觉。印象最深的一次，我和我的同学到赵老师家吃饭，饭后，师母切开了西瓜，赵老师让我们每人吃了两块，而他们自己却每人吃了一块。事后我才知道，赵老师非常节俭，在家吃西瓜从来都是每人一块。小事中见真情，平凡中蕴含伟大，诸如类似的小事，同学们屡见不鲜……

赵老师离我们远去了，他的言行和精神都深深影响着我。当我听说赵老师捐资千万帮助了数千名贫困学生完成学业，当我听说他在癌症晚期舍不得使用进口药物治疗，当我听说他在美国做客座教授时薪酬不菲，而一家三口每月生活费标准仅100美元，当我听说他退休后到著名企业担任顾问，自带铺盖租住普通民房……作为他的学生，我除了敬佩还有感激。我为莘莘学子有这样一位老师而感到自豪和骄傲。化悲痛为力量，在深切缅怀赵老师的同时，要坚定地在赵老师"师爱"的感召下，努力做好本职的工作，为这个充满温情的社会多贡献一分力量。

宁宏军，清华大学经济管理学院硕士1984级校友。

赵老师教诲二三忆

■ 杨 斌

  赵家和老师在我上学的时候，是大家都非常景仰的大先生。听许多老师说起他，都赞誉他的大智慧，真的是不约而同，大家都用大智慧而非聪明来刻画自己心中的赵老师。朱宝宪老师从北大来清华经济管理学院任教，因为学生工作的原因，对我影响很大。朱老师做事儿不惜力，掏真心，工作时拿自己举例子时，就会说起不少他受到赵家和老师提携的事儿，每每都要加上一句，我要是有"大老赵"那个脑袋瓜儿的一半就好了。这句话反复听到，宝宪老师每每说起这话时生动的神情，历历在目。好友曲家浩还在念书的时候，就被赵老师找去，要求每周用英文写写经济动态，写得他叫苦连天，特别大的感触就是，赵老师英文太好了。而且，曲家浩的二手分享是，我们已经来不及了，英语主要靠上大学之前的童子功，咱们这样只能因陋就简凑合一辈子啦，印象很深。

  有一次，我去学院办公室办什么事——那时候是 20 世纪 90 年代中期，我刚卸任学生组长，又回到学生身份开始读博——碰上赵老师在发传真，厚厚的一摞纸，有图有表，应该是电子邮件尚未普及的时代。赵老师见了我，笑着说："知道你又开始当学生，那么，就别三心二意，一定要专心致志。接着你干这摊儿的老师，都有各自的思路和干法，多说支持的话，可以私下单独出出点子，但公开地就别太掺乎了。"我不知道他是否听到了些什么——现在回想，当时确实仍然住在辅导员宿舍，喜欢也好、惯性也罢，学生活动还是参与了不少。他的这个点拨，寥寥几句，但却是我后来教授"组织与领导力"课程时爱举的一个例子。他还特别说起正在传真的那份材料，因为刚出国回来不久，想尽快地把自己掌握的墨西哥金融危机的一些近距离观察和多方了解的情况，以及系统思考，报告给朱院长，算是政策建言。他说在经管学院当老师，心里却不能只是看书教书，要从活跃着的经济管理实践中学习，并且，位卑未敢忘忧国，有能力，就要报效、做点儿力所能及的贡献。这些话，那时候，半懂不懂，但忘不掉，老在耳边响起，在心头萦绕。

  还有一次，已经是搬到伟伦楼了，我做党委副书记时开始张罗经管学院的第二课堂，连续几次活动都爆满，报告厅乌泱泱坐满了人，有的是学生，有的是蹭听的，非常热闹。学院后勤处有些意见，因为承办活动的学生把大板海报张贴的到处都是，有些老师提了不少意见。没想到，某一天，赵老师推门而入，进入我当时的办公室，笑眯眯地开始跟我聊起来。先说看到你们干得有声有色特别高兴，夸奖了几句能力和干劲。然后开始问道："第二课堂是个什么定位？一年当中有个什么布局、设计？是否分成不同的系列？上座率高是不是一定是好事儿？最终拿什么来衡量第二课堂办得好还是不好？是学生或老师还是来讲座的企业说了算？企业讲的是不是都是真话？有什么办法不让他们变成来学校推销自己的公司？"

我完全没有想到赵老师居然也去听过几次讲座，还评论学生们的提问暴露出了一些什么问题。更没有想到的是，他的这种循循善诱，让当时心里有些"顶牛"的我，不但情绪化没了，而且醒悟到工作方法上存在的问题。他并没有说些总结指导类的话，而是通过提出一个个帮助你静心反思的问题，让你自己把结论找出来，让你心服口服，自觉地改进工作方法。赵老师退休后，他常说自己是个"闲人"，其实他心里仍然装着他关心的事业，点滴之处，妙手育人。

刘迅是我的师兄，赵老师的大爱善举，我从刘迅处早已了解了一些。但听赵老师和刘迅强调叮嘱最多的，无非是"什么也不能说""绝对不要出这个名"。已经是病重了，每一次我们去探望赵老师，他仍然是笑意盈盈，还特别爱开个玩笑，让我们放松。他是个讲究科学的病人，谈起病情来，仿佛说的是别人，客观而又理性，拿数据说话，仿佛是循证医学的案例。说起他认识的一些校友的发展，他仍然饶有兴致地听，仿佛人生会永续，自己能够一直看到很远很远的未来似的。有一年春节前，我陪着联系文科工作的谢维和副校长，到赵老师家里去看他和家人。赵老师穿得整整齐齐，养足了精神，跟我们谈话。谢校长去之前就问，有什么困难需要学校来帮助解决，到了赵老师家里，把这个问题提出来，赵老师正色道："我还真是认真想过了，有这么一个建议，提出来给学校领导们做参考。"接下来，他仔仔细细地说起校内的教工宿舍如何应该努力地置换给年轻的和在职的教师，而退下来的教职员工，则应该在离学校远一些的地方，另辟养老设施齐全的公寓，仍然团聚群居，但不必在校园内或校园边上。这样对年轻老师的职业发展最有利，也能够让在职的人少花通勤的时间。"谁都知道能整天守着这么一个大花园是令人愉悦的，只是从有利于学校发展的角度，退下来的老教师还可以以这种方式为学校分点忧吧"。我已经忘记那个时候谢维和校长是如何作答的，只记得当时有一道夕阳恰巧照进窗来，轮椅上的赵老师沐浴在夕阳下，带着一种慈祥的爱，澄明透亮，温暖着我们的心。

生有涯，而爱无限。赵老师让自己的爱与关怀，透过"兴华助学"而绵延不绝，而他服膺守善的仁德也感染激发出更多的善意与善举，丰富着清华精神和中华仁师文化。炭火能够越烧越旺，也凸显出赵老师在识人、用人上的大智慧。陈章武老师、刘迅师兄，不仅忠诚于赵老师之托付，更因他们价值观的高度一致以及承继赵老师精神的勉力躬行，持续谱写凝聚着爱与坚持的美好篇章。章武老师总跟我们说，赵老师一直感动着他，让他片刻不能歇息必须做到完美。赵老师托付的这两位，有正气，有能力，还特别有着一种"行胜于言"的朴实与恳切，自身也焕发着德之光芒。他们不仅宣讲着赵老师的事迹，也践行着赵老师的精神，言与行都在教育着更多的学子后辈。赵老师的学生回忆说，他发言、出题目或是改文章，常有"点睛之笔"。以我浅见，"兴华"，这个赵老师特别定下来的名字，真正就是这几代人历史使命认同上的最大共识，得到兴华的资助支持，投身兴华的学习成长，成为兴华的栋梁脊梁；以兴华这个最大公约数来传承并作育，赵老师的境界与洞察，在这样的细节中仍不动声色地教导着我们。

总有一些说法，好像七八十年前的大学里先生们的故事，才算得上师道传奇，甚至也常有彼时乃顶峰的膜拜与世风不如古的叹息。也许，是久远的距离感扮演着某种"使……传奇化"的作用吧，对于眼前身边的淡泊中的伟大，就少了本该有的珍惜与郑重。赵老师这一生，逢时代变迁，遇风云变幻，他却只是定定地，笑眯眯地，行走在这个园子里，以爱为根，以善为本，一辈子育人，育人兴华，兴华育人。

杨斌，清华大学经济管理学院本科1987级、博士1994级校友，曾任经管学院党委书记，现任清华大学副校长。

追思与怀念
——忆我的硕士导师赵家和老师

■ 李 超

作为清华毕业的学子,我心中有着浓浓的母校情结。在学习、生活和工作中,"自强不息、厚德载物"的校训总是激励着我,清华园的清新俊逸让我眷念,一批和蔼可亲的清华老师常是我美好的记忆。

赵家和教授是我1989—1992年在清华经管学院读硕士研究生时的导师,当时他还担任清华经管学院副院长,同时也没脱离一线教学和指导学生论文。1991年他即出国做访问学者。回想起来,赵老师要求学生很严格,但又非常和蔼,说话时总是面带微笑。在学校期间跟赵老师的几次单独接触仍然印象很深。赵老师曾经跟我说过他"文革"期间受到冲击,在那种非常艰难的环境下,仍然坚持学英语、背词典,他说的这些都不是一种说教,而是一种良好精神和习惯的体现,给我留下了非常深刻的印象。赵老师对一线教学很重视,印象最深的是他给我们讲授期权理论,在当时这是比较难的一门课,但赵老师讲得深入浅出,非常精彩,很受学生欢迎。他以工科出身,居然在这么短的时间里能在金融方面有这么深的造诣,他的这种治学精神对我是一种鞭策和教育。

毕业几年后,我到证券监管部门工作。证券市场是我国改革开放的产物,是从计划经济逐步向市场经济转轨中"摸着石头过河"探索发展起来的。工作后,赵老师也一直关心着我。记得是在2002年的一天,已经退休的赵老师突然到了我办公室,说是顺便来看看我,还带了一大套台湾的证券法大全,摞起来大概有一尺厚,手提着非常沉。赵老师说,这套书是他从国外专门带回来给我的,考虑到我国证券市场建立时间不长,需要探索和完善的地方很多,大陆和台湾地区的文化背景相近,这套法律法规应该具有一定参考作用,希望对我有所帮助。当时聊天中得知赵老师是坐公交车来看我的,还拎着这么沉的书籍,令我既感动温暖又十分惭愧,我深深感受到了赵老师对我的关爱。每当回想起这件事,总是让我在工作上不敢怠慢、不敢停止学习,尽心尽力把工作做好。

赵老师是一个自我要求非常严格又对学生无私付出的人，治学上求真而专注，生活上朴素而平实，从无奢求，把毕生精力都献给了教育事业。我后来得知赵老师平时省吃俭用，但在他生命后期将毕生积蓄全部捐出来资助学生，推动成立"兴华青少年助学基金会"资助寒门学子，并且坚持隐姓埋名，这令我肃然起敬、甚为触动。赵老师以其躬行实践和无言之教，既充分诠释了清华人"自强不息、厚德载物"的精神品格，又充分标示了"奉献社会、关爱未来"的家国情怀和仁爱之心。正如赵老师在生命最后时刻说的一句话"我已经做了我认为最好的安排，求仁得仁，了无遗憾"，赵老师就是这样一个有着大爱的人，自己的生命之光，总是用来照亮别人。

转眼间，赵老师已离开我们七年有余。每每回想起赵老师的点点滴滴，总让我百感交集、无尽思念。谨以此文寄托我对赵老师深深的怀念。

2020 年 3 月

李超，清华大学经济管理学院硕士 1989 级校友。

恩师仙逝，追思无限
——怀念我的恩师赵家和教授

■ 王淳奇

惊闻恩师赵家和老师仙逝，心中万般悲泣和伤感！

2012年7月13日，我去校医院看望他，仅仅几日，还没有来得及把看望他的情景向其他弟子们讲述完毕，22日就传来了老师过世的噩耗，万分悲泣！

此时，我后悔，这最后的会面时间长一点该多好！

那天，老师给我提的要求竟是帮他想个办法，能否给笔记本电脑上锁，他要在校医院里上网，还要写点什么，担心不安全（是怕电脑不安全还是电脑里的内容不安全，我真的不知道）。看我茫然的样子，他一脸慈祥，然后说："你慢慢想吧，想好了告诉我……"然后就催促我说："好了，你赶快走吧，人家还等着你面试研究生……"

谁知，他最后留给我的竟是这短短的会面和谈话……

这几天夜不能寐时，恩师活生生的形象就都变成了一幕幕的回忆……

赵老师和我的清华梦紧密相连。1990年，我进清华是赵老师面试的，那时他是国际贸易与金融系主任。我入校后他是我的导师，那时他只带我一个学生。他还是我们国际金融与贸易课程的授课老师，我是他的课代表。毕业时，我提前半年进行毕业论文答辩是他特批的，那时他是答辩委员会主任。再后来，他推荐我到我目前的公司工作，因那时他是这个公司的中国业务顾问。我们还多次共同考察项目、参加会议……这22年来，他没有中断过给我的帮助，可以说他是我人生的恩师，是我一生的恩师。

除了聪颖的大脑和广博的知识外，能想出来形容赵老师的语言都是极其平常的：简朴谦和、严谨理性、豁达知恩以及淡泊名利。他是那样的热爱生活！他就像你家里的长者，或邻家的老爷爷，你永远没那么容易把他和名校的名教授和名家庭联系起来……

赵老师聪颖的大脑和广博的知识，一点儿也不夸大。他是从清华电子系转行研究金融的,曾在1986—1990年任经管学院副院长。赵老师讲课吸引人是公认的。赵老师标准的男中音本身就很有磁性,再加上他从来都不照本宣科,学生也不用买书。最多发两张印有图形的讲义,一堂生动的金融案例课就开始了,在不知不觉中。那些苦涩生僻的金融学概念,什么swap、hedge,就都深深地印在听众的脑海中了……

赵老师并没有海外留学经历,却多年任美国得克萨斯州立大学客座教授,在欧美很多院校讲学。据说,他那磁性的男中音和标准发音的英文,很受外国学生欢迎。

赵老师简朴谦和,认识他的人都会有体会。哪怕是他毕业多年的学生向他咨询问题,他都会主动地乘公共交通工具亲自到学生的公司上门服务,这时千万别讲什么报酬,就是留他吃顿便饭他都会担心给你增添麻烦而婉言谢绝。当你真的想和他共进晚餐时,他会提议到什么附近的上岛咖啡或路边的小店。不管是多么天寒地冻还是风雨交加,他都会骑着那辆旧自行车如约而至。

赵老师的严谨理性,也令我们晚辈发自内心地佩服。他授课时严谨的理论推理和对经济金融形势的精准把握无懈可击,就连他对自己的身体和病情的推断也是那么的理智和严谨,从不盲目听从什么专家意见。记得三年前,赵老师的病情确诊后,我第一次在他家见到他,他用自己画的一幅幅图表,根据化验出的各个指标以及可能出现的预后结果,给我讲他的病情和他准备自己决定的治疗方案,在保证生活质量的前提下,准备拒绝穿刺、拒绝化疗,而用分析出来的最大可能的病理直接对症下药。他的理智使我很吃惊,仿佛在讲和他完全无关的技术分析案例。事实证明了他的理智分析和对症下药是正确的。

赵老师的豁达知恩与淡泊名利,更让我们晚辈自叹不如。若说知恩是他们这代人所共有的,但能真正做到像恩师这样淡泊名利和豁达的老人,我敢说是罕见的。那个年代的人,特别是高级知识分子吃了很多苦,但我很少听到恩师的抱怨和不满。赵老师对生活是感恩的。作为最早研究金融的老前辈,至今还住在照澜院附近面积不大的楼房里,过着俭朴的生活,出行骑着旧式自行车,老师始终豁达乐观。对现代的金融新秀们来说,这样的生活简直无法想象。

赵老师淡泊名利。我在担任他金融课代表时就问过他:"赵老师,您为什么不自己也出本金融方面的教科书呀?"他回答说:"天下文章一大抄,图那些虚名干什么。"他也从不为自己去争什么利。前几年他把握股市比较好,却把所有的盈利都捐了助学。他悄悄告诉我:"这些钱本是身外之物,我就全捐了。"

正是这种感恩,使得老师比别人更豁达,豁达得让我们做学生的深深折服。恩师最终遗嘱是把自己的遗体捐给协和医院做医学研究。也许这样就毋须学校安排什么遗体告别仪式,后事料理也减少麻烦家人朋友。这又是何等不凡的豁达!

    赵老师是深深热爱生活的人,就在他确诊病情的前一周,他还独自去西藏旅游。他们夫妇曾在英国的偏僻小镇独享属于他们的一份清净,他们在世界各地留下了生活体验和驻足的痕迹……

    永别了,赵老师!愿您在天国安息。

2012 年 7 月 26 日于上海

王淳奇,清华大学经济管理学院 MBA 1991 级校友。

师恩浩荡，润物无声
——追忆跟随赵家和老师学金融的时光

■ 汪礼彬

我1993年通过注册会计师资格考试，1995年通过律师资格考试，但会计师和律师都没有成为我的职业，一直在从事金融工作，已经快三十个年头了。回想起自己这么多年来的金融学习、从业经历，其中近二十年时间，跟赵家和老师有着不解之缘。

我与赵老师的交往，可以追溯到1993年初。那时，我参与筹建的华夏银行刚刚开业，几乎每天都要接待国内外专家、学者和各路金融界人士。一天下午，在行长办公室，翟碧苔副行长跟我介绍说：这是清华大学的赵家和教授，金融专家，今后你要多向他请教。赵老师宽厚地对我笑一笑，我高兴上前握手：赵教授您好！请您以后多多指教！没想到，自此我们近二十年的师生缘就此展开。

赵老师给我的印象是穿着很朴素，说起话来不紧不慢，言简意赅，但简朴外表下却拥有学者风范。那段时间，我们行一个核心团队正配合首钢总公司展开对香港四家上市公司的收购，同时有意收购香港的一家上市银行。这是内地首次对境外上市公司的一次大规模收购活动，合作者包括李嘉诚财团、法国巴黎国民银行、韩国浦项钢铁等国际机构。我当时作为核心成员之一参与了一系列谈判、策划工作。

据我所知，赵老师此前已多次参与首钢总公司的金融智囊活动，但具体情况所知甚少。作为华夏银行的专家顾问成员之一，他是直接参与者。与赵老师一起工作的时间虽然短暂，但我感觉到他对香港资本市场十分了解，对并购交易驾轻就熟，开会发言时，往往寥寥数语就能直指问题核心。我深切地感到进一步学习金融专业的必要。他安慰我说：现在国内金融教育一时赶不上金融实务的发展速度，你们已经远远走在前头，年轻人干中学，马上就赶上来了。他建议我们多订阅香港及海外财经专业报纸杂志，从中学习是条捷径。

经此一役，行内交给我一项任务，跟清华经济管理学院谈谈：双方能否合作培养银行高级管理人才。在赵老师的安排下，我到经管学院来，记得是跟曲文新老师谈的。双方相谈甚欢，但因培训项目预算超出当时的财务规定而搁浅。随后，我下决心自己来清华学习深造。1995年年初，我通过清华MBA入学考试，终于可以系统地学习金融、管理知识了。

由于上课时间多安排在晚上、周末，入学后，我很少能见到赵老师。那个时候，清华经管MBA课程设计没有细分专业化方向，金融专业课对我这样的学生来说还是太少了。我去找赵老师抱怨：MBA课程设计里金融专业课太少了，怎么办？赵老师乐了：你自己可以多学点！不过，要跟国际接轨，你要去学点高级随机过程、要尽量多读英文专业书。是啊，只有掌握了数理金融，才算真正打上了清华金融的烙印！学习过程很艰苦，外文原版书难啃，但学到后受益终身。多年来，我一直很喜欢徜徉在数理金融的世界里。

在校学习期间，我和赵老师偶尔见面，话题自然离不开商业银行的经营、改革与发展问题。这类问题的讨论，常常伴随着惬意的校园漫步。赵老师推着他的旧自行车，师生边走边谈。我往往有备而来，把我近期学习、工作中遇到的问题一一奉上，老师循循善诱，耐心作答。不时会抛出问题回敬我一下。就这样，不知不觉到了老师家的楼门口。

1998年4月，赵老师退休了，应邀前往美国得克萨斯州立大学担任客座教授。为此我的毕业论文因时间仓促，不能如期答辩。远隔重洋，师生之间有关论文的选题、开题、文献检索、研究方法等等只能通过邮件交流。赵老师不辞辛劳，多次给予我多方面的指教。2000年春，赵老师回国了。正好赶上论文答辩期，他未及休整，不顾辛劳，为我们几个师兄弟的论文答辩忙碌起来，一点儿没耽误我们按期毕业。

毕业后的十多年，我与赵老师一直保持联系。但因为工作原因，并不是时常见面，一般校庆或有大型活动，顺便去看看老师。他还是那么简朴乐观，身体看上去也不错。依然不紧不慢地问问我的工作情况，关切地问起银行业内故友的情况。

看到学生取得成绩，事业发展顺利，老师总是很高兴。一旦事业遭遇瓶颈，发展不顺利时，他便会给你鼓劲儿，甚至给你推荐好的工作岗位。2000年8月，我离开银行业，投入创投领域，满怀信心地准备对接深圳创业板的推出。不料华尔街网络泡沫破灭，国内创业板推出计划搁浅。创业失败，赵老师知道后，安慰我说，国内创业投资的土壤还需要培育，等待时机吧！不久，他推荐我到一家大型央企参与财务公司的筹建工作。我不太愿意再回到体制内工作，没有去应聘，但还是十分感激老师的殷殷关切之情。

还有一件小事，记得发生在 2003 年。那次我去老师家探望，赵老师还是住在校内那套简朴的住宅内，我建议老师去担任一家我熟悉的上市公司的独立董事，这样可以增加一些收入。老师没有推辞，我也很欣慰。可有一天，赵老师打电话通知我去趟清华。我刚到西南门，老师已在那儿等我了。他手里拿着一个纸袋，对我说上次独立董事的事，他们送来了八万元的独立董事费，但这家上市公司重组没有成功，我不能去担任，现将这笔钱退回。我不想代收办理，心里想这是已经发生的费用了，不必退回，但他很坚决。我本想为老师简朴的生活增加一点收入，可赵老师对金钱界限如此分明，令我既惭愧又深受感染。

赵老师退休后，平时每天一如既往地在校园里散步，冬季通常到深圳避寒。他患有慢性病，但总体还是不错的，罹患癌症是我始料未及的。生病期间，他尽量不让他的学生去探视。那时的我们，只能在心里默默给老师祝福，希望他早日康复。

由于教学安排，赵老师没有给我们这一届学生具体授课，但我却有幸得到老师近二十年的谆谆教诲，时时刻刻感受到他的专业教育。每当我专业学习、事业发展陷入迷茫困惑之时，老师的真知灼见和关键点拨都让我茅塞顿开，豁然开朗。

"经师易得，人师难求"。无论做人做事，赵老师都堪称楷模，他是真正的智者。老师一生简朴，晚年却用毕生积蓄捐建青少年助学基金，又将自己的遗体捐献，他是人间大爱的化身。老师的谆谆教诲和言传身教我们都铭记在心，也必将代代传承下去。

师者风范犹在，师道精神永存！

2017 年 5 月

汪礼彬，清华大学经济管理学院 MBA1995 级校友。

回忆我的导师二三事

■ 王玉琦

我的研究生导师赵家和教授已经离开我们七年多了，我作为他临近退休前所带的学生之一，虽然受他指导的时间不长，但导师的一言一行，至今仍难以忘怀。在这新冠疫情肆虐的日子里，回忆起二十多年前与他接触交往的点点滴滴，虽然是些平凡小事，但仍能感受到一种温暖，一种催人前行的力量。遂以文字记述下来，并以此表达我对恩师深深的缅怀之情。

第一次上赵老师的课

1994年，我从电子系本科毕业后转入经管学院读研。作为一名半路出家的学生，我对经管学院的老师知之甚少，偶尔听老经管的同学讲起金融系的赵家和教授，都是无比的敬佩。据说老教授虽年过60且已近退休，但依然精神矍铄，思维敏捷、睿智，一点也不输年轻人。遗憾的是据说赵老师临近退休，已不再给研究生开课，所以我也就无缘选修他的课程。一次偶然的机会，赵老师客串了一堂张陶伟老师主讲的"国际金融"课程，使我有幸受到教诲。即使已过去二十多年，我仍然清晰地记得那节课讲的是国际收支平衡表。当时的赵老师虽已满头白发，但讲课时精神饱满、条理清晰、旁征博引，宏大复杂的国际收支平衡表被他讲解得简单明了、通俗易懂、重点突出。其中一些关键要点我至今仍铭记于心，例如在讲述中国的国际收支平衡表时，赵老师提到其中的"净误差与遗漏项"，说若把它搞清楚，则对中国国际贸易及资本流向的实际情况会了解得更透彻一些。

这是我第一次上赵老师的课，也是唯一的一节课。时光荏苒，回想起这二十年前的一堂课，一切都那么鲜活，老师的音容笑貌仍历历在目，如今老师已永远离开了我们，再无机会聆听他的教诲了。

选导师和指导研究生论文

研究生进入写硕士论文阶段，每位学生需要选一位导师，作为硕士论文指导教师，指导课题研究。当时我对经管学院的老师了解不多，只是希望做资本市场方面的课题。于是我求教于老经管生郑培敏同学，他说："你选赵老师吧，他睿智，有想法。"想起当年赵老师给我们上课的情景，我也颇为心动，但也有些担心和犹豫，像我这种半路出家、经济学基础不扎实，且人又比较愚钝的，老教授能看得上吗？但时间紧迫，我只好鼓起勇气试着去拜访赵老师，赵老师听了我的自我介绍和研究方向后，居然没说什么就答应了。我当时颇为激动，庆幸自己居然可以成为老师的弟子，顿时感觉老师严肃外表下其实还是很平易近人的。毕业后我偶然了解到老师的生平，才知道老师原来也是电子系毕业的，也许是看在隔代系友的面子上才收下我的吧。

由于忙于实习，再加上资质愚钝，我提的几个课题因为或太简单，或研究价值不大，都被赵老师否决了，这让我颇为着急，担心无法按时完成硕士论文。我硬着头皮又去寻求赵老师的帮助，向他聊了我的实习情况和不能按时开题的焦虑。这时他睿智慈祥的一面又显现出来，听完我的汇报后他指出："你天天研究上市公司，去上市公司调研，你可以就上市公司信息披露做些研究，现在证券市场信息披露问题很多，上市公司欺诈案例不少，你做这方面的研究，应该很有现实意义。"赵老师指导我写论文是在1996年，当时中国证券市场刚刚起步阶段，而后期不断暴露的上市公司造假案件此起彼伏，这充分显示出赵老师对当时证券市场问题症结的深刻理解和洞悉。题目选好后，在后来论文写作阶段，赵老师不辞辛劳，多次给予指导，让我获益匪浅；甚至在论文初稿完成后，他还专门帮我联系了证监会官员，对我的论文进行审阅并给予指导。在这一过程中，我一方面深深感受到赵老师治学严谨，对课题研究的高标准、严要求，另一方面也切实感受到他对学生充满人性化的关心、支持和帮助。最终在老师的指导和帮助下，我顺利通过硕士论文答辩。

在正式参加工作后，赵老师仍会时时给予大家指导和帮助。毕业后，我们几个经管学生有时会相约去拜访赵老师，向他汇报各自的工作情况和探讨一些经济问题，他总是静静地听完，然后简洁明了地点出要点，并给出意见。记得有一次聊天，他知道我在电子口岸数据中心工作，能了解到全国货物进出口情况，就建议我去研究一下中国国际收支平衡表中的净误差与遗漏项，也许可以发现一些很有意思的东西。可惜由于工作原因，再加上懒惰，我一直没按他的要求去做些研究。现在我已经离开电子口岸好多年了，赵老师布置的作业已不可能完成。现在回想起来，也有不小的遗憾。

与病魔抗争和捐资助学的故事

一天，经管学院好友樊勇同学突然打电话给我，说赵老师查出了肺癌，我听后心里颇为难过，没想到这会发生在一位德高望重、颇有建树的老教授身上。我们相约一起去看望赵老师，见到赵老师时，他的精神状态已经大不如前，显得疲惫并消瘦不少，但他依然很乐观、通达，语气平和、不紧不慢。他和我们说了病情的发现过程以及治疗方案，还附带给我们讲解了癌症的相关知识。后来他住进了校医院，我们又去看望一次，那时他的病情已经明显恶化，说话也有点费劲了。再后来，他就永远离开了我们。从查出肺癌到离开人世，不过短短两年多，这期间，老师应该忍受了许多常人无法想象的痛苦，但他并未向病魔屈服，数次见面都依然乐观、豁达。有时觉得老天对待如此乐观、善良的老人，实在不公平。愿老师在天堂安息，不再有病痛。

最让我震撼和感受到老师崇高人格魅力的，是他老人家在病重期间的一项伟大决定——将自己的毕生积蓄捐赠成立助学基金。老师一生勤俭，他用退休在外讲学节省下来的费用，以"一名清华退休老教授"的名义，设立了兴华助学基金，专门资助甘肃贫困高中生的学习。基金自设立以来，累计已经资助了2000多名贫困生，被捐助的学生都已经顺利完成了高中学业，部分学生考上了大学。现在，这一基金在陈章武老师管理下，逐步壮大，并让更多的贫困生获得救助。我还得知老师在病重期间，在亲属的理解和支持下办理了遗体捐赠手续，逝世后把遗体捐献给北京协和医院用于医学研究。他没有留下什么豪言壮语，在最后时刻，仅仅说了一句："我已经做了我认为最好的安排，求仁得仁，了无遗憾。"

是的，他燃尽自己，了无遗憾，而他的精神，烛照世界，永不熄灭。

他的爱是如此的彻底，让人为之动容。我们后辈缅怀老师，让老师的精神永存，让爱传递下去。

2020年3月

王玉琦，清华大学经济管理学院硕士1994级校友。

我所知道的赵家和老师

■ 赵冬青

我 1994 年本科毕业到经管学院读研，赵老师曾经在金融市场课上为我们讲过一次课，这门课是几位老师一起讲授的。赵老师讲的是利率期限结构问题，没有参考书，当时也没有 PPT，就在黑板上画一张图，然后娓娓道来。具体内容记不清了，但主题印象深刻。在我们这群年轻人眼里，赵老师就是一位慈祥长者，衣着简朴，说话慢条斯理。

1997 年 4 月毕业留校后，我成了赵老师的同事。记得 1997 年初夏，第一次参加系里的教师会，在原来的经管楼四楼西北角的一个会议室，年轻人很多，赵老师作为前任系主任，又是德高望重的长者，自然要对我们说些什么。至今我都清清楚楚地记得，赵老师要求我们多读书，但"不要读万卷书只有封皮"。

后来，学院搬了新楼，就是现在的伟伦楼。很荣幸，我和赵老师的办公室是对门。赵老师那时已经退休了，但还是常常到系里来。听到走廊里响起独特的脚步声，由远及近，就知道是赵老师来了。有时候，赵老师会先拐到我的办公室来聊一会儿，有时候就直接进了自己的办公室。赵老师给我一些英文的银行资料，觉得对我有用。在我眼里，赵老师就是普普通通的一位长者，关心年轻人，慈祥，亲切。

时间就这样过去，习惯了退休的赵老师的存在方式，见到了就打个招呼聊聊天。偶尔知道他在欧洲，在美国，但从来没有问他具体在做什么、在想什么。也许觉得自己是晚辈，问太多不礼貌吧。

对赵老师超乎寻常的敬意，产生于知道他患病之后。也许从对待疾病生死的态度上，才能真正了解一个人的智慧和力量。很难说是哪一件事，就是探望时所见所谈、道听途说的点点滴滴，让我觉得赵老师对待疾病的态度是那么理性，在死亡面前那么从容、睿智。

春天时，去校医院探望赵老师，病房里没人，在荒岛荷塘边找到老人，老人坐在轮椅上，在岸边晒太阳。当时心里很难受，也不知道说什么，就陪老人坐着。赵老师说，"你们这批人啊，是承上启下的一代。"

夏天的一个傍晚，带女儿在荒岛附近玩儿，遇到赵老师，护工推着轮椅。跟老人打招呼，老人说"好好玩儿吧"。这个夏天，赵老师走了。

赵老师走了，了无遗憾。捐资助学的事情，赵老师生前不让宣传。那时我们也真的不知道。一生从事教育的赵老师，在生命的最后阶段，又给我们上了一课，一堂关于金钱观的课。

随着《光明日报》的报道和中央电视台《朗读者》的播出，越来越多的人知道了赵老师。但我总是想，一位经历过很多风雨的老人的内心世界，我们所知道的，也还只是冰山一角吧。无以言说的，是一次次想到赵老师的那些话、那些场景，一次次地泪流满面……

2017 年 5 月

赵冬青，清华大学经济管理学院硕士 1994 级、博士 1999 级校友，金融系副教授，现任经管学院党委副书记。

从容淡泊与雪中送炭
——缅怀恩师赵家和教授

■ 沈 铭

认识赵家和老师多年，记忆中的赵老师总是一种从从容容的大家风范。

2009年7月，北京军区总医院检查，赵老师肺癌脑转移、骨转移！大家异常焦急，赵老师自己却像接到新的课题般，开始冷静研究。迅速查阅国内外资料，了解国际最新研究成果，然后划定治疗底线——不做穿刺和大手术。先西医靶向，后放化疗，最后西医方法用尽，再用中医支持治疗。此后三年多的治疗期间，他仿佛是一个最客观冷静的研究者，旁观自己病程的一步步发展，不慌不乱按计划治疗，直到最后在清华校医院与大家静静告别。

赵老师给我的另一个印象是十分淡泊的心境。

2011年尾到2012年初，赵老师在西苑中医医院住院治疗，期间我陪一位他熟悉的朋友去看他，朋友看到赵老师的多人病房条件不好，比较拥挤和嘈杂，就偷偷跑去托人和院方联系，希望给赵老师换个好一些的病房，但赵老师坚持不去住高级病房，他安慰我们说，看病的核心是医生，病房没关系，医生一样就行。我想说服他去治疗癌症排名靠前的广安门中医院，他说："不用去麻烦领导了，我已经尽力了，对得起自己了，西苑中医治疗可以让我最后坚持的一段时间好受一点就可以了。"

赵老师严以律己，宽以待人。他不愿开口求人，我从没见到他为自己的私事去托过哪怕关系再近的人。但却可以为学校产业集团上市的事，字斟句酌地给领导写信，争取更多机会。

与对自己的事从容淡泊不同，对急需帮助的人和事，赵老师常常急人之所急，雪中送炭。最为人熟知的就是他多年来一直默默坚持扶贫助学。这些事迹近来媒体渐有报道，我在此不复赘述。我记忆中还有一件他为解他人之困不顾年逾古稀、呕心沥血倾情付出的往事，而我心里一直都认为，正是那一段急如星火的雪中送炭导致的过度劳累，才诱发了癌细胞生长，让原本非常健康的老师身染疾病。

2007年初，是各行各业的中国人难得地感到赚钱容易的时候。我在海外考察，偶然关注到美国房地产市场异常的次贷风险积聚，回来和赵老师有过数次请教与交流。赵老师对华尔街一切创新金融工具和交易规则都非常有兴趣并长期跟踪研究。我爱人葛敏2002年就开始了对金融衍生品监管法律制度的研究，并以此完成了她的博士论文，之后在中国政法大学从事博士后研究期间，进一步以信用衍生品（CDS）的系统风险监管作为研究课题，当时正好刚提交完她的出站报告。因此，我们围绕金融市场的发展和监管有很多共同话题。在老师第一手资料的介绍、分析与答疑解惑中，时间常常一不留神就过去。师母总是热情地为我们准备茶水、水果和点心。赵老师认为这个超级衍生品非常重要，但现在这样过度滥用，风险巨大！

没过多久，次贷违约引发的CDS爆炸，引发全球金融体系动荡，继而各国经济进入寒冬。金融的一体化使得危机跨越了国界，在美国和中国一起上演，风暴的猝不及防让一直非常勤奋学习美国先进科技、先进管理、先进金融的中国官员们非常震惊，因为在哈佛和新加坡国立大学的培训，解析的总是外围国家的一次次周而复始的债务金融危机，而这次危机由发达的金融资本主义核心国家的一个不为人知的金融衍生工具引发。这样的特殊场景，大大激发了好学的中国官员的学习热情。赵老师作为清华经管学院金融系的创始人，不但有着多年国内外顶级学府的教学经验，更有着国内与海外市场研究的积累，无疑是急于了解金融病因便于积极应对的官员们最理想的老师。于是，从雷曼破产开始，赵老师在全国各地作一场场的演讲，普及现代金融工程知识，理性客观地分析次贷风暴，广受赞誉。这一系列演讲，对金融系统风险的有效控制，对稳步促进整体经济的持续发展具有重要意义。

国家需要，人民需要，社会需要，一种使命感支撑着赵老师不停地奔波全国各地，一场接一场地演讲。同时，由于危机的持续发酵，他还得不停地在收集整理国内外最新的资料和研究成果。但毕竟是75岁的老人，这些超负荷的劳累使他感到异常疲倦。2009年3月，赵老师在医院例行查体中，发现CEA（carcinoembryonic antigen，癌胚抗原）偏高。虽然明白这意味着什么，但他没有停下传播金融知识的脚步。他认为官员们难得的时空场景下的学习热情如果辅以对金融危机的正确解读，正确使用金融工具，对于未来借鉴美国，建设现代化中国非常有益。自己再辛苦，也是值得的。

十年后的今天，我依然常常会想，如果赵老师早一点开始靶向治疗，或许我还有机会看到他带着淡泊的笑意，从容地谈论那风云变幻的金融市场。

赵老师认为，全球化时代，金融的落后会导致最大幅度的国民财富的流失。

西部扶贫助学解决的是国家较短期的短板。金融发展，补齐短板，在更大意义上是防止我国像拉美某些国家一样被"国际金融精英"洗劫后整体返贫。在这两方面，赵老师都是在关键时刻雪中送炭。

我永远记得那一天！2012年7月22号晚，在协和医院遗体捐赠接收站，我与赵老师最后见面，告别，献花。我静静地陪他坐了一会儿，仿佛老师还在对我说着些什么。人确实是可以不用语言，不用肢体动作，仅仅用心去交流的。好心的工作人员帮我把赵老师的简陋的棺椁移到一面墙下，让我拍照纪念。墙上的文字让我非常感动，这似乎是赵老师一生精神境界的总结："最后的死去和最初的诞生一样，都是人生必然。最后的晚霞和最初的晨曦一样，都是光照人间！"

2012年7月22日晚在北京协和医院。

2020 年 3 月 26 日

沈铭，凤凰周刊财经顾问，甘肃兴华青少年助学基金会理事。

红尘难扰真英雄　大爱无疆济苍生

■ 葛　敏

至今记得那个夜晚，在从新加坡国立大学东亚研究所加班回家的路上，我接到爱人沈铭的越洋电话，告知一个多小时前，赵老师去世的消息。他正和吴老师及家人一起去办理赵老师的遗体捐赠手续。

虽然我早有心理准备，但还是觉得非常难受。我静立在道边，一边默默祈祷老师走好，一边想着沈铭的苦痛一定倍甚于我，忍着涌上的泪水，故作镇静地劝慰他，让他想着这对于老师是种解脱，好强的老人家一直在默默忍受着病痛的折磨。放下电话，泪水却再也收不住了。

就在那一年的五月，我正好回国开会，于是一家三口去清华校医院探望赵老师。当时赵老师下肢已经失去知觉，他语气平静地像讨论别人的事情似地问我们，如果一个人知道他不能平安走完人生，大家是否还应该互相欺骗，让这个痛苦的过程不断拉长……我和沈铭一时语塞，不知该说什么，幸亏一旁在读初二的女儿用少年无忧的嗓音朗声劝慰："爷爷您要相信奇迹！相信生命的奇迹，因为生命很奇妙，可能下一秒会有突然变化，有些病就自动好了；要相信医疗技术的奇迹，没准今天没办法看的病，明天发明个新药就能治好了；要相信爱的奇迹，因为吴老师阿婆、家里人，还有我们都很爱您，爱是会创造很多奇迹的……"

我至今佩服女儿当初这么逻辑清晰的瞬间反应。但是，奇迹终究没有发生……

那一年，还是赵老师和吴老师的金婚纪念，一向行事简单、低调的赵老师，破例早早就预约了学校档期超满的摄影大师——王建一老师，租借了可以上下轮椅的专门车辆，和最爱的家人一起在生养自己一辈子的清华园留下了非常珍贵的记忆。

认识赵老师，是因为他是沈铭的老师；和赵老师相熟，是因为一起筹办兴华助学基金会。记得赵老师确诊后，他就带着一种超乎常人的冷静和紧迫感在处理着一些他认为非常重要的事情，而其中他最放心不下的就是捐资助学。

他希望自己发起助学活动是纯粹的。他认为助学就是尽可能地帮助那些需要帮助的孩子，就是把自己有限的积蓄尽可能多地用在那些贫困地区的孩子们身上。除此之外的各种名和利，在他眼里都是多余，甚至是一种干扰，会降低助学的效率。因此，他生前坚持不作任何宣传，在这一点上，他固执地不作任何妥协。以至接受赵老师嘱托、帮赵老师实现了心愿的陈章武老师常常不得不委曲求全，权衡再三。

此前，刘迅（赵老师得意高徒）协助赵老师已经有过直接或与不同第三方合作的多种助学模式尝试，他们积累了宝贵的经验，也发现了一些不足。2011年春节前后，我们一家去拜年，赵老师又和我们谈起他们一直在寻找更好助学方案的事。于是，我建议他可以尝试采用设立基金会的形式。因为他们所有的助学理念都可以直接体现在基金会章程中，只要基金会章程没有依法修改，就一直具有约束力；并且，基金会的财产独立、财务透明、专款专用，方便监督。他当时就说那太好了，立刻询问设立基金会的条件、步骤。然后，迅速开始着手自己查找资料和其他各项准备工作。赵老师几乎没作太多思考就给基金会起名"兴华"，意思是振兴中华。

他先是让我和沈铭去北京信托公司咨询，看能否通过公益信托的形式先期开展持续、透明地捐资助学。结果我们被告知，这项业务上级尚未发文明确批准，但同时表示，他们愿意以自己的形式助我们一臂之力。于是，赵老师就委托沈铭把拟设立基金会的大部分资金投资北信的信托产品，并约定基金会成立后，本金和收益均转入基金会。与此同时，赵老师找到了他非常信任的老搭档——清华经济管理学院原党委书记陈章武老师，恳请他接过自己的重担，把助学工作继续下去。然后，敦促我找了律师，在基金会尚未最终成立时，就在北京君泽君律师事务所马杰律师的见证下，签订了各项财产的捐赠协议。当时，对于赵老师的各种急切安排，我只是理解为他一贯的高效与务实，所以尽量积极配合，但我不知道的是，他是在以超乎常人的理性与生命赛跑。

赵老师的助学理念有两个：一是雪中送炭，所以他决定资助贫困高中生。因为这一阶段的学生在九年义务制教育覆盖之外，又没有进入大学后多种途径助学贷款的相助，而相对来说学费又比较高，因此最为困难；二是助困非助优，所以他不主张附加成绩优劣作为选择资助对象的标准。他觉得只要是上进的孩子，都可以得到帮助，每一朵花的开放有早有晚，不应该在其长成中就人为地剥夺他们进一步发展的机会。而这一切，在后来陈章武老师排除万难主持设立的甘肃兴华青少年助学基金会章程中得到了很好的体现。

我记忆中的赵老师是个宽和睿智的人。专业精深，智力超群，洞悉秋毫却不争，宁愿委屈自己万分，却从不苛求他人一分。赵老师还是个充满生活情趣的人，爱好广泛，学习和接受新事物很快。每每国内外讲学之余，他常不畏路途险阻，更无视所谓年高体衰的忠告，深入了解当地风土人情，留下了不少高品质的摄影作品。其实赵老师的摄影爱好还包含着一份对师母浓浓的爱。老师博学好游，师母却清净典雅，温婉随和，不喜运动。所以，赵老师每每一人登高涉川时，都留心多拍些照片带回家，为的是让师母足不出户一样领略到壮美河山。师母也经常满意地翻看着那些私人订制影册，她说，看看照片感觉和爬上去看也差不多……

记得老师走后，我去探望摔伤卧床的师母，安慰她一定超级长寿，因为她家的长寿基因太强大了。师母一向笑意盈盈的眼里却闪出了泪光，她轻声说道："小葛，长寿不是什么好事，我越来越觉得，长寿真的不是什么福气……"尽管师母的嘴角依旧努力地微笑着，可我真切体会到，她对赵老师的思念是多么地深沉。

如今，基金会正在陈章武老师带领下沿着赵老师期盼的道路迈步前进，走得那么扎实、那么稳健、那么坚毅、那么从容。在赵老师和陈老师的感召下，我们助学的队伍也在不断发展壮大。我是基金会的法律顾问，我也是基金会的捐赠人、志愿者和推广人。我愿基金会的助学之路越走越宽广，像陈章武老师说的那样，努力做个更透明、更纯洁的助学基金会。

2020 年 3 月

葛敏，中国农业大学人文与发展学院副教授，甘肃兴华青少年助学基金会法律顾问。

第四章

同 行

传递爱与温暖,越来越多的人,一起携手……

师者如皓月，大爱永流传

■ 白瑞刚

赵家和教授捐资创立的甘肃兴华青少年助学基金会，自 2012 年 2 月 16 日成立，至今已经第九个年头了。我以志愿者的身份担任基金会的秘书长至今，经历了基金会从发起到报批运作的整个过程。

基金会缘于赵家和教授的教育情怀，诞生于老教授的生命倒计时时刻，在以陈章武教授为代表的志愿者和爱心人士们赤诚守护下，历经千辛万苦，坚守信念，不断发展成长，履行着对赵家和教授临终托付的千金一诺。

两位老教授用自己的无言善举，在助学路上，辛勤播撒爱的种子，造福桑梓，助学、筑梦、铸人。把清华人的"自强不息、厚德载物""爱国奉献"的精神，传遍大山、传遍四方。

我是幸运的，结束了 27 年的军旅生涯，2010 年从部队退役自主择业，在陈章武教授的学生李俊先生创立的兰州友信置业有限公司担任副总经理。2011 年 5 月 21 日，是一个星期六，李俊董事长找我，对我说："我的老师，清华大学经管学院的前党委书记陈章武教授受赵家和教授之托付，准备在甘肃筹备成立兴华青少年助学基金会，近几天他已经在甘肃平凉、庆阳完成了初步考察，昨天来到兰州。你来见见陈章武教授，并帮助他做一些基金会成立前期的报批工作。"

21 日下午，我和李俊看到一辆满是泥泞的桑塔纳轿车朝我们驶来，从车上下来一位头发花白、风尘仆仆的长者，手里提着一只旧拉杆箱。第一眼，我就感受到了陈章武教授为助学探路，一路考察的艰辛。虽然经过 2000 多公里的长途跋涉，但陈章武教授见了我们，却没有流露出丝毫的倦意。他目光炯炯有神，面带微笑，热情地和我握手，相互介绍。从此，我们成了忘年之交，共同结下了与"兴华"的不解之缘。

陈章武教授向我们详细介绍了已经处于癌症晚期的赵家和教授的身体状况和在甘肃成立助学基金会的设想。我知道了身患晚期癌症的赵家和教授，想把自己未竟的事业和心愿托付给陈章武教授，继续帮助需要帮助的孩子们上学，把助学的事业延续下去。当时我虽然没有见过赵家和教授，但依我在部队担任过团政治委员和党委书记的经历，第一感觉是这位退休多年的老教授能够把自己毕生的积蓄托付给曾任党委书记的陈章武教授，是对党的信任；这位清华大学经管学院的奠基人之一、退休的常务副院长，能够把自己未了的心愿托付给自己的同事，更是对陈章武教授为人的充分信任。赵家和教授捐赠自己的毕生积蓄时，只是规定了钱的用途，再没有提出任何附加条件，也不允许自己的家人今后在基金会担任任何职务，说明赵家和教授做善事只管付出、不求回报，这种大爱，是真正的公益精神和慈善。

由于这么大一笔资金赠予个人，要依法缴税，为了能够保全赵家和教授委托的这笔助学金，中国农业大学副教授葛敏律师建议："成立一个基金会，再将赵老师的资产直接捐赠给基金会，这样就可以保住赵家和教授的善款不流失。"

陈章武教授建议基金会以赵家和教授名字命名为"家和"，赵家和教授说："基金会的名称还是叫兴华助学基金会，兴华、兴华，振兴中华。"这让我的内心再一次受到震撼，感受到一位清华大学老教授的爱国情怀和赤子之心；让我真切感受到了赵家和教授奉献社会、关爱未来的高尚精神境界。我由衷地产生了对赵家和教授的敬意！了解到赵家和教授的身体状况每况愈下，也让我意识到基金会的筹备工作迫在眉睫、不容耽搁。

甘肃兴华青少年助学基金会的申请注册登记工作就此展开。在陈章武教授的领导下，所有参与基金会筹备工作的人，都有一个心愿：与死神赛跑，争取让赵家和教授能够在有生之年亲眼看到基金会的成立。

当时国内《慈善法》还没有出台，国内有的基金会由于自身管理不善出了一些问题，因此政府部门对于基金会的审批非常谨慎，把关非常严格。在报批过程中遇到了很多难以解决的问题，注册登记报批工作不能快速推进，甚至一度停顿，我内心也很焦急。为了尽快解决一些棘手问题，陈章武教授多次来到甘肃亲自做工作，能想的办法都想了，能做的事情都做了，该受的遭遇也都受了。我当时想，一位清华大学的教授，为了帮助寒门学子上学，能够放下身段，也是拼了！功夫不负有心人，在很多甘肃清华校友和热心人士的关心支持下，所有的困难最后都得到了完美的解决。

在大家的期盼下，2012年2月16日，甘肃兴华青少年助学基金会第一届理事会暨成立会终于在兰州成功召开。会上，陈章武教授介绍了基金会的缘起和前期工作。陈章武教授首先介绍基金会资金捐赠人赵教授六十余载服务清华的经历，一生辛劳、生活简朴的感人事迹，对资金的来源、赵教授所捐资金的前期委托管理和运作以及理事会理事、监事组成提名等基本情况进行了简要说明，并对基金会成立的宗旨、目标，和已经开展的五所中学的捐资助学活动和效果进行了说明，对基金会申报审批的筹备情况进行了汇报。

会议审议和表决通过了《甘肃兴华青少年助学基金会章程》、"甘肃兴华青少年助学基金会标志",表决产生了基金会第一届理事会理事长陈章武、常务副理事长李俊、副理事长马红富和秘书长白瑞刚。

会议最后由甘肃省委常委、省委宣传部长连辑同志讲话。冯健身主席、连辑部长当场带头为基金会捐资。连部长最后说:"每个人哪怕是捐一分钱、一毛钱,让兴华基金资本金的数额越来越大,形成更大效应,更加健康的发展,我们希望来自于清华的甘肃兴华青少年助学基金能够像它的标志一样,长成参天大树,树上长满了爱心。"

大家翘首以盼的甘肃兴华青少年助学基金会终于成立了。在第一届理事会第一次会议上,赵家和教授打来电话又送来了殷殷的嘱托和祝福。陈章武理事长在理事会上对基金会成立以后的运作和管理提出了四点要求:一是要加强制度建设,借鉴国内外慈善基金会管理经验,尽快制定基金会议事规则和内部管理制度、财务管理和监督制度、资金募集和使用制度以及资金增值和保值管理制度。二是建立基金会党组织,在团省委的领导下成立基金会党支部,党支部书记为陈章武,支部委员为李俊、白瑞刚。三是强调依法管理。基金会聘任两名法律顾问,分别为清华大学金勇军副教授和中国农业大学葛敏副教授。明确基金会成立以后,按法律程序尽快完成赵家和教授捐赠资产变更为基金会资产的财产变更手续,对原资金投资活动的个人投资行为变更为基金会组织投资行为。四是审议和通过继续对前期五所学校的捐资助学活动,并对2012年基金会募集目标、计划和募集活动的开展进行了简要说明。

在基金会章程的起草阶段,赵家和教授讲:"我们这一点钱,做不了多少事,要坚持雪中送炭,把钱用在最需要、最值得的地方,热闹的地方我们就不去了。"赵家和教授亲自把"雪中送炭"作为兴华助学的宗旨写在《甘肃兴华青少年助学基金会章程》中。在资助地点和资助对象的选择上,制定了"在贫困地区选优秀中学,在困难家庭选上进学生"。在这个思想指导下,基金会召开党支部会议和理事会,把革命老区的庆阳地区和六盘山麓的平凉地区作为今后兴华助学开展助学活动的重点地区。最终确定了10所学校作为兴华青少年助学基金会成立后定点资助的学校。经过考察,当年就和10所中学签订了《兴华捐资助学协议书》和《实施细则》。

基金会在成立之初,理事们认真研究制定了今后开展兴华助学活动的规章制度,明确各学校要相应成立以校长牵头的兴华助学工作领导小组和办公室,制定贫困生资助办法,对资助条件、程序和遴选认定、发放制定了具体的规定。

赵家和教授看到兴华基金会组建后开始正常运作，考虑到陈章武教授已经65岁了，为了不给陈章武教授增加更多负担，为了不给基金会带来太大的压力，对陈章武教授说："你年龄也大了，把我委托给你的这些钱用完就完了，不要有任何压力和负担"。陈章武教授明白，赵老师的一片赤子丹心，怎么能够辜负呢？陈章武教授心中已经为兴华助学工作今后能够持久发展描绘了宏伟的蓝图。陈章武教授代表管理团队向赵家和教授当面做了三个层次的承诺："第一层是保证做到，将赵老师委托的每一分爱心捐款，都用到寒门学子身上；第二层是努力做到，在保障基金会正常运作的前提下，保住本金；第三层是争取做到，在基金会有所发展的前提下，本金也能有所增长"。赵家和教授也很放心，说："我求仁得仁，了无遗憾！"

2012年7月22日下午5点35分，赵家和教授安详地闭上了眼睛，永远离开了我们。当晚，遗体就送到协和医院作医学研究。2012年8月21日上午9时，在清华大学甘肃校友会的大力支持下，我们在兰州华宇宾馆为赵家和教授召开了追思会。在追思会期间，我见到赵家和教授的儿子赵强先生，之前我已经了解到赵家和教授在"文革"时期遭受到迫害，他的儿子当时生病留下了后遗症。我看到赵强手里拿着一个在当时已经很少见到、几乎被市场淘汰掉的按键手机在接电话（当时大部分人已经用触摸屏的手机了），我问赵强："你父亲把这么一大笔钱没有留给你，而是捐赠给了甘肃，用于帮助毫不相识的寒门学子上学，你难道没有一点怨言吗？"赵强用很平淡的语气说："我们全家都赞成支持父亲的决定，我们敬佩他，知道他是对的。"赵家和教授在美国讲学时，为了省钱，连一个西瓜都舍不得买，他的孩子们经常吃方便面，吃到难以下咽。赵强在清华大学是计算机系机房的一名普通员工，收入也不高。有一次，赵强为基金会捐来了3万元助学金，我收到钱的时候，强忍着没让自己的眼泪流下来；赵强有时间还和基金会一起走进贫困地区参加助学活动。

我曾经两次在陈章武教授的陪同下来到赵家和教授的家里，拜见慰问吴嘉真老师。吴嘉真老师是那样的安静和慈祥，她还嘱咐我们要注意身体、不要太劳累。我看到了一位中国的金融教育家的家庭，是那样的俭朴，家具陈设都极其简易普通，干干净净、一尘不染。后来我还看到了吴嘉真老师床上铺的床单都是用补丁补过的，唯一让人眼前一亮的是，餐桌边的一面墙的简陋架子上，都是赵家和教授取得的奖章和荣誉，让我明白了赵家和教授平时所说的"君子自安，虽居陋室，自谙芬芳"。我终于看清了，我们平时所说的国之栋梁、民族脊梁，就是赵家和教授这样的人。

受人之托，终人之事。你求仁得仁，我一诺千金。古人说一诺千金，我的承诺不是千金，而是一生。这句话是对陈章武教授的真实写照。陈章武教授自接过赵家和教授的兴华助学接力棒，他几乎把自己的全部精力和心思用在了兴华助学上，为了把兴华助学基金会管理好、运作好，能够实现基金会的良性运作，让兴华助学金惠及更多的寒门学子，让大山里的孩子能够筑梦、圆梦。

基金会开始运行的几年，陈章武教授每年都要到各地开展助学活动，募集筹集爱心款。为了实现"第一个承诺，将赵老师委托的每一分爱心捐款，都用到寒门学子身上"，陈章武教授首先是自己带头，开展助学活动的正常费用都不在基金会报销，并且带头捐款。基金会成立九年来，陈章武教授多次把自己辛辛苦苦写作出书的稿费和课时费捐赠给兴华助学基金会。参加兴华助学的所有工作人员，全部都是义务为基金会服务的志愿者，不在基金会拿一分钱的报酬。清华大学甘肃校友也给予了大力支持。基金会常务副理事长、兰州友信置业有限公司董事长李俊一直免费为基金会提供办公场所和各类办公用品、免费提供交通工具、会议服务等各类后勤保障，还坚持多年为基金会捐款。基金会副理事长马红富不仅坚持为基金会提供车辆后勤保障，还捐款定点资助了一所学校的100余名寒门学子。基金会的理事刘迅长期定点资助一所学校。基金会理事和法律顾问沈铭、葛敏夫妇长期坚持为基金会捐款……初期基金会的资源，主要来自内部和校友的捐赠，有众多爱心人士的帮助，加上基金会所有管理团队的不忘初心和严格自律，使得基金会在开始几年几乎是"零成本运作"，确保了赵家和教授捐赠的每一分钱都发到了寒门学子的手中。

但是，助学之路并不是一帆风顺的，我们也曾经怀疑困惑过。基金会成立之时，赵家和教授捐给基金会实际入账的资金是1363万元（基金会正式批复成立前，赵家和教授交给陈章武教授的1409万元，在2011年助学中已用去了一部分）。在2015年之前，1000个高中生，每年都要发出200余万元助学金，本金越来越少，年底财务报表的资产一直是负增长。基金会管理团队也意识到，长期下去，终会有"弹尽粮绝"的一天。2014年11月15日，基金会成立三年，召开了捐资助学交流会和理事会，鉴于基金会家底逐年减少的实际情况，为了保住赵家和教授的"种子钱"，理事会开会，很不情愿地决定，将已资助的十所学校减少两所，改成八所。

开完理事会，陈章武教授要返回北京，我送他去机场，路上，我看到陈章武教授在默默地流眼泪。是啊，基金会成立三年了，尽管陈章武教授以身作则，带领基金会管理团队拼尽全力，希望兴华基金会能够健康成长，谁也不愿意看到家底越来越少，规模越做越小。我们知道，陈章武教授对赵家和教授的第二个承诺还没有实现，他是不愿意看到现实与目标的距离越拉越大。

几乎就在这同时，我的发小李励谦先生来到兰州，我向他介绍了赵家和、陈章武教授捐资助学的事，他很感动，决定捐资100万元，并委托基金会为他找一所甘肃贫困地区的中学，他定向资助100名学生。我立即向陈章武理事长汇报了李励谦的想法，经理事会研究，同意了接受李励谦100万元捐赠，维持了资助十所中学的规模。

基金会早期收到的捐款，大多数都是来自清华大学经管学院的校友。记得在一次助学的路上，我和陈章武教授聊天，陈章武教授感叹并风趣地说："天上飘来了好多朵云彩，也不知道哪一朵云彩能够滴下几滴雨水。"我说："助学金发起来容易，但募集善款实在太难了，我们跑断了腿，费时耗力，一点一滴收到的捐款，只需几天就发放光了。"陈章武教授说："其实能够把募集来的善款用好、用到位也不见得比筹款更容易。"我不解地追问："难道发钱也不容易吗？"陈章武教授说："能够把爱心人士捐赠的善款管好用好，能够让这些来之不易的善款发挥最大的作用，帮助到最需要帮助的学生，不要辜负了爱心人士的一片仁爱之心，也不是一件容易的事情。在做大、做强、做好之间，基金会首先要选择做好，把做好放在第一位。"我听了以后，牢记在心里。后来，国内的个别基金会出了问题，被媒体曝光。这些事件虽然是个别的，但也严重影响了慈善公益组织在人们心中的良好形象。我更加佩服陈章武教授对慈善和公益事业的理解、对如何管理好基金会有如此深刻的认识和预见性。

如何才能够做好，让基金会在社会上有一定的公信力和影响力呢？信任是慈善事业的基石，阳光和透明是慈善事业的"生命线"。我们认识到，只有自身过硬，积极搭建一个值得爱心人士信任和托付的平台，才能更好地推动基金会持续良性的发展。

为了做到阳光和透明，坚持公平、公正、公开，在清华校友胡聪的无偿帮助下，基金会成立了自己的网站，后来又注册了微信公众号，定期在网上向全社会发布基金会工作报告、财务报告等重大事项。

为了实现真正做好，基金会制定了"钱到、人到、心到"和"重在做好"的助学行为准则，并努力践行。陈章武教授说："钱到是最前面的'1'，人到是'1'后面添个'0'，心到是后面又添一个'0'，有限的资金可以发挥更大的作用。"

我理解，"钱到"是物质基础，钱没有筹到，或者筹到的钱没有发放到寒门学子的手里，没有发给该发的人，基金会的一切工作将无从谈起。钱发到位了，只是解决了寒门学子的部分物质需求，受自然环境和家庭环境的影响，贫困地区孩子们的精神需求得不到满足，需要更多的人、投入更多的精力为孩子们提供精神食粮。也需要更多的人，开展更加深入细致的工作，帮助孩子们在心理上健康成长，用爱去滋润孩子们的心灵。

基金会成立初期，我和陈章武教授去几位学生的家庭走访，发现一些孩子的家庭困难程度超出了我们的想象，有的孩子因此而非常自卑，但当村里的人们知道是清华大学的教授来到家里，孩子们开始引以为豪。后来我们决定，每次助学活动都要组织爱心人士到孩子们的家庭走访。基金会成立九年了，我们先后走访了341户贫困学生家庭，其中有的孩子是孤儿，有的孩子是单亲，有的孩子是残疾，有的孩子家长常年生病没有劳动能力，也有家庭孩子多、因学致贫。陈章武教授带我们走进每个孩子的家庭，都和孩子们的家人促膝长谈，详细了解他们的家庭困难，了解他们的生活基础，为他们脱贫树立信心。对困难的孩子，陈章武理事长还安排爱心人士，一对一帮扶。每一位受助学生，每个学期都要给定向资助人写信，很多爱心人士还能够经常给受资助的孩子写信打电话，做到心与心的交流。

2019年10月古浪一中家访（右五为作者）。

陈章武教授带领兴华爱心团队，每个学期到学校发助学金，都要组织和学生座谈，深入了解孩子们的学习、思想和生活情况。每一次助学活动都要给学生们讲赵家和教授的故事，还请清华大学在校老师和毕业学生做励志报告，请专家做学术报告、科普讲座，及时帮助孩子们解决各种需要解决的问题。这些年，在黄土高原、祁连山麓、大漠荒原、大巴山区、伏牛山寨，爱心团队跋涉的行程超 5 万公里，先后召开 262 场学生、老师、家长互动座谈会，参与人数超过 20 000 人次。陈章武教授在青海海东一中给全校作报告，中途遇到下雨，陈章武教授劝说孩子们回到教室，但老师、孩子们都坚持不走，陈章武教授在雨中做报告，场景感动了所有的人。2016 年，我们去镇原二中发放助学金，100 名受助学生用手工折叠的 100 只千纸鹤，制作了一个"心"形的工艺品送给吴嘉真老师，学校还给每个学生录制了一段小视屏，给吴嘉真老师送去兴华学子的问候。我们去环县一中、灵台一中发放助学金，张宗军、周建荣校长带领受助学生集体朗诵汪国真的诗《让我怎样感谢你》。一次次生动的感恩教育，让我们一次次地呼唤赵家和教授的名字。

十多年前，陈章武教授就做了心脏支架手术，安装了心脏支架，每一次助学，自驾行程都在 5000 公里左右，辗转穿梭于学校之间的山区小路，车轮后的黄土，一眼望不到边的山。春秋两季，每一次助学行程都是提前计划安排好的，一个学校一天时间，日夜兼程，基本都是上午赶路，下午家访，晚上互动座谈，非常紧凑，一出来就是十天半月。为此，陈章武教授每一次出来助学，师母孙秀琴都是提心吊胆，千叮咛万嘱咐！这些年在助学的路上，到底发生了多少险情，我已经无法统计了。多少次在助学途中，遇到下雨或冰雪天气，遇到过冰雹，也遇到过山洪暴发，我们的车辆有时也会陷入泥潭。记得有一次我们在翻越六盘山时遇到了暴雪天气，道路落满了厚厚的雪，并开始结冰，再迟一刻钟，助学团队就要被彻底困在六盘山顶，那天从兰州到庆阳西峰整整花了 11 个小时。穿越祁连山东段，也多次遇到险情。我们在青海 3000 多米高的高原走访学生家庭，葛敏教授开车，在山区爆胎，让我惊出了一身冷汗。无数次，在助学路上累了，陈章武教授就在车上打个盹儿，或者靠在学校办公室的椅子上闭目养神。一位 70 多岁的老人，就这样拼尽全力，带领爱心人士组成的助学团队走进大山、走进学校、走进孩子们的家庭、走进孩子们的心灵。我认识陈章武教授九年的时间里，一直觉得他的身体内总是掩藏着巨大的激情和能量，总能感受到他内心对寒门学子深切的关怀。我明白，这些年，他之所以能够一次不少地，在开学季赶到学校，给孩子们在开学的第一时间送去助学金，走进孩子们中间，与他们互动交流，乐此不疲，他一定是被这些洋溢着稚嫩与朝气的孩子打动了，和孩子们一起的时候，他饱含智慧与沧桑的双眼经常闪烁着泪光。孩子们打动了他，他也一样感染了孩子们。

有一位学生说："看看我们的爷爷在做什么，这样的清华老教授能不让人尊敬、信任、托付和爱戴吗？"有一次助学，由于飞机延误，陈章武教授在机场等

2019年10月文萃中学家访途中。

待了将近12个小时,到达时已是半夜3点。我看到陈章武教授这么辛苦,曾经问过他,您感到过累吗?陈章武教授说,我现在年龄大了,这样连轴转,有时候也感觉力不从心,但赵家和教授的精神激励着我们、感动着我们,受助学生健康成长发展始终鼓舞着我们、鞭策着我们,给予我们砥砺前行的力量。我想,正是因为有赵家和、陈章武这样的清华人,他们心怀对祖国、对人民最炽热的情感,他们虽然已经退休,但却始终胸怀中华民族伟大复兴的理想。他们能够坚持负重前行的真正动力,应该是发自内心的仁爱的初心和责任感。尽管助学之路充满着泥泞和艰辛,但他们不曾停住脚步,始终践行自我奉献和传播温暖的信念,坚定地带领大家向前走。

有一位受助学生写道:"看着精神饱满、乐观、阳光的陈爷爷和兴华助学基金会的叔叔阿姨们,谁能想到你们已经在路上奔波了几天?谁能想到你们刚从车上下来,没有休息片刻,就匆匆赶往学校会场为我们发放助学金、开始座谈会?你们不是不累,你们只是为了不耽搁我们的学习,而让自己像个铁人一样坚强勇敢。"

还有一位受助学生写道:"赤子情怀,一位老人,用它来感动着世间,更给予我们最大的一笔财富。每当我遇到困难、萎靡不振的时候,我总会想起赵爷爷、陈爷爷,仿佛一抬头就是他们期待的眼神。兴华陪我一路走来,教会我的是坚强与坚持,兴华坚持着'只求雪中送炭、不做锦上添花'的宗旨,引来

2019年1月陈章武教授在西安冬令营。

更多的炭火之人加入助梦活动。他们将扶贫与扶志相结合,递给寒门学子的是梦的钥匙、人生的航向。救助和扶贫带给受助者的未必只是摆脱贫困的境遇,还可能是爱心和善心的接力。"

时任甘肃省委常委、宣传部长的连辑,只要听到陈章武教授来到甘肃助学,就会抽时间看望陈老师并了解兴华助学基金会的发展运作情况,他对基金会的基本情况了然于胸。2015年10月,国庆节刚结束,我陪陈章武教授见连辑部长,连部长说:"陈章武老师每年五六次、七八次,不辞辛苦来甘肃助学,令我感动。赵

家和老师的助学事迹是发生在甘肃的感动中国典型案例，别人可以不说，但我作为宣传部长，不组织媒体宣传就是失职。"2015年10月11日，连辑部长在兰州主持召开专题座谈会，研究部署兴华助学基金会的典型宣传、持久发展等事宜，连辑部长说："赵家和教授的无私奉献精神，以及后来许许多多接班人的传承坚守，充分体现了当代知识分子的为民情怀和勇于担当。兴华基金会长期帮助贫困地区孩子，捐资助学，与甘肃正在开展的精准扶贫的教育扶贫相贴近，更有温度，意义重大。兴华基金会的存在和发展，也在启发、引导全社会树立诚信的社会风气和良好的社会风尚。"

2015年11月7日开始，《甘肃日报》连续三天头版综合报道甘肃兴华青少年助学基金会捐资助学活动，甘肃电视台《今日聚焦》栏目连续三天对赵家和捐资助学的感人事迹进行专题报道。

2015年12月16日，中共清华大学党委发出《关于开展向赵家和同志学习活动的决定》，要求在全校师生员工中开展向赵家和同志学习活动，弘扬、继承赵家和同志忠诚教育事业、全心为民的坚定党性和无私奉献、大爱无疆的高尚品德。

2016年7月4日,《光明日报》在头版头条以《"雪中炭火"赵家和》为标题，连续五天深度报道了赵老师捐资助学成立基金会的感人事迹，在国内外引起了极大的反响。此外，还有一系列相关报道，如《中国教育报》9月8日头版头条:《炭火燃尽照后生——追忆清华大学"炭火教授"赵家和》;《人民日报》9月10日头版以《蜡炬成灰光愈灿》为题，并配快评《只求天下利，不求万世名》;新华社9月10日《新华每日电讯》:《心灵之火，永不熄灭——追忆清华大学赵家和教授》。清华大学在校内举办优秀共产党员赵家和先进事迹展。2017年3月11日，中央电视台一频道在黄金时段的《朗读者》栏目，播出赵家和教授的感人事迹，在社会上引起极大反响。

精诚所至、金石为开。受赵家和教授捐资助学事迹的感召，越来越多的企业、社会组织、爱心人士主动找到兴华助学基金会，捐款者既有中兴通讯公益基金会、国家电网天津电力公司等这样的机构、公司，更有王娅这样的中国好人，还有年近百岁的抗日老前辈、清华大学老学长和数以万计的普普通通老百姓。他们虽然来自不同地区、不同行业、不同岗位，但付出的爱心却是一样的。我深深地感受到，兴华助学基金会是有自身的精神与使命的，就如同赵家和教授的一生，为学子、为教育、为国家、为未来，为一代代人的传承，为挺起民族脊梁，砥砺前行。兴华基金会的工作就是"不忘初心，牢记使命"最真挚的缩影。

赵家和教授捐资助学、开展教育扶贫的做法，和近年来习总主席号召开展的"国家脱贫攻坚战略"的精神高度契合。兴华助学基金会成立以来，主要是参与精准扶贫的教育扶贫,面向接受高中教育和本科教育的贫困家庭孩子,通过教育改变命运,"培养一个孩子,改变一个家庭,带动一个村庄"。同时注重在脱贫攻坚中精准对接、扶贫资源整合、心理疏导、精神关爱、关系调适等方面发挥一点作用。基金会一边联系寒门学子,一边对接社会爱心力量,在有效整合社会资源、积极参与脱贫攻坚方面做了一些工作。

2019年1月兴华助学工作交流会(前排左六为作者)。

这些年来,社会各界爱心企业,个人,以兴华青少年助学基金会为平台,有为孩子们送钱送书的,有送知识送方法的,有送健康、送心理咨询的,有组织孩子们到北京、深圳、西安、郑州举办夏令营、冬令营等拓展活动开阔视野的。兴华助学基金会的主要公益指标也有了新的突破,受助学生人数累计为中学生5235名、大学生287名,受益覆盖群体不断扩大;年度爱心捐赠者超过万人,捐赠金额近1000万元;"钱到、人到、心到"和"重在做好"的行动准则得到有效落实;助学活动组织形式更加丰富多彩,助学公益平台作用更加显著。基金会成立以来,累计共向寒门学子发放助学金2615.95万元,2019年12月31日,基金会资产增长为26 029 556.20元。

现在,陈章武教授对赵家和教授的"三个承诺"已经开始实现。

有一位兴华学子在兴华助学金发放仪式上声情并茂地演讲:"如果,赵爷爷还在的话,他今年应该八十六岁了,当他看到兴华助学基金会一步步扩大规模,开始有能力资助更多的寒门学子时,他该会有多高兴,有多骄傲!如果,赵爷爷还在的话,他今年应该八十六岁了,当他看到越来越多的贫困孩子不再为学费而发愁,开始从他身上汲取力量并全力奔向梦想时,他该会有多高兴,有多骄傲!如果,赵爷爷还在的话,他今年应该八十六岁了,当他看到我们用一颗感恩之心守护这份爱意并把它传递下去的时候,他该会有多高兴,有多骄傲!"

兴华助学,这些年实实在在帮助了一些学生摆脱困境,但这种帮助绝对不是单向的给予,一定是双向受益的。赵家和教授捐资助学的感人事迹,一定会教育、感动更多的人。也许,多年后,我们发现,我们的爱心之路,也许未曾有能力改变这个世界,最终改变的是我们自己。

2020 年 3 月 1 日

白瑞刚,兰州友信置业有限公司副总经理,甘肃兴华青少年助学基金会理事、秘书长。

回忆赵家和老师

■ 鞠新霞

我在中兴通讯的十多年职业生涯,基本都在和国内外资本市场打交道,其中两次香港上市工作有幸和赵老师同在项目管理团队。十几年前,我们对海外资本市场的了解有限,一定程度依赖于香港资本市场的专业机构,而当时香港市场对内地公司所知也少,彼此之间缺乏了解信任。作为内地上市公司尝试 H 股上市,这样敢于第一个吃螃蟹的项目需要强大的智囊团,赵老师是我们智库的主要成员,当时的智库名单,现在看来,每个名字依然极具分量和实力。

和赵老师更多的相处,是我在摩比天线担任董事会秘书期间。在香港上市之前,赵老师作为公司董事和顾问指导我们的上市筹备工作,艰巨的工作让我有机会充分感受他的智者风范和专业水准,他是我们的定心针。赵老师君子谦谦,极具人格魅力,当时任公司董事的著名国际基金合伙人阎焱、羊东及辅导公司上市的全球著名投资银行瑞士信贷(Credit Suisse)时任亚太区主席张利平都对赵老师尊敬有加,公司管理层和年轻人也都愿意接近赵老师。董事长胡翔更多次请赵老师与公司高管、骨干人员谈话,了解他们工作中的问题症结,疏导压力,上达建议;相信那些年接受过赵老师润物细无声的启迪和引导的他们,会因此获得人生珍贵的心灵财富。

赵老师待我如晚辈如学生,鼓励我独立思考,开阔视野。我喜欢旅行,他和我工作以外聊的最多话题也是旅行。第一次听说红景天,是赵老师讲他的西藏之行,并且鼓励我也尽早进藏。我当时对传闻的高原反应有不小的心理压力,而赵老师以七十多岁高龄激励了我。赵老师可谓行走世界,后来因为年龄关系出国签证经常受限,不过他时常被邀请出访和演讲,得以一直步履不停,洞悉世界变化。

起初知道赵老师的病情感觉难以置信,那么睿智乐观怎会罹患癌症,也许那个年代的人经历了太多。对赵老师记忆的最后定格,是我在北京出差,董事长派我去看望赵老师,他倚靠床头和我聊天,虽然虚弱了一些,但笑容满面,神清智明,对公司充满关切,对我满是鼓励。后来的岁月虽不能再见,每每想到赵老师,他依然面带微笑、儒雅沉静,大家风范,仿佛并没有离开。

我知道赵老师有着低调运作的基金，但不知详情，现在想起那些年，他一直默默地做着大爱的事情，我却没有丝毫领悟，没能帮他做一点点事，这多么惭愧。后知后觉地了解赵老师，只能抱憾没有珍惜聆听教诲的机会。最近的《朗读者》节目，让"赵家和教授"进入公众视线，我却想起那句话"居高声自远，非是藉秋风"。

赵家和教授离去8周年，在鲜花次第开的季节里借文字表达对赵老师的思念，甚是忐忑，恐有词不达意，有失恭敬。让思念化作爱的种子，将赵老师的大爱带给更多需要的人。

2020年3月

鞠新霞，深圳中兴维先通公司董事会秘书，原摩比发展公司董事会秘书。

沿着这条路，走下去！
——纪念赵家和老师

■ 赵丽霞

第一次得知赵家和老教授的事迹，是在陈章武老师的办公室。2014年元旦，我们班（清华大学经管学院04IMBA1班）入学十年聚会，我带着已经上大学的儿子，和同学们一起去给陈老师拜年。陈老师的办公桌上，一双精美的龙凤呈祥的手工鞋垫吸引了我的目光。老人家看到我的困惑，便向我们讲述了赵家和老教授雪中送炭的故事。他告诉我，这双鞋垫来自甘肃。我当时还没有意识到，那将是我人生的一个转折点。

回到河南后的一段时间里，我的脑海中会不时地跳出那双鞋垫和赵家和老师在《光明日报》上的照片。在2014年12月份，浮学军会长告诉我，陈章武老师要到河南参加第十届"清华大学MBA中原行"活动。赵家和老教授和那一双精美的鞋垫，再一次从我脑海里蹦了出来。我当即向学军会长申请，在送行晚宴上要组织一场募捐活动，我带头募捐，支持一下甘肃的寒门学子，也告慰一下赵家和老教授的在天之灵。学军会长非常高兴地说："有人带头非常好，我也向其他校友转达一下你的想法和做法，希望有更多的人参加进来，我也捐。"十天以后，我们如期举行了"第十届清华大学MBA中原行"送行及兴华助学慈善晚宴。在晚宴上，我把这双鞋垫的故事和我的感受向校友们进行了汇报，陈老师也把基金会的情况向参加晚宴的所有嘉宾全面地进行了讲述，大家听了都非常感动，嘉宾们慷慨解囊，现场筹集了27万多元。第二天，这些钱都顺利地转到了基金会的账户。我心里也有如释重负的感觉。

原以为此事就此结束了，但是，后来的三年里发生的事情却让我更加感动。基金会的白瑞刚秘书长每年都会把受资助学生的思想汇报寄到我这里，看着这一封封思想汇报，感受到每封信背后那一双双渴望知识改变命运的眼睛，我产生了帮助更多寒门学子的想法。EMBA楚金甫会长（河南森源集团董事长）不仅在那一次的慈善晚宴上捐了10万元，在后来的三年里他一直坚持捐赠。学军会长不仅每年资助 15 名学生，还亲自到甘肃看望了寒门学子，并且向平泉中学捐赠了 20 台电脑，还有一些其他的捐赠，他真正做到了"钱到、人到、心到"。赵振华的企业家同学会认捐资助三岔中学。还有很多河南校友这几年一直在捐赠兴华助学基金会。我忽然意识到，我对基金会的了解还不够深入。

后来，我的企业在经营中发生了很多事，我也经历了一场三年之久的人生思考和重新学习。我意识到我应该再一次回到生活的现场，再一次进行终极的创业——"利他"。2019 年 3 月，在一个阳光明媚的日子里，我拨通了陈老师的电话，向他老人家表达了要重走"兴华助学"之路的想法。4 月，在甘肃庆阳油田招待所，我向陈老师深入汇报了我的思想：第一，"利他"是企业和个人发展的终极目标；第二，赵家和老教授的寒门学子帮扶计划是中华民族伟大复兴的百年树人项目，是党和政府全面扶贫的一个不可替代的补充；第三，教育公平是缩小贫富差距的一项根本策略，教育扶贫是立国之基。我跟随陈老师进行了十天"陇东之行"，在黄土高原的沟沟坎坎，我看到了头发斑白的陈章武老师（他已经是七十多岁的老人）身体力行的担当，见识了甘肃各种贫困的家庭现状，学习到了王娅大姐的平民英雄精神，也读懂了她的生如夏花。这十天的陇东之行，更坚定了我的助学思想。

回到河南，一边是 MBA 同学会的换届，一边是学校的考察，一边是平泉中学高三毕业生的实习，我还主动申请担任来郑州实习的 16 名平泉中学学生的辅导员，及时和安德在线的黄敬银董事长紧密联系，通过培训和实际工作提升孩子们的综合能力。在实习的最后三天，在清华大学河南省校友会詹玉荣会长的大力支持下，我协调车辆（郑州公交公司），协调企业（万国优品、森源电气、铂爱智声、云飞科技等等），带领着孩子们聆听国学讲师毛国华校友的课程、到高尔夫球场开眼界、到智慧岛看智能机器人、到会所品尝自助餐。在集体生日晚会上，平泉中学的俱校长感动得热泪盈眶，他看到了孩子们的成长，看到了"诗与远方"，感受到了"开眼界、长见识、品德教育对贫困山区的孩子们心灵脱贫的重要性"。我再一次坚信了"扶贫重在扶心"的想法。我再一次佩服赵家和老教授当初的决定——坚持雪中送炭，热闹的地方不去。

经过 9 个学校的考察、评价、打分，最后我们选定了河南省南阳市南召县第一中学作为兴华助学落地河南的第一所学校，我也作为陈老师选定的兴华助学基金会在河南的受托人。怕我筹措善款有压力，陈老师告诉我："丽霞，你不要有压力，只要兴华基金会签订了合同，即使你一分钱筹不到，也要兑现这三年的合同承诺。"詹玉荣会长安慰我："丽霞小师妹，有咱河南校友会，你不用担心，我先带头资助一个学生。"我的师弟瑞伟支持我："师姐，不要担心，我们一定支持，要钱给钱，叫干啥就干啥。"李新伟师弟电话里说："别担心，师姐，我先给你转一万元。"后来我才得知，那时是他创业的企业经营遇到最大困难的时候。卢召彬师弟说："师姐，我和我的高中同学资助13个学生。"清华老学长张以祥副省长打电话给我说："丽霞，加我微信，我给你转款。"清华大学河南省校友会的副会长李向才一打电话就说："老妹，把我当成自家人，需要什么就说，我先捐十万吧。"每一笔捐款背后都有无数的支持，我为清华人骄傲，为清华人践行"自强不息、厚德载物"的精神而自豪。

我现在的工作，就是宣传赵家和教授的"雪中送炭"精神，实施兴华基金会的助学行动，带着心理咨询师潘新凌老师为南召一中乃至所有的兴华学子们提供心理咨询，为学校整合适合的教育资源。我曾经问过陈老师："如何才能把兴华助学的工作做到真正有效果？"陈老师这样说："丽霞，用我们的真心感动老师，让学校的老师尽心尽力教育好学生，把学生培养成才，我们替代不了学校的教育，让学校的教学水平提高，为当地培养更多的人才，才能让当地真正脱贫。"我常常想起三岔中学的办学宗旨："培养一个学生，改变一个家庭，影响一个村庄"，也常常想起了陈老师的教导"让普通人帮助普通人，让爱心人士的爱心发挥最有效的作用"。

我们纪念赵家和老师，沿着赵家和老师走过的路走下去，就是最好的纪念方式！我将继续走下去……

2020 年 3 月 20 日

赵丽霞，清华大学经济管理学院 MBA2004 级校友，甘肃兴华助学基金会河南受托人。

您种下一颗爱的种子，让我的少年心愿开出花来
——纪念我心中的赵家和教授

■ 青 夏

结识兴华，让人感动的赵教授

2019年2月18日午间休息翻看新闻时，我在网上看到了王娅女士的新闻报道——"这才是真正的裸捐"。新闻讲述她一生都在帮助需要帮助的人，她把一生的积蓄都用于捐助，救助大熊猫，资助贫困小学生，保卫黄河植树捐款；汶川地震、玉树地震、云南旱灾，她都参与了捐款。2016年，王娅女士偶然看到"炭火教授"清华大学赵家和事迹的报道，她当即就向基金会捐了款，并邮件联系基金会董事长陈章武教授，表达了想持续捐助的愿望，她想做对社会有用的人，做赵老师那样的人。从此她作为基金会的志愿者，与许多兴华人一起走在了捐资助学的爱心路上。2019年，王娅女士去世之前，她把唯一的房产捐给了助学基金会。她的事迹深深地感动了我，作为一个平凡的女工，她做的事是如此不平凡，怎不叫人心生敬佩！同时，我也记住了这个基金会的名字——甘肃兴华青少年助学基金会。

我心中疑惑，这是一个怎样的基金会，会叫人如此信任，让人愿意把一生所有积蓄甚至唯一住房都捐给它去助学呢？我开始去网上多方检索关于这个基金会的信息，原来它缘起于一名清华大学退休老教授——赵家和教授的倡导和发起，致力于资助贫困的高中学子，让他们有平等的学习机会，不管是否能考上大学，让他们能够多学一点知识，等年纪大一点、成熟一点再去打工。以往助学的人都是更愿资助成绩优异的学生，助其读优秀大学等，但对那些成绩一般考大学困难的孩子并没有那么关注。我第一次了解这样朴实而深刻的助学理念，内心却产生了深深的共鸣。我进而去了解这位老教授的生平，网上对他的事迹的描述虽不算详细，却依然让我动容。

赵家和教授的一生，作为学者，学业精进，在无线电、金融学、经济学、教

育等各方面都取得了令人瞩目的成绩；作为老师，44年教学工作兢兢业业，为学生、为学校奉献了全部的才华和精力；作为一名共产党员，国家需要他做什么就去做什么，并且总能出色地完成任务；他一生心系国家，心系教育，更是心系未来。赵教授出身高级知识分子家庭，却一生勤俭，退休后在国外讲学，收入颇丰，自己和家人仍然生活俭朴，没人知道他攒那么多钱要干什么。当攒到一定金额后，他默默地调研，制定计划，从各方渠道去实现帮助贫困学子的计划。读到这里，我想他该是很早就有了这样的念头吧，一直努力攒钱，为的是实现心中所想，在有了能力的时候立刻付诸实施。从2006年开始，他余生都在专注于努力做好这件事，而他默默地做着这些，同事、甚至亲人都不知道，直到2011年，他意识到自己身体情况不容乐观，才找来他的同事陈章武教授，委托他帮其继续爱心助学的事业，更是把毕生积蓄都托付给了他，没有留一点给子女，并一再强调不能让任何人知道。这是怎样的胸怀，又是多么闪光的灵魂啊！不图生前利，也不要身后名，只求切实帮助更多孩子，我的双眼不禁湿润了。这样纯粹的人、高尚的人、如此奉献的人，堪称时代楷模、国家脊梁，赵教授是榜样，更是丰碑！

我的心愿，我的故事

兴华助学基金会的助学理念，让我产生共鸣；兴华志愿者继承赵家和教授的奉献实干精神，也让我由衷信任。我终于能理解王娅女士的选择了。是的，我也是想为贫困学子做点什么的平凡女士。我做不到赵家和教授那样的大爱无疆，也做不到王娅女士那样的无私奉献，但也心中有爱，一直希望有一天也能去帮助一个孩子延续对知识的渴望。这一切源于我的少年心愿，在此我分享一下我的成长故事。

资助贫困学子读书，是我在中学时代许下的心愿，因为自己读书的机会来之不易。我13岁刚进入中学，父亲就意外离世，母亲是一位普通的农村妇女，养活三个孩子、还要供三个孩子读书（那时还没有免费的九年义务教育），这对她来说太难了。我的姐姐立马就辍学了，不到16岁就出去打工帮母亲养家。而我因年纪小、个子矮，也因学习成绩优秀，母亲决定继续供我读书。但我和弟弟两人上学的学费，她拿不出来，去找亲戚朋友借，大部分亲戚不肯借，还劝母亲：女孩子不用读多少书，你就只供儿子一人读书吧，家里有女儿帮你干活，这样就轻松多了。母亲说：她个子小，没什么力气，干不了农活，她成绩不错，多读点书，未来总归会好点儿。在母亲的坚持下，我得以继续读书。我知道母亲的难处，当时的我已经意识到只能读到初中毕业了，但仍然很认真地学习。我需要帮家里做家务，还要照顾弟弟，不能住校，也不能参加老师自愿为学生开的早晚补习课，但成绩还是稳居上游。初中毕业时，我以3分之差没能考进当地最好的高中，我很难过，觉得自己不够努力。毕业后我就辍学了，这是意料之中的事，我不怨母亲。因为家庭生活困难，所以不能在家闲着。亲戚介绍我去了一家民营袜厂工作，每天在流水线上忙碌，两班倒，一站就是12个小时，那年我15岁。

可能上天是眷顾我的，转折发生在一年后。我的中学老师找到我家，跟我母亲说，孩子就此不读书太可惜了，哪怕打工也是再多读点书为好。听着老师的话，我满怀希冀地看着母亲，最终母亲同意让我再去读两年书，然后出去打工。老师介绍我去读了一所职业高中，学费都跟学校谈好了，我每年差不多交一半就可以了，住宿费全免。就这样我重新回到了课堂，重新拿起了书本，虽然不是我想进的重点高中，但学校一样美丽，老师一样认真育人。能够继续读书是我之前不敢想的事，这来之不易的机会让我分外珍惜，学习也格外认真。本来打算读两年，然后由学校推荐出去打工，可是因为我学习成绩好，长期都是班上第一，学校开了高考班，老师动员我去参加高考："人的一生没参加过高考，那就是不圆满的人生"，这句话我至今记忆犹新。感谢那时可爱的老师，我瞒着母亲偷偷转到高考班，我想着就去参加一下高考，这样人生就圆满了。母亲自然还是知道了，我小心翼翼地求她，怕她坚持让我马上出去打工。然而母亲没有多说什么，只说那就再读一年吧，遂了你的心愿也好，就这样我顺利参加了高考。

人生有意外，也会有惊喜，我考了565分，我们学校就一个高考班，那一年有三名学生考上本科，两位复读生和我。那时是分数出来再填报志愿的，我的分数可选的本科院校有几个，老师们都出谋划策，而我还在犹豫要不要报。这时母亲来到学校，她跟我说："报吧，我送你！我也想告诉他们，我可以送出一个大学生。"当时，我抱住母亲泣不成声……

13岁那年，我从未想过可以走这么远，可以走出那个村子，走出那座小城，看到这么大的世界，看到这么多的风景。虽然我没有什么成就，但现在的我可以奉养母亲，也可以带她一起看这世界，我很满足。知识是真的可以改变命运的，我希望像我一样的孩子可以走得更远，看到更多的风景。

我的思考，我的行动

在我的求学过程中，想跟同学们一起升学、一起读书的愿望有多强烈，迫于家庭困难、不得不听从母亲安排的心情就有多无奈。我希望在这个时代那些像我当初一样无奈的孩子，能有人帮他们一把，让他们能够继续读书。不管他们是否成绩优异，能否考上大学，也帮他们多学一点知识，给他们时间成长。我理解，有些孩子虽然成绩一般，但并不是不想读书，他们只是听命于父母，为了减轻家里负担早早出去打工。另外，初中毕业的孩子们也不可能想得深远，关于人生和职业规划，他们还没有什么想法，如果他们还没等长大和学会思考，就要进入社会去品尝生活的酸甜苦辣，就对他们太残酷了。那时我就想，当我有能力的时候，遇到这样的孩子，我一定要力所能及地帮他们，能帮一个是一个。

我至今都想不明白，许多人不愿意去帮助孩子读书，却愿意借钱给看起来不缺钱的人挥霍，这是为什么呢？我觉得爱读书、想读书的孩子是一定有感恩之心的，他对知识热爱，对未来向往，就一定有一颗向上的心，欠下的恩情他肯定会愿意还，当然如果他不还，他也能更好地孝顺父母，为这个社会做更多的贡献。这不是救穷，这是给一个孩子种下希望，给一个家庭希望，我觉得这是最有意义的事，也是莫大的功德。

随着我国经济的发展，我的家乡富裕了，再也没有哪家的孩子读不起书。我庆幸，我也遗憾，我的圈子那么窄，我不知道哪里有需要我帮助的孩子。也曾试图通过网络联系一些基金会，可是他们说工作量太大，不便安排一对一助学，钱交由他们，由他们安排就好。可我需要切实地知道，有那么一个孩子真的因我的帮助，在继续学习、在成长，她可以不认识我、不感激我。直到我看到王娅女士的报道，知道了甘肃兴华青少年助学基金会，了解了赵家和教授的事迹，我一下子就觉得我的心愿可以实现了。兴华助学基金会里有一群真正为孩子们读书而努力的人。

我像王娅女士一样，给陈章武教授发了邮件，讲述了我的故事，也表达了我的心愿。本以为陈理事长日理万机，不一定有时间回我邮件，没想到第二天就收到了回信。陈教授在信中表示，收到我的邮件很喜悦和激动，王娅女士是受赵教授精神感召的爱心人士，而我又因被王娅女士的事迹感动，也要加入这个队伍，这是赵教授爱心奉献精神薪火传递的结果，也证明了基金会得到了更多人的认可和信任，爱心队伍的壮大是我们这些平凡人士都愿奉献爱的结果。同时，他又认真嘱托基金会，按计划帮助我落实对学生一对一助学的心愿。这封信又一次感动了我，陈章武教授认真负责的态度，对我一个如此渺小的人物的邮件都认真回复，还给予我这样的认可，而我只是想做点力所能及的事，还远谈不上爱心和奉献。从他身上，我看到兴华基金会对每一位爱心人士的欢迎，不管捐多少，切实做好了对学生透明捐助。我终于明白，赵教授为什么临终前把自己的愿望托付给陈教授，陈教授没有辜负赵家和教授的信任和嘱托，努力使基金会壮大的同时，未改初心，坚持雪中送炭，把捐款都落实到了需要的学生身上。在他们的帮助下，我的心愿得以实现。

后　记

甘肃兴华青少年助学基金会是赵家和教授播下的一颗爱的种子，陈教授带领兴华团队呵护的这颗种子已经发芽、开花、结果。2000多名寒门学子从中受益。赵家和教授值得我们永远纪念，他的感人事迹值得传颂，这个时代、这个世界和无数平凡有爱心的人需要"兴华"这座灯塔。遇见可爱的人，我的心愿得以实现，感谢兴华基金！我不知道在爱心助学的路上我能走多远，只要"兴华"需要我付出，我就会无怨无悔地奉献！

2020年3月8日

青夏，湖南长沙爱心人士。

附：青夏与陈章武教授的往来邮件

甘肃兴华青少年基金会：

　　你们好！我叫青夏，冒昧给你们发邮件，因为我想尽一份心意资助努力上进的孩子们读书。我于今年2月18日看了关于王娅女士的新闻报道《这才是真正的裸捐》（《人民日报》2019年2月17日），王娅女士的事迹感动了我，也让我知道并信任了甘肃兴华青少年基金会。

　　我是"80后"，一个两岁孩子的妈妈，定居长沙。我和先生都有工作，家庭收入尚可，我们在存钱给孩子买学区房，所以余钱不多。当时得知一次资助一个孩子三年高中学费，需要6000元。我个人存够了钱，所以才来写这封邮件。

　　在此之前，我想说说我的求学历程。

　　资助想读书爱读书的孩子读书，是我在中学时代许下的心愿，起因是自己读书的机会来之不易。我13岁刚进入中学，父亲就意外离世，母亲是一个普通农村妇女，需要养活三个孩子，还要供三个孩子读书（那时九年义务教育还没普及），对她来说太难了。所以我姐姐立马就辍了学，不到16岁就出去打工帮母亲养家。而我因年纪小，个子矮，也因学习成绩优秀，母亲决定供我读书。但我和弟弟两人上学的学费，她拿不出来，去找亲戚朋友借，大部分亲戚不肯的，还劝我母亲：女孩子是不用读多少书的，你就只供儿子一人读书吧，家里也有女儿帮你干活，这样就轻松多了。母亲说，她个子小，没什么力气，干不了农活，她成绩不错，多读点书，未来总归会好点。在母亲的坚持下，我得以继续读书。我知道我只能读完这九年义务教育了，但我仍然学习得很认真。我需要帮家里做家务，还要照顾弟弟，我不能住校，不能参加老师自愿为学生们开的早晚补习课，但我的学习成绩没落下。初中毕业时，我以三分之差没能考进我市最好的高中，我很难过，我辍学了。这是意料之中的事，我不怨母亲。可是我打工一年后，我的中学老师找到我家，跟我母亲说，孩子就此不读书太可惜了，哪怕打工也是再多读点书为好。他介绍我去读一所职业高中，学费都跟学校谈好了，我每年差不多交一半就可以了，住宿费全免。就这样我重新回到了课堂，重新拿起了书本，虽然不是我想进的重点高中，但学校是一样美丽，老师一样认真育人。本意是读两年，然后由学校推荐出去打工，可是因为我学习成绩好，学校开了高考班，老师动员我去参加高考，有一句话我至今记忆犹新，"人的一生没参加过高考，那就是不圆满的人生"（那时的老师很可爱）。我瞒着母亲偷偷转到高考班，我想着参加高考，使人生圆满。母亲知道后，没有反对，这样我顺利参加了高考。人生有意外，也会有惊喜，我考了565分，我们学校就一个高考班，只有我和另两位复读生考上本科。按照分数，我可选的本科院校有几个，老师们帮我出谋划策，而我还在犹豫。这时母亲来到学校，她跟我说："报吧，我送你！"这句话让我抱住母亲泣不成声……

13岁的我从未想过，我可以走这么远，可以走出那个村，那座小城，看到这么大的世界，看这么多的风景。虽然我没有什么成就，但现在的我可以奉养母亲，也可以带她一起看这世界，我很满足。知识是真的可以改变命运的，我希望像我一样的孩子可以走得更远，看到更多的风景。

在我的求学过程中，我至今都想不明白的一件事：许多人不愿意帮助贫困孩子读书，却愿意借钱给一个平时看起来不缺钱的人挥霍，这是为什么呢？我觉得爱读书想读书的孩子是一定有着感恩之心的，他对知识热爱，对未来向往，就一定有一颗向上的心，欠下的恩情他肯定会愿意还。当然，他即使不还，也可能更好地孝顺父母、尊重长辈，为社会做更多的贡献。这不是救穷，这是给一个孩子种下希望，是给一个家庭希望，我觉得这是最有意义的事，也是莫大的功德。所以那时我就想，以后如果我遇到想读书而有困难的孩子，我一定要帮助他们，能帮一个是一个。随着我国经济的发展，我的家乡富裕了，再也没有哪家的孩子读不起书，我庆幸，我也遗憾，我的圈子那么窄，我不知道哪里有需要我帮助的孩子。现在我有了这样的能力，我也知道兴华助学基金会有真正为孩子们读书而奉献爱心的人，我觉得我可以实现我的心愿了。我没有王娅女士的伟大，我也没有很强的经济能力，我想的是在自己的能力范围之内，帮助孩子们。我想一次资助一个孩子，等经济再好点，再多资助几个。我不知道我能不能一直做好这件事，但至少我现在想做这件事。

最后，我想问：现在过了开学时间，我可以汇款吗？是直接汇款到你们提供的账号就可以吗？另外，我想成为志愿者，我远在湖南，是不是可以做点力所能及的事？

抱歉，不知道我的故事你们愿不愿意读。写了这么多，盼能有回信！

祝你们，好人一生平安！

此致

敬礼！

青夏

2019 年 9 月 20 日

9 月 21 日兴华基金会理事长给青夏女士的回信

青夏女士：

我怀着喜悦和激动的心情读完了你的来信。

我想起八年前，兴华助学基金会创始人赵家和教授把他一生的积蓄托付给我，当时就交待我，我国九年制义务教育实施后，最容易辍学的是高中阶段，我们这一点钱就用来帮助寒门学子完成高中阶段的学业吧！即使他们还是去打工，也等大一点，多学一点知识后再去打工。

八年多来的实践证明，这个想法十分准确，得到越来越多爱心人士的认同，我们的爱心队伍也一直在稳定地不断壮大，也都是些普通人，王娅女士就是我们爱心队伍中的一员。

你还可以再多了解了解我们基金会后再做决策。我们有一个网站，是 www.xhjjh.org，上面有我们基金会的不少信息，特别是历年基金会的年报都在上面，你可以大体了解我们兴华助学基金会发展的历程和现状。我们也刚刚开通了一个微信公众号，"甘肃兴华青少年助学基金会"，开始用公众号来发送我们兴华基金会的信息和动态。

当然你也可以现在就把你的爱心款打到我们基金会的账户上。我们的账户是：

户名：甘肃兴华青少年助学基金会

开户行：中国银行兰州市七里河支行营业部

账号：104558585429

由于 2019—2020 学年度要用的爱心款已经全部落实到位，2020—2021 学年度的爱心款也极大部分有人承捐，我们又坚持把做好放在首位，没有盲目扩大资助对象。因此，对于新接受的爱心款需要排队等待安排，请能充分理解。

你的求学经历和对爱心助学的体会及感受，我很愿意读，并且还想推荐给更多的爱心人士来分享。如果你同意，想把你来信放到我们的公众号平台。如果不想用自己的真实姓名，也可以隐去。这完全尊重你的意见。

我给你的邮件同时抄送基金会秘书长。

甘肃兴华青少年助学基金会理事长　陈章武

9月22日青夏女士给基金会理事长的回信

陈先生：

您好！

收到您的回信我激动不已。我的邮件发出后，一直心情忐忑，我不知您是否有时间看到邮件，更不确定是否有时间回信。我万万没想到您这么快就给我回信，也对我的求学经历感兴趣。我同意把我的这封信分享给更多的人，如能让更多的人同意我的观点，更多的人愿意帮助孩子们，这是幸福的事。不过，还是隐去我的真实姓名和地址吧。感谢你们对我的尊重！

收到您的回信，根据您提供的网址，我认真浏览了贵基金会网站，这更让我确定我对你们的信任是正确的。这几天我会抽时间把我的这一点点爱心捐款转账至贵基金账号上，我遗憾现在不能定向给一个孩子资助，但我能理解你们的运作管理方式，按计划进行工作安排，坚持做好而不是做大，更显你们对爱心捐助落实到位的态度，这真的让我很佩服。不以慈善之名，只是坚持做一件自己认为对的事。愿你们一直坚持初心，会有像我一样的更多的普通人愿意信任你们，愿意与你们同行。

最后祝所有的孩子们的明天更美好！

此邮件同时抄送基金会秘书长邮箱。

此致

　　敬礼！

青夏
2019年9月22日

忆恩师点滴

■ 郑培敏

赵家和老师已经离开我们八年了！他的事迹历历在目，他的教诲铭记心中，他的淡泊更令弟子们明志！

恩师离世前，以一种超然无我的境界，捐出了毕生积蓄1500余万元，设立甘肃兴华青少年助学基金会，资助贫困高中生，帮助他们完成学业。赵老师捐赠积蓄不留名、不让宣传。更让我们深受震动的是，他还将遗体捐献于医学研究。

初识导师

我是1989年考入清华大学经济管理学院的，当时本科只有管理信息系统专业，就是用计算机实现管理目标的一个学科，是当时清华工科院校办管理专业的合理路径。我们知道，清华经管学院是1984年建院的，时任国家经委副主任的朱镕基担任院长，直到2001年卸任。但很少有人知道，赵家和老师是曾与朱院长一起工作过的副院长之一。赵老师还创办了清华经管的国际贸易与金融系，兼任系主任。我从1992年开始对证券、金融感兴趣，之后逐步了解到这些重要而珍贵的历史信息。

1992年，在中国证券史上还有一个被人们遗忘的重要历史事件：经国家体改委（1982年5月21日设立，1998年3月10日撤销）批准，设立了第一支共同基金——淄博乡镇企业投资基金（淄博基金）。这支中国最早的基金已经具备了两个特征：从资金端而言，淄博基金为公开募集发行，并将份额上市交易，类似今天的公募封闭式基金；从资产端而言，其主要投资于山东淄博地区的乡镇企业。用今天的话说，就是聚焦于区域经济的风险投资，有点类似现在很多地方政府搞的产业基金。

淄博基金为契约型基金，为管理该基金，专门设立了管理公司。国家体改委专门邀请和指定清华经管学院作为智力合作单位，首任总经理由清华经管提名派出，我的财政学老师刘宏飞成为首任总经理。当时国家体改委在设计相关治理结构时，还是非常超前和领先的，为保证管理公司维护契约型基金公众投资人的利益,并提高决策水平,在管理公司设立了"专家董事"制度(相当于今天的独立董事制度),共四席,分别是清华赵家和教授、北大厉以宁教授、国家体改委夏斌及李青原先生。我那时已经对金融证券产生兴趣,看到学院老师参与了这项改革,也近距离地了解了一些实务。

在后来十多年中国证券市场风起云涌、跌宕起伏的浪潮中,我的导师也仍然以纯粹的学者身份在国内外教学,并没有去获取可以轻而易举得到的特殊利益。

正式拜入师门

1993年秋,我被学院录取为试办的直读MBA班研究生,并于1994年秋入学。当时,我就确定自己的研究方向是金融,并希望赵老师做我的指导老师,感谢赵老师接受了我的硕导申请。

恩师指导我们进行学习和研究,不是简单地钻研书本,不是言必称海外,而是有很多结合当时中国实际、脚踏实地的思考、观察和社会实践。

邓小平同志南方讲话后,学院也打开大门。赵老师还创办了可以称为学院三产的"清华经济咨询公司",主要为企业提供股份制改造的咨询,用今天的话说,这也许是中国第一批"精品投行"(同时活跃的还有刘纪鹏的"标准股份制咨询公司"等)的"实验室版"。现在国内最知名的商业模式专家朱武祥老师就是当年的核心创办团队之一。我最早接触投资银行一级市场实务,就是在赵老师及朱武祥老师的带领下,参与了北京的北旅、城乡、王府井、银建等第一批规范的股份制改造项目。可以说,我的投行思维是在赵老师的指引下萌发而逐步成熟的。

我是赵老师最后一批硕士弟子。恩师临退休前,还支持年轻的校友做了一件很有意义的事。大约是1996年,当时已经离开校园的刘宏飞老师及他担任班主任的经82班[①]的陈明健师兄想创办一个市场化专注并购的咨询公司,但苦于"并购"概念在当时非常新,公司有必要靠一棵"大树",便于开展业务。于是,恩师带着这两位晚辈找到当时清华校办产业的老大——紫光集团,说服紫光集团支持年轻人创业。恩师也愿意亲自挂名首任董事长,帮年轻人背书。而这家清华紫光投资顾问公司后来几乎是中国市场化并购投行人员的"黄埔军校"。包括今天国内以并购见长的券商"华泰联合",其总裁刘晓丹及核心团队,都是20世纪90年代末期"紫光顾问"的职员,很多人是从那儿开始他们后来叱咤风云的投行并购人生的。

---

① 1988级2班,国民经济专业,1989年之后取消了本科招生。

践行师训

忆恩师,思绪不断!

今天,我创办的上海荣正投资咨询股份有限公司(以下简称"荣正咨询")刚刚度过了22周年庆。

荣正咨询是活跃在中国资本市场特定细分领域(股权激励)的"精品投行",这一事业定位,与我曾参与导师创办的清华经济咨询公司的那段工作有关系,很多理念和经历至今对我有启发和帮助。导师曾经的指点被我吸收并转化为人生动力,至今激励着我继续攀登。

导师不获取"表面上可以轻而易举获得的特殊利益"的教诲,贯穿于我的职业生涯之中。

重走恩师公益路

赵老师生前将毕生积蓄1500余万元全部捐了出来,设立了"甘肃兴华青少年助学基金会",一直在资助贫困高中生完成高中学业。受赵老师精神感召,我除了在财务上作出微薄贡献外,也努力用实际行动追随导师的脚步。

2014年7月下旬,我带领清华大学经管学院的八名同学组成"甘肃兴华实践支队",赴甘肃合水一中参加助学

2014年7月甘肃兴华实践支队全体队员在甘肃合水一中合影(左五为作者)。

实践活动,与当地学生交流学习经验,看望受资助的贫困学生家庭,激励他们向着大学梦不断迈进。

永远的纪念

学习恩师的精神、践行恩师的理念,我将永远怀念恩师并持续做出身体力行的贡献。

2018年7月10日,在"荣正咨询"20周年庆之际,为表达对恩师的敬意与怀念,我代表荣正咨询向甘肃兴华青少年助学基金会捐赠20万元,希望接过恩师点燃的火炬,将恩师的精神继续传承下去。

在学院纪念赵老师的活动上,我看到那句体现恩师精神的话:"最后的死去和最初的诞生一样,都是人生必然;最后的晚霞和最初的晨曦一样,都是光照

2014年7月在甘肃合水一中座谈会现场。

实践队员到受助学生家中进行家访。

人间!"

我们愿以爱心接力的方式来缅怀这位为祖国教育事业鞠躬尽瘁的杰出金融教育家。

恩师走了,但他的精神永存!

郑培敏,清华大学经济管理学院本科1989级、MBA1994级校友,现为上海荣正投资咨询股份有限公司董事长。

和兴华助学结缘同行的故事
——以此纪念赵家和老师

■ 刘　珂

作为原中兴通讯公益基金会（以下简称"中兴公益"）项目经理，我有幸从2016年7月开始参与中兴公益和甘肃兴华青少年助学基金会（以下简称"兴华助学"）的教育扶贫捐赠项目合作，缔结今生难忘的结缘同行。

在三年多的合作中，兴华助学项目团队得到领导们的大力支持，始终遵循落实"珍惜机缘、精诚合作"，体会践行"钱到、人到、心到"，助力寒门学子的求学之路。合作中，我们不断延展助学内容，乐于付出，用心努力，点点滴滴汇集着一份份爱心，一路追随"炭火教授"赵家和、陈章武教授的脚步，用心参与兴华助学这一公益事业。

我所亲身经历和感受到的这份爱心事业在不断壮大、熠熠生辉，每次想到就觉得备受鼓舞。

"打船比打车容易"日子里的初次会谈

2016年7月，我接到时任中兴通讯人力资源部总经理曾力安排的工作任务，当月20日将一同前往北京，由驻京的同事陈祺提前联络好，与清华大学经管学院陈章武教授面对面沟通公益助学合作项目。在此之前，曾总已向公司创始人侯为贵汇报了赵家和教授捐资助学的事迹。赵教授是中兴通讯的老朋友，生前还曾担任过公司上市项目高级顾问。当侯总逐字逐句读完赵老师淡泊名利、隐姓埋名资助寒门学子的事迹报道后，赞叹不已、深受感动，指示尽快赴京协商合作。

19日下午，我按时赶到深圳宝安机场，准备和曾总当晚搭乘前后航班飞往首都。突然我接到曾总打来电话，告知因雷暴恶劣天气影响，他的航班被临时取消了！经过简短汇报讨论，曾总快速决策让我继续按计划去北京赴约，尽全力完成工作任务。但接下来，我同样遭遇了航班延误和取消，原定晚九点起飞的航班延迟到十点乃至最后取消，十一点半左右我成功换得另一家航空公司最末一趟飞北京航班的登机卡，遗憾的是我气喘吁吁跑到登机口时，飞机舱门已关闭。过了午夜，滞留机场的乘客们仍拥堵在问询台，这情形提示我，想确保第二天起飞航班有座位将不容乐观。三下五除二！我毫不犹豫当晚在机场附近酒店小憩，几小时后我如愿以偿搭上第二天早六点半航班，因雷暴恶劣天气延续，它也是当天唯一一趟飞往北京的航班。

飞到北京上空时，又同样遭遇首都很多年来罕见的瓢泼大雨，下降时飞机颠簸特别厉害，有惊无险着陆后，排了一个多小时的队才搭上出租车。途中大雨如注，司机被迫开得很慢才能看清路，连连说送完这一趟他得赶紧收工回家才踏实。终于，在"打船比打车容易"的特殊日子里，在"路上积水里捞得到鱼"的罕见景象中，我们按照约定赶到了清华经管学院，见到了同样冒雨而来的陈教授！稍作寒暄后，就认认真真进入拟定的沟通主题。陈教授声情并茂娓娓道来，描述赵家和教授助学的爱心倡议，讲述甘肃兴华青少年助学基金会的创立发展，并着重介绍受助学校的最新情况、选择原则和流程等。我和陈祺则结合捐赠意向、合作方式和时间、捐赠金额等问题，一边提问讨论，一边认真做好记录。首次见面，我们也向陈教授介绍了中兴公益十多年来坚持抗战老兵救助、坚持参与赈灾扶贫等工作的情况。

就这样，不知不觉过了三四个小时仍意犹未尽，一次次深深地被赵家和教授和兴华助学的大爱情怀所感动。离开的时候，依然狂风不止、暴雨如注，陈教授特意开车把我和陈祺送到了学校门口外，以方便我们坐车。粗心的我们竟未发现老人家也被大雨淋透，事后才听说当天回家后他感冒生了病，每次想起来都觉得内疚，也更加增添对陈教授的敬意。

这就是最初去北京见面会谈过程中的小插曲。此刻我认真回想是什么支持我和伙伴们坚定不移如约完成任务？坦率地说，在航班不断被延误、取消的过程中顾不上想太多，很自然被习惯的工作方式驱使，想法简单、执行坚决。而行动背后的信念支撑，毫无疑问是愿意尽心尽力去推动与兴华助学的合作，值得我们为它勇往直前，也就根本不觉得辛苦。

值得开心的是，接下来的8月，中兴公益与兴华助学的合作助学项目在北京签约，五年将持续捐赠1500万元。9月，第一笔捐赠款300万元支付完成，10月，中兴公益项目团队伙伴们就和陈教授及爱心人士们一起，到甘肃各县参与秋季助学活动。2017年元月，陈教授受邀来到深圳科技园的中兴通讯总部，与公司创始人侯为贵愉快会谈。侯总以"珍惜机缘，精诚合作"勉励大家继续做好接下来五年的教育扶贫合作，也为今后的工作指明了方向。

2018 年的一段难忘经历

2018 年 4 月，中兴通讯遭遇美国制裁事件，公司 A 股、H 股票申请停牌，持续三个月时间里企业的正常经营活动难以开展，各项工作被迫停摆，期间产生的损失及影响难以描述。经过艰苦谈判，7 月解禁生效，前提条件是企业需支付巨额的罚金才能恢复开工。这一连串的打击使得公司当年巨亏，同时也给中兴公益正在执行的各个项目带来变数。

每年 4 月恰好是春季助学的探访时间，我很清楚地记得那天是刚刚完成庄浪县的活动，准备赶往最后一站靖远县。当时我们已在各受助学校宣讲当年的夏令营安排并进行活动授旗，但突发事件可能打乱一切计划。我抓紧时间给陈教授打了电话并简短汇报，记得当时陈教授沉着关切地询问能否照旧完成春季助学的剩余行程，有什么需要协助的，他随时帮我们解决。之后在靖远县的交流活动很顺利，过程中我们被激发的心愿就是，如果兴华助学我们还能够坚持做下去，一定要找机会给高中生们做一下关于通信、关于 5G 等内容的科普讲座，我们要坚定不移地告诉孩子们科技救国、科技兴邦。

后来不能正常开展工作的三个月里，在时任中兴公益秘书长谢怡的带领下，我们全面梳理复盘中兴公益各个项目情况，以及这些项目能否延续、如何延续。在那段特殊时期里，只能被迫等待，无法立刻确定下一步。谢秘书长始终鼓励大家带着信心去做好眼下能做的事情，不厌其烦一遍遍指导大家完成每一个项目的情况汇编，为后续工作的继续开展奠定基础。

关于兴华助学当年 8 月底的捐赠款能否按时付出，我们保持着开诚布公的沟通，对于制裁事件过程中的一切待定状态，及时做好情况的沟通说明。让人感动的是，陈教授主动告知，他已在同时筹措资金、做好预备应对方案，让我们不要有太大压力。这些积极认真的互动，极大地帮助我们一遍遍做好项目的整理汇报，坚定信心争取一切可能的机会实现继续履约。在这个过程中，我们准备了不止一套汇报方案，努力做好上传下达，记不清多少次待定，也记不清多少次又继续认认真真梳理并上报。8 月终于传来了好消息，兴华助学项目获得批准和支持，中兴公益将如期支付 300 万元的捐赠款项。特殊时期这来之不易的捐赠坚持！这令人难忘的履约坚持！它彰显了中兴通讯一直具有的强烈社会责任感，体现了企业及中兴公益对于一诺千金的信念和践行，坚定地将赵家和老师倡导的"雪中送炭"助力寒门学子的宝贵精神传承延续下去。

怀念"中国好人"王娅女士

和王娅女士的相遇相识,是这段经历中特别值得珍藏的生命礼物。

王娅女士是天津普通退休女工,这样一位不平凡的普通人,致力慈善事业 30 余载,患病后向兴华助学基金会捐出唯一房产,去世后遗体捐献给天津医科大学。2019 年 2 月 26 日,中央文明办公告王娅入选"中国好人榜"第一名,无数国人被她的故事深深打动。

2017 年 8 月,靖远一中家访(左为王娅,右为作者)。

2017 年的夏天,我和王娅相识在甘肃的兴华助学活动中,我们恰好分在一个小组。纤瘦的她精神很好,一点儿不像六十出头的人,让我们都喊她王娅姐。她一边说着笑着,一边架起老花镜,仔仔细细研究申请助学金的资料包。每一份资料她都认真反复地看,每一个要给的意见都谦虚仔细地问。她抱歉自个儿懂得有限、看得不快,给大伙儿添了麻烦,可必须问明白了才安心,因为孩子们每一个都那么上进又值得帮助。

她专注开心的神情,此刻再次浮现在我眼前,那是一个人做自己心爱的事儿的模样。忙中偷闲,她眼里闪着光,小声而又特别开心地和我耳语:"这项目太好了,我太高兴了,我想每年都来和大家一起。和你们一起,我乐得合不拢嘴儿。我有些积蓄可以一直捐,我身体特别好,除了有点儿胃病……"

可生命就这么无常,第二年春天就突然听到她患病的消息,令人心碎的胰腺癌晚期。立马又知道她住院期间继续捐款三万元,紧接着看到她在助学视频里,那是她春天住院而没赶上的乡村助学探访,夏天精神稍好的时候她赶着又去了。那段短短的视频,我不知道看了多少遍,看到即使病中她还那么说着笑着走着,仿佛那一路得到支持帮助的是她自己。

即使到了生命最后倒计时的日子,王娅姐回复给我的微信内容,都在分享美好。她爱看的芭蕾舞,她爱看的博物馆,她有点儿放心不下的心爱的大花猫。她安慰我说:"刘珂,你别担心我,大家对我的关心让我觉得很温暖。"她越是不跟我们提及自己的病和痛,越是让我们感受到她无尽的信任与爱。

作为一个普通人,王娅姐在离开的时候选择捐出物质上有形的一切,包括自己的遗体,她在人生最后阶段为自己找到的精神归宿,让她那么安乐,又那么美丽。请允许我借用兴华助学基金会理事长陈章武教授的一段悼词:"都说,最后的死去和最初的诞生一样，都是人生的必然。最后的晚霞和最初的晨曦一样，都是光照人间。你最后的晚霞照亮了寒门学子的求学之路，更加辉煌灿烂。"

永远怀念去了天堂的美丽善良的王娅姐。

感恩所有，愿"炭火"继续照亮前行的路。

刘珂，爱心人士，原中兴通讯公益基金会项目经理，原兴华助学基金会监事。

做最智慧的投资者

■ 尹西明

有人说,无尽的远方和无数的人们,都和我们有千丝万缕的联系。2012年7月,从未有一面之缘的赵家和老师走了,但他却在我的生命里埋下了一粒种子。他的无言之教,让我开始努力做好一件事——做最智慧的投资者。

"(助学金)能让我在上学时书包里多带几块干粮馍馍,不用因为饿肚子而上课走神,还能改善俺家人的生活,因为爸妈不用再为我们姊妹俩的学费发愁了,我俩不用被迫辍学打工供弟弟上学和为爸妈挣药费了"。

作为从农村贫困家庭长大并有幸考入清华大学的孩子,我原本以为自己已经深深懂得财富的重要性,学好经济与金融专业将来赚钱改善自己和家人的生活也是我最朴素的大学目标之一。但是当2012年7月,我在甘肃白银中学访谈甘肃兴华青少年助学基金会资助的一位高一女生时,问她这一笔不大的爱心助学金对她意味着什么,她说的这段话,唤醒了我内心深处沉睡已久的记忆。记忆中,小时候曾在放学路上饿晕,被村人发现后背回家。记忆中,《三杯茶》中大山深处的女孩因为贫困而世代无法看到外面世界,曾引起我深深的同情。心头的酸楚让我明白,原来,财富不但可以改善自己的生活,还可以用来帮助贫困的人,使他们有机会接受最基本的教育,看到希望,摆脱绝望,走出困境,成就更美好的人生。

而这"雪中送炭"的人,捐出自己毕生积蓄成立了这个助学基金会,却在生前从未对受助的孩子们和媒体披露过自己的名字,即便是像我这样有机会在他和他的同事陈章武老师支持下到甘肃参加暑期助学实践的,也和众多受助的孩子一样,不知道"清华退休老教授"就是赵家和。我们"甘沐青春"暑期联合支队结束了在青海、甘肃两省六县的助学调研实践,带着所受到的深深触动以及数十万字的调研日记,期待在清华园见到赵家和老师,向他汇报所见所闻所感。在返京的火车上,收到了陈章武老师发来的短信:"兴华基金会的发起人、资助你们暑期助学实践的赵家和教授走了,赵老师临终前还让我代问你们实践支队平安,希望同学们都有所收获和成长。"

那是我终生难忘的一条短信，和一个终生难忘的暑假，对我们40余位参加"甘沐青春"暑期助学实践的清华同学而言，亦是如此。一位队友在调研日记里写到，一直以为幸福的人生就是拥有足够的财富和声望，而赵老师默默捐资助学的故事，却让我懂得，真正幸福的人，是为这个社会带去光明和希望的人。

也正是那个暑假，和未曾谋面的赵老师的缘分，让我第一次反思"精致的利己主义者"。赵老师是学习和教授经济学的，经济学的基本假设是"人是理性的，每个理性人都旨在追求个人利益最大化"，也正以为如此，我们很多人在权衡取舍和利弊得失的"算计"中成为"精致的利己主义者"，徒留下"失去情怀和灵魂的卓越"。然而，作为"最理性"的经济学家，赵老师却做出了常人难以理解的"最不理性的选择"：他把自己讲学所积累的金钱，全部捐出成立基金会，坚持亲力亲为地"雪中送炭"，而且坚决不允许对自己捐资助学的行为予以报道，甚至在临终前还强调这一点，并在临终前决定将自己的遗体无偿捐赠用于医学研究。

当我和队友在甘肃的大山里做家访时，同学们的回答、他们受助后的成长和家庭的改变，让我逐渐真正领悟了赵老师这一看似最难以理解的"非理性行为"背后的智慧。也许，世俗意义上最成功的投资是在资本市场赚取最高回报率，但是比财富更持久的，是希望和未来。而最智慧的投资者，一定是把财富和生命投入到唤醒希望和成就未来的事业上。赵老师坚持"雪中送炭"的捐资助学大爱之举，他送出的爱心"炭火"，给贫困学子和家庭以希望，为大山深处踽踽独行的少年逐梦者，点亮了一盏盏心灯。

比财富投入更让人敬畏的，是赵老师和他的同行者们所投入的时间和精力。比金钱更贵重的，是一个人有限的生命和时间，而赵家和老师、陈章武老师、刘迅学长等人不但把自己辛苦赚来的财富投入到捐资助学和教育扶贫这一最长远和最智慧的"投资"中，而且把自己退休之后或工作之余无限宝贵的个人时间和精力投入到了兴华青少年助学基金会的运营以及捐资助学的整个过程。每次联系请教陈章武老师的时候，他不是在去甘肃走访受助学校和受助学生的路上，就是在准备去家访的路上。满头银发的陈老师带队在风雪中翻山越岭走访贫困学生的照片，更加坚定了我加入这一伟大而幸福事业的决心。

也正是从2012年的那个暑假开始，我的生命开始与教育改革创新，与反贫困、乡村振兴结下了千丝万缕的联系，我也逐渐走上了一条"不那么经管"的学习和研究之路。我和队友们熬了无数个通宵，将暑期助学支教的收获和持续跟踪发现提炼成研究报告，在清华"三农讲坛"汇报，在《三农决策要参》刊登，争取更多人对西部贫困地区教育改革创新的关注和支持。2013年暑假，我在陈章武老师和刘玲玲老师的鼓励下,申请到新加坡国立大学亚洲研究院参加暑期海外研修,师从社会学家 Jean Yeung 教授研究亚洲家庭变迁和子女教育问题,并继续帮助在暑期支教中结识的贫困学生。

在甘肃合水一中支教(站立发言者为作者)。

2014 年暑假,组织经管同学再赴甘肃合水一中开展暑期支教,并和时任清华校团委副书记的邴浩老师一同组队,赴浙江乐清开始尝试研究城乡二元背景下的乡村治理与转型问题。这是教育扶贫背后更宏大也更深层次的社会转型议题。连续三个暑假的经历让我萌生了一个想法:是否可以把未来的研究和工作与教育创新和扶贫结合起来?毕竟,中国从站起来到富起来再到强起来的过程,不但需要建设面向未来的科技创新强国,同时也必须推进反贫困和乡村振兴,以建设美丽中国。只有这样,才能实现真正意义上以人为本的可持续发展。创新创业的研究与实践,既能够加快创新强国目标的实现,也能够应用于反贫困和乡村振兴的伟大事业中。

我的上述想法面临最直接的挑战就是经管的博士项目并没有专门针对教育和贫困议题的研究内容。陈章武老师、刘玲玲老师、杨斌老师和清华教育学院的史静寰老师都鼓励我,可以尝试把经管创新创业与战略博士项目的学习和研究,同教育改革研究和实践结合起来,发挥经济学和创新思想的优势,来解决教育扶贫和三农问题长期面临的可持续性难题。幸运的是,我的博士导师陈劲教授也大力支持和鼓励我把这一想法付诸研究和实践。于是,我在读博士期间,在研究技术创新管理与科技成果转化的同时,尝试用创新经济学的思想来观察和分析中国的贫困与农村发展问题,并尝试通过做辅导员和社会创业的方式,将自己的运动和阅读爱好融合到这一目标之中。我在 2015 年发起了清华晨跑队,2016 年和晨跑队友们在经管学院和生命学院研工组的支持下,联合中国扶贫基金会和甘肃兴华基金会在清华发起"清华善行者"公益募捐徒步活动,组队宣传和为边远贫困地区的教育公益项目募捐,并在世界扶贫日当天徒步 50 公里宣传教育扶贫理念。2018 年,在美国康奈尔大学访问期间,和好朋友林镇阳等人联合发起了面向贫困地区初中的"卿芬好读书"读书公益助学项目。

当我越来越深入地参与创新和公益事业时,越来越发现,在这条路上,我不孤单。因为不但有赵家和老师这样的卓越的前辈和师友的精神与故事在激励着我们向前,这一路上也不断邂逅越来越多志同道合的"益行者",星星之火,正在燎原。同时，这些实践、学习和研究相结合的探索过程，让我看到了更多彩、更广阔的世界，也让我愈发相信，在承担社会责任的过程中才能实现更好的个人成长。从受助，到自助，再到助人，生生不息，薪火相传。正是赵家和老师和同行者们的善举，留给了这个世界最宝贵而持久的财富。

  时至今日，我对赵家和老师当初的选择，有了更深一层的理解，也更敬畏于他和他的同行者们的大格局和大智慧。无论是真正意义上的经济管理学者，还是真正意义上的企业家，对最纯粹的企业家精神都有着超越世俗和时代的洞察与信仰，这种企业家精神是对"经世济民，追求卓越"理想最全面、最正确的诠释：创新是经济社会发展的第一动力，人才是创新的第一资源，教育投资则是培养人才、孕育创新、实现永续发展的"基石"。最智慧的投资者，一定是将激励相容的经济管理原理应用于财富、实践和生命投资全过程的智者，他们能够超越短期的单一经济利益追求，从而为组织、社群和社会创造可持续的经济、社会和人文等综合价值。只有秉持这一理念的学者，才值得被人敬畏，只有践行这一理念的创新创业和投资者，才是真正拥有大智慧的投资者。

  回想起八年前的那个暑假，心中愈发感恩，未曾谋面的赵家和老师和他的同行者们，为他们所资助的贫困学生、也为我，上了一节人生最宝贵的"投资课"和"幸福课"。如今，我也加入了教师的行列，成为一名聚焦创新与可持续发展研究和教学的经管学者。我从中国的扶贫实践和个人经历中提炼和发展的反贫困创新以及乡村创新系统理论，正在得到学术界的认可和实践领域的应用。与此同时，赵老师、兴华基金会和我接力帮助的甘肃白银的那位贫困高中生，如今已大学毕业，成为一名光荣的初中教师，正在改变自己、家庭和更多孩子的命运，她也加入了"卿芬好读书"公益助学团队，包括她在内的三十多位"伴读者"志友，在湖北、河南、浙江、福建四个省份贫困地区的六所初中，鼓励引导学生通过自治形式的爱心读书社而"扶智、扶志、扶贫"。在这一过程中，我们遇到了更多志同道合者，也愈发相信，在无尽的远方，赵老师生前送出的"炭火"，正在点燃更多的希望和生命，启迪更多的"投资者"投入同样平凡而幸福的事业中。

  尹西明，清华大学经济管理学院本科、博士校友，现为北京理工大学管理与经济学院助理教授。

去远方,我们践行……

■ 于 卓

那是入大学后的第一次党课,我第一次聆听赵家和教授和甘肃兴华青少年助学基金会的故事。那天,陈章武教授讲述了赵家和教授一生的经历和捐资助学的感人事迹。我们还观看了央视《朗读者》的那一期节目,节目中,受助学子们朗诵了汪国真的《让我怎样感谢你》,献给赵家和爷爷。从那天起,我便被赵老师的事迹深深感动,渴望有一天自己也可以为贫困地区的学子奉献热情和爱心。

此后在一次暑期社会实践的交流活动上,学院老师提出前往兴华助学基金会所资助的学校,开展学习经验分享的社会实践,做到"钱到、人到、心到",寒假期间先派出一支实践支队探索模式,将来派出更多的支队。我深受鼓舞,立刻表示愿意参加这一次具有特殊意义的探索。经过陈章武老师的帮助,最终联系到甘肃省静宁县文萃中学,我们一行18人利用寒假时间去开展为期4天的社会实践。临行前,陈章武老师特意叮嘱我们,要与高中生同吃同住,用心体会他们的生活,理解他们所处的社会环境,在帮助别人的同时丰富个人的思想与阅历。

实践刚开始,我们就遇到了困难。支队成员期末考试结束的时间距离文萃中学放寒假的时间只有短短几天了,为了充分利用这个时间窗口,有更多的时间与高中生们交流,我们决定考试结束的当天就连夜出发去兰州,第二天一早从兰州赶往静宁。从兰州到静宁,原本只有三个小时的车程,但那天早上风雪交加、高速封路,我们被迫选择其他路线,结果整整走了五个小时。期间学院的老师一直关心我们的行程,多次询问我们天气状况以及实时位置,这让在西北寒风中奔波的我们心里多了一丝温暖。陈章武老师得知我们安全抵达文萃中学之后,给我们发来短信:"冰雪风雹,山高路远,坡陡谷深路滑,道窄泥泞凹凸,这些都是赵家和精神的有机组成部分。"经过这一天一夜的行程,我更加了解了陈章武老师和基金会的爱心人士在助学过程中的艰辛。实践尚未开始,我们所有支队成员已经上了一堂重要的课。

在文萃中学的三天时间里,我们每个支队成员都安排有教学和调研任务。支队成员们为文萃中学的同学们带来了学习方法和经验分享,为高一和高二的4个班级开展20节高考科目学习指导，传授高效学习方法，帮助同学们提高迎战高考的"硬实力"。支队成员们开设英语听说交流、数学思维拓展、批判性思维与道德推理、沟通表达等近十个素质拓展模块，帮助同学们开阔视野、加强知识储备，培养全面发展的"软实力"。除了事先安排好的教学任务，还有很多同学向我们询问学习方法，一些没有安排交流的班级也邀请我们去分享学习经验。我深深感动于同学们发自内心的对知识的渴望。尽管我们每个人都有准备课程、调研访谈的各种工作，但对于同学们的提问，我们一一解答。对于同学们的邀请，我们全部答应。我们还为全体高三学子送去励志讲座，支队成员分享自己的高三故事，我们当中有人从班级倒数奋起直追，也有人高中三年都与病痛相伴。我坚信这一个个清华人自强不息、砥砺奋进的故事都会成为每一个高三学子在冲刺阶段的精神食粮。

我们先后访谈了文萃中学各个年级的学生代表、老师代表，最后一天还前往学生家中和学生家长交流。支队成员分小组利用休息时间到学生寝室中，和他们聊天交流。我们试图探寻以甘肃静宁县为代表的中国西部地区的教育全貌，调研教育资源、学生学习动机以及城乡和体制间的教育不平等。在交流的过程中，我感触最深的是他们对公平正义的解读。他们屡次提到教育公平问题，他们面对的不仅仅是甘肃省所分配到的高校录取名额较少的地域公平问题，还有作为贫困县教育水平相对较弱的现状。有一些同学认为公平就是要在同一起点完全竞争，他们的眼神流露出对优质教育资源的渴求与向往，让我为之动容。我知道这并不是他们认识的局限，而是他们面对出身、家境、教育水平的差异时的想法的自然流露。意料之外的是，有很大部分学生认为公平是相对的。他们说，虽然当前的教育存在不公平的因素，但至少有高考这个机会能让他们走出去看世界，他们读书学习的目的就是让自己强大起来；为他人创造更完美的公平。我想起桑德尔在《公正，该如何做是好？》中的讨论：自然资质的分配无所谓正义不正义，人降生于社会的某一特殊地位也说不上正义不正义，这些只是自然的事实。贫困县的青年能有如此此开阔的胸怀，我们又有何种理由不相信教育的未来呢？

实践结束的返程路上，大西北的寒风呼啸着，而我内心的激情却无法被吹灭。扶贫、教育公平、现实矛盾，这些问题在我的脑海里一次又一次浮现。实践的经历给我上了一堂关于教育公平的课，面对城乡教育差距的现实，我们的确不能盲目乐观，但令我感动的是，我们不仅有赵家和、王娅这样心系教育的爱心人士，还有许多满怀着赤子之心和纯洁理想的弟弟妹妹们。前者躬耕数十载，求仁得仁；后者心怀梦想，朝气蓬勃。正是他们的存在让我们相信乡村教育的希望，相信这群热情似火的孩子们心里那个可期的远方。

这次寒假社会实践，虽然前后仅有短短4天，却是我生命中非常重要的经历。我们作为赵家和精神的传播者，来到甘肃静宁文萃中学，希望做一点儿"雪中送炭"的事。我们这只小小的支队，为文萃中学近3000名同学带来了学习经验和真诚祝愿，我们还试图通过问卷调查、实地探访等方式反映我国偏远地区乡村教育的原貌。我坚信，这并不是一次简单的实践。我们沿着赵家和教授指明的方向，思考当下教育改革发展的路径，做了一点儿力所能及的事，与远方的这群学子们建立起了密切的联系。青年一人之力虽小，然而万人合力，亦可作滔滔洪流。

2020年1月，实践支队全体队员在文萃中学与学校老师的合影（第四排左一为作者）。

于卓，清华大学经济管理学院2018级本科生。2020年1月作为队长之一带领清华经管学院本科生实践支队赴甘肃省静宁县文萃中学开展助学社会实践。

雪中炭火,携手同行

■ 史天乐

2020年1月,我们受到赵家和教授"炭火精神"的感召,奔赴千里之外的甘肃静宁,去延续兴华助学在大山里面的火种。出发前,支队成员们从经管学院陈章武教授的娓娓道来中了解到兴华助学基金会的"前世今生"。我们这一行人抱着满腔的赤诚,以"功成不必在我,但必定有我"的信念,踏上了这条接力爱心、传递温情的道路。

千里奔赴

刚刚结束期末考试的我们就步履匆匆踏上行程,为了早一点见到文萃中学的同学们,我们选择了乘坐午夜的航班,凌晨两点才踏上了甘肃的土地。在兰州机场附近潦草安顿一夜的我们疲惫而又不失兴奋,期待着第二天的相见。

隆冬时节的大西北不仅天寒地冻,而且冰雪交加。第二天一早我们就得到了一个坏消息——清晨开始的大雪已经使得兰州通往静宁的高速路封闭,我们只得焦急地等待。坏消息接踵而至,当地人告诉我们即是雪量减少,高速重新开启,路面也会因为结冰难以行进,曲折的环山公路上结冰意味着无穷的隐患。我们再三考虑之后只能选择其他路线,在风雪之中向目的地缓慢前进。令人欣慰的是,从我们坚定地踏上行程后,风雪逐渐减弱,冬日的天空再一次出现一轮暖阳,最终安全地抵达静宁县城。在整个过程中始终牵挂我们的学院老师们就像这驱散风雪的阳光,给远在西北的我们送来温暖。

在那个"雪过天晴"的午后,我们还收到了来自陈章武老师的短信:"冰雪风雹,山高路远,坡陡谷深路滑,道窄泥泞凹凸,这些都是赵家和精神的有机组成部分。"如此亲身经历让我们更加理解了"雪中送炭"的关键与其背后的艰辛,更坚定了所有成员的信念与勇气。

点燃希望

到达文萃中学的第一天,我们为这场为期三天的教学和调研实践举办了一场开幕式。除了分享高中的学习经验和励志故事之外，让我印象深刻的是开幕式现场播放了讲述赵家和教授故事的那期《朗读者》，虽然之前我已经看过多次这段视频，但仍不免眼角湿润。视频里受到资助的孩子们以汪国真的《让我怎样感谢你》献给赵家和教授，"我原想亲吻一朵雪花，你却给了我银色的世界"。看着开幕式现场一样质朴可爱、一样眼里闪烁光芒的同学们，我真切地感受到了"炭火精神"的传递——前辈们于风雪中点亮火炬，而这支队伍中的每一个同学都是坚定而炽热的火光，将责任与感动延续。

作为负责教学任务的支队长，我每天都要安排支队十几位同学的课程时间。非常令人感动的一点是，在我调查大家对于排课的想法时，听到最多的声音就是"我可以"，所有的支队成员都本着让文萃中学的同学学到更多知识、拓展更广视野的想法不辞辛苦地进行授课。

在文萃中学举办高二学科认知讲座（前排左一为作者）。

我们不仅安排了贴近教学实际、提高考试成绩的高考科目学习指导讲座，而且还为同学们带去了缤纷多彩的素质拓展课程。支队成员们结合自身的特长以及高中和大学阶段的经历开设了"批判性思维与道德推理""诗歌文化与鉴赏""数学思维拓展""英语听说交流"等妙趣横生的课程。与此同时，我们还为全体高三学子开展了学科认知和励志讲座。支队成员们分享自己的高中故事，成员中不乏同样来自教育欠发达地区小城镇的同学，在现场的笑声与掌声之中我切实感受到了勇气和信心的传递。我们的到来虽然不能给同学们带来成绩上立竿见影的提升，但我们希望所讲述的故事会成为点燃同学们心中火焰的燧石，能产生发自内心的源源不竭的动力，能增强高三学子迎接复习冲刺和人生大考的信心。

在文萃中学举办高三高考经验交流会。

我记忆最深刻的瞬间，就是那个晚上，高三高考经验交流会结束之后，一个开朗活跃的男孩专门找我，并不是为了留下联系方式，而是特意对我说："我要考上清华！"他略有害羞又勇敢坚定的样子，是我见过最纯粹的誓言。纵使教育资源匮乏，我却真切地在这个男孩身上看到了希望，这或许正是我们不虚此行的理由。

携手同行

在授课之外，我们还进行了多场与同学代表、教师代表的座谈，并在行程最后一天进行家访，撰写了相关的调研报告。我们深知此行的目的不仅仅在于简单的知识分享和方法传授，更在于了解教育公平的现状并为其改变做出努力和贡献。每一次参与和组织与教育有关的实践，都不免让我思考教育的当下和未来。面对近乎无解的困局，我和我身边的这些同学仍然愿意努力求索，不仅仅图求知识技巧的"治标"；更本能地期待可以改善教育资源不均现状的"治本"。

这场实践叫作"兴华同行"，"兴华"是与赵家和教授的兴华助学基金会通力合作，寻求经济资助之外助学的可能性，同时在这个过程中真切体会赵家和精神的含义与内核，为教育公平奉献出属于自己的力量。

在我看来，"同行"是多个层面的。一方面，我们亲身来到西部教育欠发达地区同学身边，与他们分享学习经验和求学心得，让他们明白在通过教育改变命运、通过教育回馈家乡的这条道路上他们并不孤单，而是与人携手、与人同行。另一方面，在支队组建之初，我们就希望以后可以有更多支队继续这项有意义有价值的事业，虽然我们是"先行者"，但必定不是"独行者"，我们期待着在继承赵家和教授"炭火精神"的道路上有无数奔涌的"后浪"，功成不必在我，而功力必不唐捐！

史天乐，清华大学经济管理学院2018级本科生。2020年1月作为队长之一带领清华经管学院本科生实践支队赴甘肃省静宁县文萃中学开展助学社会实践。

激情燃烧的日子

■ 刘怿成

2020年1月9日，凌晨一点。透过飞机的小窗可以看到兰州城里的斑斓灯火，早已熄灯静谧的飞机舱内，笔记本屏幕的蓝光微微映在连夜仍修改PPT的同学们的脸上。我刚刚修改完讲稿，闭上眼，打算趁飞机着陆前小憩一会儿。我叫刘怿成，是清华大学经管学院的一名九字班新生，现在我正在和学哥学姐以及同届同学一起，在由北京到兰州的飞机上，而最终目的地是甘肃省静宁县的文萃中学。

北京的八月暑气未消，我们这一批九字新生刚入校，就在那时，我参加了清华园中的第一场讲座——陈章武教授讲谈关于赵家和教授及甘肃兴华青少年基金会的故事。我仍记得，自己是如何被深深触动，开始第一次思考自己或许也有能力为他人做些什么。之后在清华园的所学所见，也更加坚定了这一想法，想为继承和传递一种精神而努力。大一上学期结束后的寒假，我报名参加了这次甘肃助学实践活动。1月8日，我和几位学哥学姐以及同届的同学作为实践支队的成员，一起出发去甘肃省静宁县文萃中学。

1月9日上午7点，起床洗漱，甘肃的天气非常寒冷，枕头和被子边摸起来也都冰凉冰凉的。想起昨晚一点多下了飞机，还和同住的同学兴奋地聊了聊天才睡，懵懂中冒出一丝悔意。走到宾馆大厅，看到外面满天的雪花缓缓飘落，仿佛时间静止了。支队中有不少同学是南方人，第一次看到这样的雪景，都忍不住走到室外伸开双手接雪花，然后看着雪花一点点在手心融化。由于大雪，高速封路了，通往静宁县的道路似乎一下子变得遥远起来。一边是学院老师强调实践活动以安全第一，一边是文萃中学高中三个年级的学生们正在等待着我们的准时到来。同学们都心急如焚，队长于卓拿着手机，在宾馆门前踱来踱去，雪地上被他走出了一条小路。我们最终决定先出发，结合路况穿行市区，等待雪小再上高速，边走边调整。

将近9点，大家上了大巴车准备出发，我坐到了最后一排，打算趁在路上的时候看看书。从兰州到静宁县的路大约200多公里，原本应是三个小时的路程用了五个多小时，直到下午两点多我们才到达静宁县。到达文萃中学时，支队里所有人都迫不及待地下了车。文萃中学的校舍和我们想象中完全不同，之前我们在县城里看到的建筑物大多不高，也显得有些老旧，但文萃中学的校舍却几乎都在五层以上，外观漂亮整洁。虽说支队里不少同学毕业自经济发达城市里的私立高中，但也都纷纷感叹这所学校"高大上"。我们下车时恰好赶上学生们刚下课，他们陆陆续续从操场出来，熟悉的运动款校服，熙熙攘攘人群里纷乱的喧哗声，让我们这些刚毕业半年的新生想起自己刚结束不久的高中生活，都不禁露出了微笑，更加期待和这些年龄相近的学弟学妹们近距离交流了。

我们从学生食堂打了晚饭，也开始在学生宿舍住宿。从北京到兰州再到静宁，紧凑的行程让人的脑袋有嗡嗡响的错觉，躺在床上也总摆脱不了有摇摇晃晃的感觉。我在青海读书长大，青海的气候与甘肃相近，但这里冬季似乎比我印象里更冷。由于学生宿舍中的暖气供暖不足，我们将羽绒服盖在被子上也依旧冷得发抖。而在这里的每一天早晨几乎都从摸到枕边冰冷的枕巾开始，六点左右就被冻醒无心再睡，洗漱间水管里流出的水接近零度，几乎无法洗脸刷牙。我第一次意识到这里的生活并不像第一眼看到的整洁大方的校舍一样简单。作为一个北方人，我一直以为冬天的教室应当像我高中母校教室一样，暖气是热的，室内是暖的。但实际感受到比自己辛苦更多的学习生活时，我突然似乎明白了赵家和教授为什么坚持资助贫困地区的寒门学子。

到达文萃中学的第二天，我们正式开始课内课外的学习分享任务，这也是我们此行的主要任务。每一位成员都根据自己擅长的学科开展教学，我负责和高中这三个年级的同学们"谈语文"。我一直觉得汉字很神奇，汉语的力量很强大，能在现实之外创造一个天马行空的世界，能让人感到快乐温暖，也能让人感受悲欢离合。这将是我第一次和别人谈学习，谈理解，第一次和别人分享自己朦胧的语文世界，我有些激动同时也很忐忑。

七点刚过，我到了机房，插上电脑U盘，试机正常后，等待着第一个同学进入教室。等待的感觉很奇妙，随着时间一点点流失，现实和已经预想过无数次的场景逐渐融合。不多时，脚步声到门口了，几张羞涩的脸，与我打个照面，目光对视后又急忙缩了回去。我招了招手，同时露出自己偷偷演练过的有些僵硬的笑容。他们再三确认了教室后才慢慢走进，三五人一起坐下轻声聊天，眼神飞快地扫过黑板、地板或是我的脸。我在课前了解了一下他们的学习进度，通过简单交流平稳自己的情绪。当我站在讲台上面对一张张青涩而好学的面孔时，我又开始紧张，生怕教错什么而辜负了同学们的期望。刚开始甚至紧张到忘记了开场白，僵硬地模仿着老师讲课的模样做了个自我介绍就开始上课。

我认为学习语文，最重要的是积累和理解，所以也从这里讲起。简单列出艾宾浩斯遗忘曲线,先强调了反复记忆的重要性,然后开始谈论一些具体事例,没有任何的主观评价。《离骚》中的香草美人,屈原的精神品格和悲剧形象,芥川龙之介的《罗生门》……讲起来课就不觉得紧张了,往往沉醉于和同学们的讨论甚至偶尔的辩论之中,课堂时间也就过得飞快。之后,讲起了试卷的答题技巧、课文的精彩片段赏析。讲课结束后被迅速熟悉起来的同学们围住,荒腔走板地聊起了自己的高中生活,想起一年前自己也同样坐在教室里,刷着一张张卷子,偶尔看着窗外的天空停笔发呆,希望到远方看看。说到这里我又和同学们聊起了海子的"远方"和高晓松的"远方",发现自己在这里的每时每刻都急于和同学们分享。聊起"远方"话题的时候,我这次静宁之行又何尝不是我最珍贵的关于远方美好的记忆呢!

在两天内,几乎每个支队成员都讲了三堂课,参加了至少两次讨论。讲课的压力很大,大家几乎都是第一次这样高强度的备课讲课,那时大家讲话声音都很轻很低,兜里总揣着一板复方金银花含片,有时在课间彼此见了面也只是匆匆挥手点头简单地打个招呼,可大家都很开心,脚步也轻快。

我们的宿舍每个房间住四个人,大家早晨起床后,一起走去食堂领一个水煮蛋、一碗豆浆或粥,早饭后到教室开始备课。午饭时,等到"同事"出来再一起去食堂。在这次实践中,我第一次体验在食堂吃饭不用刷卡,刚开始感觉很别扭,甚至有时会想掏出学生卡准备刷卡。饭菜很香也很暖身子,吃完热热乎乎出门,说话都冒着白气。在教室隔壁的办公室午休,有的学生会敲门进来问问题,有的女生直奔我们这里长得最帅气的小哥,把他围起来要联系方式,我们这些受"冷落"的男生一边羡慕,一边调笑、起哄。那几天,不仅我们和文萃中学的同学们

在文萃中学讲课(黑板前为作者)。

迅速熟稔起来，支队里同学们之间也在一眨眼间就变成了朋友。支队里的同学原本来自不同的年级、班级，甚至有实践前从未见过的，现在也会互相大呼小叫，聊天时比谁上课反响最好……这是一段为了一个共同的目标而努力燃烧的日子。我们一起在深夜里备课，一起在会议室里编写调研问卷，一起奔走在各个教室之间，像比邻生长的树，看似互相独立，而地下的根系却紧密相连。短暂的"支教"生活，充实而快乐。

1月12日这天，我发了条朋友圈——"见可爱的人，做想做的事，可能就是乐趣所在吧。"配图是文萃中学的照片和同学们的合照，合照里每个人都笑得灿烂。到如今，时间已过去大半年，我依旧和这里的一些学弟学妹们保持着通讯联系，和他们一起分享着快乐和幸福，分担着悲伤和犹豫。

短短几天的助学实践活动，使我切身感受到，这里老师们的坚守，学生们的努力，基金会里爱心志愿者们的无私奉献以及我们同行的每一位同学的付出。"最初的诞生和最后的死亡一样，都是人生的必然；最初的晨曦和最后的晚霞一样，都是光照人间。"赵家和教授离我们而去了，他推动成立的兴华助学基金会承传"炭火精神"，已把爱的温暖洒向更广阔的大地。

刘怿成，清华大学经济管理学院2019级本科生。2020年1月赴甘肃省静宁县文萃中学进行助学社会实践。

第五章

回　响

念念不忘，必有回响……

中共清华大学委员会
关于开展向赵家和同志学习活动的决定

■ 清委发〔2015〕29号

赵家和同志是中国共产党优秀党员，生前为清华大学经济管理学院教授。他一生情系中国教育事业，并为之奉献了毕生的才华和精力。他无条件服从组织安排，在清华大学多个教学、科研、管理岗位上兢兢业业、默默奉献；他退休后隐姓埋名，将全部积蓄用于捐资助学，以雪中送炭的精神，资助3000多名贫困学生完成高中学业，将爱洒满祖国大地；逝世前夕，他决定将遗体捐献给协和医学院供医学研究。赵家和同志用一个个实际行动书写了一名优秀共产党员可歌可泣的感人事迹。在他逝世后，他的事迹才被同事、朋友、学生慢慢传播开来。为弘扬、继承赵家和同志忠诚事业、全心为民的坚定党性和无私奉献、大爱无疆的高尚品德，经学校党委研究决定，在全校师生员工中开展向赵家和同志学习的活动。

赵家和同志1934年9月出生于北京，1937年随在清华大学任教的父亲及家人迁往云南昆明西南联大，抗战胜利后迁回北京。1951年考入清华大学电机工程系，1952年随电讯组进入新成立的无线电工程系，1955年留校在无线电工程系任教，1977年调入电教中心工作，1979年调入学校科研处，1985年到经济管理学院任教。1961年加入中国共产党。2012年7月因病医治无效逝世。

赵家和同志根据学校工作需要和组织安排，先后在清华大学无线电工程系、电教中心、科研处、经管学院从事教学、科研和管理工作，曾任电教中心副主任、科研处副处长、经济管理学院院长助理、系主任、副院长等职务。在各个岗位上，赵家和同志真正做到了学一样，通一样，精一样，做出了出色的业绩，受到校内外和海内外师生的高度认可，发挥了一名优秀共产党员先锋模范作用。赵家和同志十分关心中国教育事业发展，特别是贫困地区的学生教育。他一生秉持共产党人生活简朴、勤俭节约的优良品格，将个人积蓄和退休后在国内外高校、企业讲学全部所得以"兴华助学"的名义资助甘肃省等贫困地区品学兼优、家境困难的高中生完成学业。去世前夕，为帮助西部地区更多的孩子获得平等学习的机会，在校友和同事们的帮助下,他以其毕生积蓄和投资收益推动成立了甘肃兴华青少年助学基金会。从 2006 年至今,共有 3000 余名高中生受到资助,其中 80% 以上进入高等学校学习,目前有 961 名高中生受到资助,实际使用善款已达 1000 余万元。在他的带动下,隐姓埋名为该基金会捐资的人数已达 500 人,其中 95% 以上是清华校友。2012 年 4 月,在亲属的理解和支持下,他办理了遗体捐赠手续,逝世后遗体捐赠北京协和医院,用于医学研究。

赵家和同志服务清华 60 年,在每一个工作岗位上刻苦钻研、默默耕耘、潜心育人、顽强拼搏,培养了大批优秀的社会主义建设者。他一生为国分忧、为民解困,心念民生、奉献社会,关爱未来、情系教育,将自己的一切完全彻底地奉献给了中国教育事业。在他身上,充分体现了共产党人全心全意为人民服务的宗旨意识和党性修养,体现了清华人"自强不息,厚德载物"和"爱国奉献,追求卓越"的精神与品格,他是全校师生员工学习的榜样。

我们要学习赵家和同志忠诚于党的教育事业、全心全意为人民服务的坚强党性,把无条件听从党的召唤、服从组织安排、不计得失、勤奋工作作为全体党员的价值追求,着眼于国家发展的战略需求,立足于本职岗位,为落实"四个全面"战略布局、实现中华民族伟大复兴的中国梦发挥共产党员先进模范作用。

我们要学习赵家和同志严于律己、务实清廉、无私奉献的高洁品格,把脚踏实地、刻苦钻研、吃苦在前、享乐在后作为全体党员的行为准则,坚持走群众路线,持续改进思想作风、教风学风、工作作风、领导作风和生活作风,坚定信心,团结协作,攻坚克难,全面推进深化综合改革,扎实推进世界一流大学建设。

我们要学习赵家和同志潜心育人、诲人不倦、爱岗敬业的高尚师德,把坚持育人为本、德育为先作为全体教职员工的根本要求,用扎实的教学、科研、管理和服务工作,继承和弘扬"又红又专、全面发展"的教育理念,积极实践价值塑造、能力培养和知识传授"三位一体"的培养模式,努力成为青年学生健康成长的引路人,培养德智体美全面发展的社会主义建设者和接班人。

我们要学习赵家和同志心怀天下、服务国家、奉献社会的崇高精神,把直面问题、勇于创新、改善民生、持续发展作为学校教学科研工作的重要准则,切实履行教育教学、科学研究、社会服务、文化传承创新职责,与国家民族共命运,为"大众创业、万众创新"和"消除贫困、改善民生、逐步实现共同富裕"作出重要贡献。

开展向赵家和同志学习的活动,要与深入学习贯彻"三严三实"要求紧密结合起来,要与切实学好党中央、教育部和北京市表彰的各类党员先进模范结合起来,要在认真学习、真抓实效上下功夫。学校和院系两级中心组要带头进行学习。

全校各级党组织要制定学习计划，紧扣学习主题，开展形式多样的学习活动，确保学有实效。要利用各类宣传媒体，广泛宣传赵家和同志的先进事迹和各单位在开展学习活动中涌现的好做法、好经验，为学习活动营造良好的舆论氛围。要大力发挥工会和共青团组织的作用，使学习活动更加丰富多彩，更加贴近师生员工的思想实际。

各单位要及时将学习赵家和同志先进事迹和品德风范的情况报送学校党委。

中共清华大学委员会
2015 年 12 月 16 日

关于开展"学习赵家和同志崇高精神、深化创先争优活动"的决定

学院党委 2012 年 9 月 17 日研究决定，在全院师生员工中开展学习赵家和同志崇高精神、深化创先争优的活动。

经管学院退休教授赵家和同志是中国共产党优秀党员，著名金融学家和金融学教育家，2012 年 7 月 22 日因病医治无效在北京逝世。

赵家和同志 1934 年 9 月出生于北京清华园，1951 年考入清华大学无线电电子学系学习，1955 年毕业留校工作，1961 年 12 月加入中国共产党。他先后在清华大学无线电电子学系、电教中心、科研处（现为科研院）、经管学院工作。每一次工作转换完全出于工作的需要和组织的安排，即便牺牲自己的利益，甚至承受挫折磨难，他也毫无怨言，体现了一名优秀共产党员的党性。赵家和同志长期在无线电、计算机、经济管理三个专业从事教学、科研工作，在每一个专业岗位上都刻苦钻研，勇于创新，体现出很高的学术水平，在各学科建设和专业发展上做出了出色的成绩；他作为学校"双肩挑"的好干部，思维敏捷、视野开阔、善于管理、顾全大局，特别是在经管学院发展的早期，他担任副院长及国际贸易与金融系主任，对学院的学科布局、队伍建设提出了很多重要的意见和建议。他坚持以我为主的原则，积极开拓国际合作，为学院学习国际先进办学经验，发展管理教育打下了良好的基础。

赵家和同志 1998 年光荣退休，退休后继续为国家和社会做贡献。作为相关领域的专家，他用自己的专业学识为国内外院校和企业讲学。他一生辛苦，生活简朴，退休后仍然关心中国教育事业发展，特别是贫困地区学生教育。2006 年，他开始用自己的积蓄以"兴华助学"的名义开展助学活动，资助品学兼优、家境困难的高中学生完成学业。在与癌症病魔做斗争的日子里，他仍一直关心着西部贫困学生。2012 年，赵家和同志以其毕生积蓄推动成立了甘肃兴华青少年助学基金会，旨在捐资助学，帮助西部地区更多的孩子获得平等学习的机会。2012 年 4 月，

在亲属的理解和支持下，赵家和同志办理了遗体捐赠手续，逝世后遗体捐赠北京协和医院，用于医学研究。

赵家和同志一生情系中国教育事业，情系清华大学及经管学院，在清华生活、学习、工作了近80载，见证并亲历了清华大学及其经济管理学科的发展与成就，并为之奉献了毕生的才华和精力。他忧国忧民、艰苦奋斗，严于律己、关爱他人，默默耕耘、甘当人梯，体现了一个好师长、好领导的治学态度和长者风范。他感念民生、奉献社会，关爱未来、情系教育的义德大爱，是一种宝贵的精神财富，在他身上，充分体现了清华人"自强不息，厚德载物"和"爱国奉献，追求卓越"的精神，体现了"学高为师、德高为范"的崇高风范，体现了全心全意为人民服务的共产党员优秀品格，是学院全体师生员工学习的楷模与典范。

自2010年4月以来，学校在全校师生党员中开展创先争优活动，提出"深入学习实践科学发展观，加快推进世界一流大学建设"。作为深化创先争优活动的重点工作，学院党委号召学习赵家和同志的崇高精神。希望各教工及学生党、团支部认真组织开展形式多样的学习活动，宣传赵家和同志的先进事迹，引导同志们、同学们认真思考并正确理解人生的意义和目的，坚定为国家和社会做出更大贡献的信念，持续深入开展创先争优活动，建设世界一流经济管理学院。

赵家和教授纪念网站：
http://www.sem.tsinghua.edu.cn/remember/zhaojiahe/

中共清华大学经济管理学院委员会
2012年9月17日

在"优秀共产党员赵家和事迹展"揭幕仪式上的讲话*

■ 高　建

各位领导、老师、同学、校友和赵家和老师的亲友：

大家下午好！

在教师节到来之际、在赵家和老师捐资助学十周年之际，在清华大学经管学院舜德楼一楼大厅，我们隆重举行由中共清华大学经管学院委员会、清华大学经管学院、清华大学校史馆和清华大学档案馆共同主办的"一位清华退休老教授——优秀共产党员赵家和事迹展"的揭幕仪式，一起见证一个感人和难忘的历史时刻。

赵家和是中国共产党优秀党员、清华大学经管学院教授。他一生忠于党的教育事业，不仅全心全意投入于教书育人，学高德厚；而且捐资助学，大爱无疆，是我们身边的学习榜样。

他品学兼优，是优秀学生

赵家和1951年考入清华大学电机工程系，1952年随电讯组进入无线电工程系学习。他不仅学习优良，而且担任班长。清华大学在1954年首次设立学习优良奖，他是首批获得者。1955年大学毕业，他同时获得学习优良奖、奖学金和优秀毕业生三项奖励。

他追求进步　向党庄严承诺

毕业后的赵家和留校任教。直到1977年一直在清华大学无线电系工作。赵家和于1960年被聘为讲师，历任无线电系的实验室主任、教学秘书、总装车间及零件车间主任、科研科科长。他于1961年由李章华、毛于海介绍加入中国共产党。他在入党申请书中写道：我要求加入党，不管在任何环境和任何岗位上，时刻把党的利益和党的需要作为自己努力的目标。赵家和同志入党后，用一生的努力和业绩兑现了他在入党申请书中的承诺。

---

* 清华大学经济管理学院院长钱颖一教授主持了揭幕仪式，清华大学副校长杨斌教授参加并致辞。

他克己奉公、言传身教，干一行、爱一行、精一行

1977 年，清华大学启动电化教学工作，赵家和教授服从组织安排，担负全校电化教学的建设工作。他在创建电化教学实验室工作中吃苦耐劳，认真负责，业务水平高；他对同志要求严格，重视队伍建设；他坚持原则，善于管理，在电教建设中做出了重要贡献。

1979 年，赵家和服从组织安排，调动至清华大学科研处（现为科研院）工作，先后承担科研计划科科长、科研处副处长之职。他曾赴国外选购了一大批计算机和先进仪器设备，为充实和增添清华大学的科研、教学资源发挥了重要作用。

1984 年，清华大学经济管理学院成立。赵家和再次服从组织安排，于 1985 年 3 月调动至经管学院任院长助理同时兼任管理信息系统系主任。1986 年 9 月，赵家和被任命为经管学院副院长。1987 年 7 月，赵家和兼任国际贸易与金融系主任至 1995 年 8 月。赵家和在经管学院工作期间，思维敏捷，视野开阔，顾全大局，对工作兢兢业业。他既是经管学院发展的亲历者和见证者，也是经管学院发展的管理者和贡献者。在学院发展初期，他积极开拓国际合作，为学院学习国际先进办学经验，发展管理教育打下了良好的基础。他在国际金融、投资学、公司财务等领域有深入研究，特别是在他担任国际贸易与金融系主任期间，对于经管学院金融专业的建设和发展起到了开创性的作用。

他心系民生、艰苦奋斗，大爱无疆、倾力助学

1998 年退休后，赵家和作为相关研究领域的专家，受聘担任企业顾问，并应邀在国内外院校和企业讲学。他热爱党的教育事业，关心学生的心始终未变，他一直考虑将自己一生的积蓄用到更有用的地方。

在今天即将揭幕的"事迹展"中，有这么一个小故事：一次偶然的机会，赵家和知道当年的学生刘迅在做股票投资，就把自己当时的积蓄、讲课和咨询所得陆续交给刘迅打理。刘迅不明白，一生节俭的赵老师攒这些钱要干吗。直到 2005 年的一天，刘迅告诉老师，他投资账户里的钱已经有 500 万元时，赵老师说了一句：可以做点事情了。

他于 2006 年开始，在家人的支持下，将个人积蓄和退休后在国内外高校、企业讲学和投资收益全部以"兴华助学"和"一位清华退休老教授"的名义资助江西、湖北、甘肃、吉林的品学兼优、家境困难的高中学生。赵家和捐资助学不留名，只求奉献，不求回报。早期受到资助的学生只知道那位"在自己最要劲的时候拉了自己一把"的爷爷，是清华的一位退休老教授。到 2010 年，资助学生已近 1000 人次，支出助学金 210 余万元。然而，赵家和自己却一生节俭，公而忘私。在美

国做客座教授期间，省吃俭用，一家人一月的生活费不超过100美元；重病期间，不允许动用捐资助学的钱治病。

2009年，赵家和体检发现身患肺癌。生病期间，他更加关心贫困学生的健康成长，希望能帮助更多的孩子获得平等学习的机会，开始考虑成立助学基金会。2011年，他找到清华大学经管学院原党委书记陈章武教授，委托他筹建基金会，并在自己家中与陈章武签署了捐赠委托协议书。陈章武后来坚持不懈地落实着赵家和捐资助学的高尚事业。

2012年2月，甘肃兴华青少年助学基金会成立。在赵家和心中，"兴华"既与自己生于斯、长于斯、工作和奉献于斯的"清华"音近，也是取其"振兴中华"之意。

2012年7月22日，赵家和老师不幸离开了我们。为了支持祖国医学事业的发展，他生前在亲属的理解和支持下，办理了遗体捐赠手续，逝世后，遗体捐赠北京协和医院。

赵家和老师逝世后，他捐资助学的故事逐渐为人们所知。中央和地方很多媒体先后报道了他的事迹。《光明日报》在2016年7月连续三天刊发长篇文章，弘扬赵家和的"雪中炭火"精神。

赵家和身上体现许多值得我们学习的优秀品质。经管学院党委在2012年9月17日发出的学习赵家和崇高精神的决定中，高度评价赵家和精神，指出他忧国忧民、艰苦奋斗，严于律己、关爱他人，默默耕耘、甘当人梯，体现了一个好师长、好领导的治学态度和长者风范。他感念民生、奉献社会，关爱未来、情系教育的义德大爱，是一种宝贵的精神财富。他身上充分体现了清华人"自强不息，厚德载物"和"爱国奉献，追求卓越"的精神，体现了"学高为师、德高为范"的崇高风范，体现了全心全意为人民服务的共产党员优秀品格。

清华大学党委在2015年7月《关于开展向赵家和同志学习活动的决定》中说，赵家和用一个个实际行动书写了共产党员可歌可泣的感人事迹，指出要弘扬和继承赵家和忠诚事业、全心为民的坚定党性和无私奉献、大爱无疆的高尚品质。

当前，"两学一做"活动正在开展，经管学院的文化建设正在进行。赵家和的事迹和精神是每位党员学习和对照的典范，传承赵家和的精神也是经管学院文化建设的一个重要组成部分。优秀共产党员赵家和事迹展览开展后，学院全体师生员工要通过参观学习赵家和的先进事迹，向优秀看齐，共同践行学院使命，创造美好未来！

2016年9月9日

高建，清华大学经济管理学院教授，曾任经管学院副院长、党委书记。

2016年9月9日揭幕仪式。

2016年揭幕仪式揭幕后的合影（左起：金富军，钱颖一，高建，吴嘉真，赵强，陈章武）。

展览背后的故事

■ 兰荣伟

2016年,是赵家和老师捐资助学十周年,中共清华大学经济管理学院委员会和清华大学经济管理学院联合清华大学校史馆、清华大学档案馆,共同举办了赵家和老师事迹展,向大家介绍赵老师平凡一生中的感人故事,弘扬他的崇高精神。

展览计划在9月9日展出,我接到筹备展览的任务是8月30日。时任学院党委书记高建老师告诉我,"要在教师节前举办赵家和老师的事迹展览,一共10天准备和制作的时间,明天一起去校史馆开一个碰头会,取取经"。9月1日的碰头会记忆犹新,当时我们围坐在校史馆的大厅,校史馆馆长兼档案馆馆长范宝龙老师说:"校史馆、档案馆全力支持经管学院共同办好这个展览!但我们举办一次20块展板的展览一般至少需要筹备三个月,这个展览目前最大的困难是时间紧,你们这两个小姑娘任务艰巨啊!"那时,我和吴姝来学院工作的时间都只有两年,对赵家和老师的事迹只是从以往的材料和陈章武老师的口述中了解一些,因此除了感觉时间非常紧迫之外,对能否很好地把握展览的主题和内容、圆满完成这项任务,心里也非常没有底儿。

深知这项任务意义重大,我和吴姝撸起袖子铆足劲儿,白天整理已有的文字和图片资料,从原来负责离退休教师工作的郭朝晖老师那里找来了很多珍贵的照片。我们三次去赵老师家中采访吴嘉真老师,了解到一些之前没有记载过的故事,找到了一些赵老师生前的物品。我们很多次去档案馆、校史馆查阅校史、院史和档案资料。时间紧,我就夜里写脚本,这样第二天一早就可以向高建老师汇报,白天再补充相应的资料。高老师从整体框架到文字细节,反复推敲给出建议,以确保不遗漏一个有价值的线索,不出现一处不精准的内容。

范宝龙馆长和校史馆安排负责本展览的责任编辑王向田老师,以及校史馆、档案馆的多位老师,给予了大力的帮助和支持,前后沟通的邮件达50多封。尤其范宝龙老师,为了不影响进度,在出差期间熬夜逐页逐字对脚本进行校订审核,升华润色。王向田老师对我们查找资料、撰写脚本给予了专业的指导和帮助,并全权负责与设计师对接。档案馆朱俊鹏、代红等老师接待我们查阅相关档案和图片，提供了大量的珍贵资料。

高建老师和范宝龙老师对展览内容可谓精益求精，仅展览标题就先后讨论了多次，考虑过"用毕生诠释大爱无疆——赵家和教授事迹展"等几种不同的题目，最后确定的是"'一位清华退休老教授'——优秀共产党员赵家和事迹展"，觉得这个题目最贴切。一是赵老师隐姓埋名，一直以"一位清华退休老教授"的名义捐资助学；二是一生工作生活在清华园的赵老师，他的精神代表了清华人的品格；三是赵老师是一位真正的优秀共产党员，并且就生活在我们身边。两位老师对很多具体内容的仔细推敲，后面附上的两封电子邮件可以充分体现。

我们和校史馆、档案馆的老师经过努力，终于在9月8日晚上完成了布展。9月9日下午，教师节的前一天，"'一位清华退休老教授'——优秀共产党员赵家和事迹展"在经管学院舜德楼大厅隆重举办了揭幕仪式。

展览正式展出后，校党委书记陈旭、校长邱勇及各院系、单位的师生先后前来参观。9月10日，赵老师的老伴吴嘉真老师悄悄来学院看展览，她看到我忍不住流了泪，她说："我昨天没能好好看，今天再仔仔细细看一遍。我很少在别人面前流泪，但这次看到了很多连我自己都没有见过的图片，很感动。"后来为了能让展览内容更长久地保存下来，也增强可读性，学院将展览内容进一步编辑，以画册的形式编印出来，对部分内容又作了一些修改充实，增加了师生观看展览的感想、留言等。

展览在学院展出近两个月后，移到校史馆专题展厅展出。在校史馆展出的内容，在近20块图文展板基础上，又增加了8个实物展柜，陈列了赵家和老师的学籍卡、成绩单、干部任命书、学术专著、指导的硕士论文、穿过的衣物、捐资助学调研笔记、协议书、捐款票据、受助学生写来的感谢信、精心绣制的鞋垫以及《光明日报》长篇系列通讯和评论等。展览以实物、照片、文字相结合的方式，更加生动地再现了赵家和老师教书育人、捐资助学的感人故事。此后，在校史馆的安排下，先后在电子系馆、六教、教师老年活动中心、学生紫荆公寓等多处巡回展出，在全校师生员工中产生了很好的影响。

参与筹备这个展览，是我人生中非常宝贵的经历。像很多参与兴华助学的人一样，我尽管与赵老师从未谋面，但通过展览的筹办，赵老师的感人事迹已经深深地刻在我的脑海中，感觉与赵老师已经很熟很熟……

兰荣伟，清华大学经济管理学院党委办公室副主任。

2016年9月9日揭幕仪式前（左起：兰荣伟，杨斌，吴嘉真，赵强）。

2016年9月14日清华大学党委书记陈旭（左二）观看展览（左三为范宝龙）。

清华大学校长邱勇（前排右二）观看展览。

第五章 回响 | 221

附：高建老师与范宝龙老师的两封邮件

高建老师致范宝龙老师的邮件：

昨天和钱颖一老师讨论赵家和父亲的法学系主任和无线电工程系名称的事情。我刚才查了一下，有以下信息：

1. 无线电工程系

清华大学无线电工程系建于1952年9月。其前身是1932年建立的电机工程系电讯组。1952年全国进行院系调整，将清华大学电机系电讯组与北京大学工学院电机系电讯组合并建立清华大学无线电工程系。1958年，李传信同志开始主持系的工作，后接任系主任。根据学科发展的需要，系更名为无线电电子学系。所以，在展览中，不同时期需要使用不同的名称，还不能统一。

2. 法律系

清华改为大学后，1929年根据大学组织法，正式设立法学院，院长为陈岱孙先生。当时采取大法学之理念，法学院下设政治、经济二系，法律学系因学校经费不充裕等原因暂缓设立。1932年，经教育部批准，法学院正式添设法律学系。此时由燕树棠先生主持系务。然而当时政府有"发展理工、限制文法"的教育政策，兼以日寇入侵庚款停付的财政危机，教育部迭令清华大学停止招收法律学系学生，系务遂于1934年中断，所有政治学系、经济学系学生所需要的法律课程，仍附设于政治学系内。在1938—1946年组成国立西南联合大学，三校共建法商学院，下设法律、政治、经济、商学四系，后社会系亦并入。法商院长先后为方显廷、陈序经和周炳琳先生，法律学系由燕树棠先生担任系主任、政治学系由张奚若先生担任系主任。好像一直没有法律系，使用的是法律学系。系主任是否也需要再考证一下。

范宝龙老师回复高建老师的邮件：

对于两个系的系名演变，我大体是知道的，但不如你考证的这么详细具体。

1. 之所以在审阅脚本时，把原来的"无线电工程系"删改为"无线电系"，是为了使用简称，而不是错误地使用了后来无线电系的名字（正如你所说，其实后来的全称是"无线电电子学系"，"无线电系"也是简称）。脚本中提到赵家和1951年考入"电机系"也是简称，当时叫"电机工程系"，现在叫"电机工程与应用电子技术系"。"法律系"也是当时的"法律学系"的一种简称（省略掉"学"字），就好像我们的许多"××工程系"简称时省略掉"工程"二字（如"机械工程系"简称为"机械系"）、"国际关系学系"简称为"国关系"一样。在小型专题展览中，为了简洁明了，一般凡大家熟悉的名称，都使用简称，而不用全称。尤其是一些前后改变过全称、但实际上仍是原来同一个实体的情形，如果展览本身并非特意为了展示这种历史演变，则更是使用简称，以使一般观众便于理解。就像这个展览中，赵家和大学学习时是"无线电工程系"，后来工作期间改名为"无线电电子学系"，但实际上仍是同一个系。这种情况下，由于咱们这个展览并非为了展示无线电系发展的历史，就最好使用简称，使得一般观众看后知道他是先后在同一个系学习、工作。（如是无线电系系史展览，当然在展示这种变化时就要写清楚前后变化）因此，在我们这个展览中，除了封面主办单位用了全称外，内容中几乎都是用的简称。尤其是几次讲到赵家和"先后在无线电系、电教中心、科研处、经管学院工作"，其中"电教中心、科研处、经管学院"也均是简称（如果全称就要说"电化教育中心、科学研究处、经济管理学院"，太啰唆了），按照规范，与它们并列的"无线电系"还必须用简称。以上就是用"无线电系""法律系"的缘由，是展览的惯例和规范要求所致。

2. 关于赵家和老师的父亲赵凤喈的职务。我们展览中是这样表述的："自1933年起任教于清华，曾任清华大学、西南联合大学教授、法律系主任，清华研究院法科研究所政治学部主任等。"不知道你注意到没有，我在无锡出差期间审阅她们初步设计好的版面时，特意把"西南联合大学教授"与"法律系主任"之间原来用的逗号，改为了顿号。这一修改为了表明，他分别在清华和西南联大，都担任过教授和法律系主任职务。此外，还担任过清华研究院（这个不包含西南联大了）法科所主任。这段的史事资料，是来源于法学院官网"清华法学一百年"专栏中"赵凤喈"的生平介绍。

清华退休教授在甘成立助学基金会*
冯健身出席成立大会

■ 白德斌

今天下午,一位身患癌症躺在病床上的清华大学退休老教授,在离他千里之外的兰州完成了一生最大的心愿——甘肃兴华青少年助学基金会正式成立。

虽然老教授千叮咛万嘱咐不透露他的名字,但他的大爱之情已然传递到陇原大地。老教授委托人、清华大学教授陈章武说:"他一生省吃俭用,现在一家人过着普通生活。因为在退休后应其学生邀请受聘多家企事业单位继续工作,逐渐有了一些积蓄,后经学生们投资运行,最终有了1500多万元资金。老教授决定将这些钱全部捐给贫困学生,帮助他们顺利完成学业,这也是他的一个心愿。"

为了把每一分钱真正花在贫困学生身上,老教授委托陈章武帮助他完成捐资助学愿望。去年,陈章武教授来到我省实地考察,被学生在贫困的条件下勤奋学习的精神所感动,在和老教授商量后,先确定捐助400名生活贫困、品学兼优的高中生,每人每年资助2000元,直至高中毕业,并决定在甘肃成立青少年助学基金会,将这一爱心事业不断延续下去,帮助更多的贫困孩子完成学业。

基金会成立大会上,省政协主席冯健身,省委常委、省委宣传部部长连辑,以及柯茂盛等对基金会的成立表示祝贺,对老教授表示衷心的感谢和崇高的敬意。

连辑说,老教授选择用毕生积蓄来资助贫困学生,令人深深感佩。他为国分忧、为民解困,感念民生、奉献社会、关爱未来的义德大爱,更是一种宝贵的精神财富。

连辑要求,各地各有关部门要全力以赴支持助学基金会的发展,履行好管理、服务等职能,及时帮助基金会协调解决遇到的问题和困难,为基金会的运行、开

---

* 载于2012年2月18日《甘肃日报》。

展扶贫济困工作创造良好的环境。同时，希望基金会按照公开、透明、规范的原则，吸引社会各界加入这项爱心事业，不断壮大基金会的资助力量，为更多的贫困学生提供帮助，成为我省慈善事业的榜样。

基金会第一届理事会同时成立，选举产生了理事长、副理事长、秘书长，通过了基金会章程和标志。

老教授1500万资助西部贫困学子*

■ 郭 涛

"今天参加老教授的追思会,我才知道自己这一年来的资助,是他老人家的大爱之举帮我完成了高中学业,让我顺利考入了四川大学。"说到这里,这名来自青海东都一中的女孩韩睿已泣不成声。这位胸怀博爱的退休老教授——赵家和,将一生的1500万元积蓄用于资助贫困学子,生前不让媒体提及他的名字。

基金会每年资助的学生总数超过1000人

2012年2月16日下午,一位身患癌症躺在病床上的清华大学退休老教授,在离他千里之外的兰州完成了一生最大的心愿——甘肃兴华青少年助学基金会正式成立。其实,该基金会在成立前,这位老教授就已经在白银实验中学设立了"新同方班",对该班的学生进行资助。继资助白银实验中学"新同方班"后,正在筹建的基金会又和平凉的庄浪一中、灵台一中,庆阳的镇原三岔中学、华池一中以及青海东都一中五所中学签订了兴华捐资助学协议。协议规定,每所学校每年资助100名家境贫困的高中在校生,每人每年资助2000元。甘肃兴华青少年助学基金会成立后,从2012年秋季开始又将增加镇原县孟坝中学、合水县一中、庆城县陇东中学、环县一中4所中学。基金会每年资助的学生总数超过1000人,资助金额超过200万元。

老教授用毕生积蓄资助西部地区贫困学生

老教授的委托人、清华大学教授、原清华大学经济管理学院党委书记陈章武动情地说:"虽然他已离我们而去,但他用毕生积蓄资助西部地区贫困学生的大爱温暖着陇原大地,我们永远怀念他!"

今年7月22日17时35分,老教授在清华大学校医院逝世,享年78岁。陈章武说2006年在清华校友们的帮助下,老教授在全国范围内资助家境贫寒的高中

* 载于2012年8月22日《西部商报》。

学子，3年间共资助1000多名学生，每人每年得到2000元助学金。2009年经过实地考察，老教授在白银市实验中学设立了第一个系统助学的试验点，到2010年12月底资助学生近1000人次，资助金额210余万元。

各界缅怀传承老教授的义德大爱

兴华青少年助学基金会秘书长白瑞刚告诉记者，今年参加高考的受助于兴华基金会的学生共计207人，其中一本上线118人，占高考受助学生总数的57%。来自青海东都一中的女孩子韩睿，华池一中的王志强等都是受老教授资助的贫困学子。王志强告诉记者，是老教授的博爱之举让他完成了高中学业，他会在以后的学习和生活中传承老人的这种博爱精神。

团省委副书记李西新在老教授追思会说："作为基金会的主管单位，我们将会为该基金会的正常运转做好服务工作，传承老教授的义德大爱，帮助更多的贫困学子完成学业。"

1500万元助学　退休教授身后"埋名"*

■ 卢　漫　　李　媛

今年2月16日，甘肃兴华青少年助学基金会成立。而5个月之后，基金会的创始人"清华退休老教授"因癌症离世。他将毕生约1500万元积蓄全部捐出支持贫困地区学生读书。

8月21日，从甘肃各地赶来的受助贫困学子参加了恩人的追思会，这第一次"见面"让他们无不泪下。

自称"退休的老教授"

作为甘肃兴华青少年助学基金会发起人，不能在媒体面前提及他的名字，而用"退休的老教授"相称，这是这位老人生前一再坚持的。

为师者，毕生所倾心的就是教育。2006年起，老教授用自己的积蓄，在大连、甘肃、江西、湖北及北京等地的贫困地区，资助那些品学兼优、家境贫困的高中生完成学业。

"他希望这笔钱，能提供'雪中送炭'的帮助。"清华退休教授、现甘肃兴华青少年助学基金会理事长陈章武说。

家人、学生及相关部门，都给了老教授许多支持。2009年起，他和学生在甘肃省白银市白银实验中学创建了"新同方班"。至2010年12月底，先后累计资助学生近千人次，资助金额超过200万元。

为使资助能更持续、有效，同时使更多爱心人士参与其中，2009年，老教授决定捐出所有积蓄成立一个非公募助学基金会。同1年，他被确诊为癌症。在他人生的最后几年，他累计捐出1500万元用于助学活动。

病中心系助学基金会

2011年，老教授病情恶化仍牵挂着基金会，甘肃的清华校友闻讯，热情邀请

---

* 载于2012年8月24日《新京报》。

筹划中的基金会设在甘肃,"甘肃在西部,助学需求很迫切。"受到老教授委托,陈章武前往陇东部分贫困市县做调研。

同年7月,正在筹建的甘肃兴华青少年助学基金会又与5所中学签订了资助协议,这些学校每年有100名家庭贫困的高中在校生,每人可得到2000元资助。

今年2月16日,甘肃兴华青少年助学基金会在兰州成立,远在北京,躺在病床上的老教授心愿了却。

今年资助学生将超千人

7月22日,78岁老教授因病去世。"每一笔钱都用在贫困学生身上",是他的遗愿。而根据老教授的遗嘱,他的遗体捐献用于医学研究。

陈章武说,基金会成立后,又收到13笔共计近60万元善款,"能有更多爱心人士参与进来,一起帮助贫困孩子,这是基金会努力的方向。"

甘肃兴华青少年助学基金会秘书长白瑞刚表示,从今年秋季开始,又增加了4所中学作为资助学校,待秋季开学后,兴华助学基金会每年资助的学生总数将超过1000人,资助总额每年超过200万元。

■ 逝者

泰斗级人物　自行车出行

老教授对名利的淡泊,认识他的人都有体会。

老教授在他所在的学科领域,被称为"开创式的泰斗级人物"。但退休前,他并无多少积蓄。

1998年,退休后的老教授在国内外一些学术机构讲学,并在一些著名的公司兼任顾问、咨询,开始有了点积蓄。

"这钱给你拿去练手吧。"老教授将这些积蓄交给刚刚投身投资管理行业的学生。在学生管理下,这笔钱成倍增值。

"反正这钱不是我的,就捐出去吧,用在更需要的地方。"而老教授却仍住在学校的老教师楼,自行车是他的日常出行工具。

老教授的一名学生,在悼念他的文章中追忆,毕业多年的学生向他咨询问题,老教授都会主动乘坐公交车,亲自到学生的公司解答,从不要报酬,甚至不肯留下吃顿饭。"不管多么的天寒地冻,他总是在你们相约的时间到来之前,穿着他那多年如一的旧旧的面罩衣,骑着那辆旧旧的自行车如约而来。"

心系寒门学子　隐姓埋名奉献*

——"清华退休老教授"赵家和捐资助学的故事

■ 赵姝婧

《新清华》2012 年 9 月 28 日。

---

* 载于2012年9月28日《新清华》。

赵家和默默耕耘，为他挚爱的教育事业奉献了一生。

2012年8月21日，一场特殊的追思会在甘肃兰州举行。来自甘肃、青海贫困地区十余所学校的师生代表风尘仆仆，走过百折绵延的山路，从数百公里外赶到追思会现场。他们共同追思的这个人，是他们心心念念的"恩人"——一位"清华退休老教授"。多年来，他倾囊相助，用自己无私的爱心照亮了无数寒门子弟的求学之路。可是直到这一天，他们才终于见到了"恩人"的容貌，才第一次得知了"清华退休老教授"的确切身份——已故的清华大学经济管理学院教授赵家和。

这姗姗来迟的第一次"见面"，让受助学生们无不潸然泪下。

耄耋之年，重病缠身，却用毕生的积蓄来资助西部地区的贫困学生。赵家和从一开始，只使用"兴华助学"的名义和"退休老教授"的称号，坚决谢绝所有媒体的采访要求。他就这样隐姓埋名，默默奉献直至生命的最后一刻。7月22日，赵家和溘然长逝，他的遗愿是："每一笔钱都要用在贫困学生身上。"

为民解困　一生情牵贫困学子

为师者，毕生倾心是教育。"长久以来，赵老师一直在关注贫困地区高中生的读书问题。我国的小学和初中都属于义务教育阶段，国家有大量的资金投入，家长也有义务保障孩子的学业。而高中阶段的贫寒学子最容易被忽略，也最容易失学。因此，赵老师将资助对象确定为高中阶段的学生。"赵家和生前挚友、我校经管学院经济系教授陈章武恳切地说，"资助的孩子不一定是学习成绩最好的，但一定是上进积极的。"从2006年起，赵家和隐姓埋名，开始了对贫困孩子的捐资助学。

初期，赵家和通过与清华校友、深圳市新同方投资管理有限公司董事长刘迅以及中国教育电视台的合作，在江西、湖北、甘肃、北京、大连等地陆续开展了捐资活动。赵家和的善举深深感动了新同方公司的全体员工，"捐资助学"成了新同方公司企业文化的重要组成部分。从2009年开始，赵家和与校友们在甘肃白银市白银实验中学以"兴华助学"的名义创建了"新同方班"，开始了长期的助学活动。

也就在2009年，赵家和被查出患了肺癌。他一面冷静地观察着自己的病情，和病魔作着顽强而乐观的斗争，同时继续关注着贫困孩子读书的问题。为了使更多的孩子获得学习机会，他做出了一个惊人的决定——为孩子们捐出毕生的积蓄！同时，为了便于让更多的有社会责任感的爱心人士参与到捐助活动中来，赵家和开始考虑成立一个非公募助学基金会。

2011年,赵家和的病情进一步恶化,他却时刻挂念着山区的孩子们。这一年恰逢清华大学百年校庆,甘肃的校友听到基金会筹备的消息后,热情邀请基金会到甘肃设立。考虑到甘肃省地处我国西部,省内有几乎一半的百姓是贫困人口,孩子读书的需求更加迫切,2011年5月中旬,陈章武受赵家和委托,到陇东部分贫困市县开展了深入调查。经走访后发现,甘肃一些贫困县乡的高中生面临读书难题,非常需要社会的帮助。于是,赵家和委托陈章武等几位发起人正式向甘肃省民政厅申请注册成立甘肃兴华青少年助学基金会,并敦请甘肃省团委担当甘肃兴华青少年助学基金会的主管单位。

在基金会获得最终核准前,为了使甘肃贫困高中生能及时获得资助,防止其辍学,2011年7月,赵家和委托陈章武先以甘肃兴华青少年助学基金会筹备会的名义,与甘肃平凉庄浪一中、平凉灵台一中、庆阳镇原三岔中学、庆阳华池一中以及青海乐都一中等五所中学签订了"兴华捐资助学临时协议"。根据协议,兴华青少年助学基金会协助每所学校每年资助100名家境贫困的高中生,每人每年资助金额为2000元人民币。

2012年2月,在甘肃省委领导的大力支持下,甘肃兴华青少年助学基金会在兰州正式成立。基金会成立后,将从秋季开始增加镇原县孟坝中学、合水县第一中学、环县第一中学、镇原第二中学等四所中学的高中贫困学生,扩大了捐资助学的范围。

就在基金会成立后不久,赵家和教授带着对贫困孩子的无限牵挂,带着对教育事业的无限眷恋,永远地离开了我们。

厚德载物　凝聚清华精神血脉

赵家和教授从开展捐资助学活动起,从未使用过自己的真实姓名,而是以"兴华助学"的名义帮助贫困孩子。这固然是为了激励寒门学子为振兴中华发奋努力,也是通过字音与"清华"相联系,以此将清华精神延续下去。

在申请成立甘肃兴华青少年助学基金会的过程中,身患重病的赵家和教授反复强调,在基金会的名称和章程中都一定不要出现他的名字,他和家人今后也不在基金会担任任何名誉或实质性的职务。基金会成立当天,赵老师在病床上再次给全体理事打电话,严肃地提出两点要求:一是不要宣传他个人,也不要向媒体透露他的姓名;二是不要从兰州给他带回任何礼物。当时,关于基金会成立的新闻稿已经拟好,与赵家和再三协调沟通之后,他才勉强答应使用"清华退休老教授"的称号。

后来,《甘肃日报》上关于基金会成立的报道中写道:"一位身患癌症躺在病床上的清华大学退休老教授，在离他千里之外的兰州完成了一生最大的心愿：甘肃兴华青少年助学基金会正式成立。"陈章武教授回忆，赵老师曾因为这个表述当面批评他没有经验，"赵老师对我说，不要提身患癌症，也不要说是清华的一位退休教授，而应该说是清华的'一些退休教授'。此后，赵老师也一直坚决谢绝多家新闻媒体采访的要求。他如此认真地对待每一个细节，他厚德载物、求真务实的清华血脉，永远永远值得我铭记……"陈章武教授哽咽着回忆道。虽然赵老师从未透露过自己的名字，但他高尚的奉献精神早已传遍了整个陇原大地。

大爱无疆　感召传承奉献精神

赵家和教授的无声大爱，感召呼唤了更多的清华人加入这场爱心行动：陈章武教授，在赵老师的身体每况愈下时，义无反顾地继承了他的事业，开始筹备运营甘肃兴华青少年助学基金会的成立；刘迅，深圳新同方投资管理公司董事长，曾是赵家和教授的学生，在创业之初受到老师的大力支持和帮助，在公司成功运营之后全力加盟这一公益助学的行列；李俊，兰州友信置业有限公司董事长，清华校友，得知要在甘肃设立助学基金会的消息，第一时间作出响应；清华大学又一名校友，自告奋勇、一直默默地为基金会建设网站……7月22日下午5时35分，赵家和教授溘然长逝。没有花圈簇拥的场景，也没有白菊黑纱的仪式，他就这样静静地离去了。遵照赵家和教授生前遗愿，遗体捐献用于医学研究，不安排任何遗体告别仪式。就这样，他没有带走任何东西，而是倾其所有，为山区的孩子们留下了曙光照映的未来，为人们留下了最高尚纯洁的精神境界。

此刻，远在千里之外的甘肃白银市实验中学高三年级新同方班创造了该校一个新的高考奇迹：全班考生最高分677分，最低分454分，43名考生的二本上线率为97.67%，一本上线率高达88.37%！

"高中三年以来，我受到了很多爱心资助，我珍惜这些来之不易的帮助。但我们在精神上得到的鼓励和温暖更多，这是无法用语言表达的……"作为新同方班的受助学生之一，李腾至今也不知道资助人是谁，但他深深铭记着一定要把无私奉献的精神传承下去。

基金会成立后，至今收到18笔共计近80万元善款，"能有更多爱心人士参与进来，继续传承赵老师的精神，一起帮助贫困孩子，这是基金会坚持努力的方向。"陈章武说。同时，从今年秋季开始，基金会又增加了4所中学作为资助学校。秋季开学后，兴华助学基金会每年资助的学生总数将超过1000人，资助总额每年超过200万元。

赵家和教授把自己的一切都献给了学生、献给了教育事业，但他自己却生活得非常清寒。赵家和老师的一名学生在悼念恩师的文章中，为我们描绘了这样一幅感人的画面："学生毕业后向赵老师咨询问题，无论多么天寒地冻，他总是穿着那多年如一的、旧旧的棉罩衣，骑着那辆旧旧的自行车，亲自到学生的公司解答，从不要报酬，甚至不肯留下吃顿饭……"

斯人已逝，精神永存，赵家和教授的义德大爱点亮了许多贫寒学子未来的梦想。他的一生是平凡的一生，更是为教育事业倾其所有的传奇一生。虽然他隐姓埋名，默默奉献，却早已在人们心中树起了一座丰碑。

清华学子访甘肃受助学校：老教授捐出毕生积蓄*

■ 郭颂霞

"怎么复习才能在高考中考出好成绩？""大学生活应该怎样度过？"2014年7月22日，在甘肃省庆阳市合水一中的课堂上，来自清华大学经济管理学院的学生们耐心地回答了高中生们的问题，让这些地处革命老区的学生受益良多。

这是由甘肃兴华青少年助学基金会组织的"兴华助学甘肃行"活动的一个重要环节。从2012年开始，甘肃兴华青少年助学基金会与合水一中签订了协议，每年资助该校100名高中学生完成高中学业。

2013年，该校共有31名受助学生升入了大学，今年有8名受助学生高考分数超过了本科录取线。考虑到除了经济上的帮助，面临高考的学生和即将进入大学的学生还需要其他形式的帮助。这个暑假，两名已经毕业多年并已创业成功的校友带领着8名清华大学经管学院的学生来到了合水，用实际行动为当地的高中生们送去了关怀。

活动当天正是基金会的创始人赵家和教授逝世2周年的日子。赵家和教授曾任清华大学经济管理学院副院长，他生前发起成立了甘肃兴华青少年助学基金会，将自己的毕生积蓄全部捐出，用于支持西部贫困地区高中阶段的教育。目前在甘肃、青海两省已有超过1000名贫困学生因此受益。

带队的清华大学校友郑培敏曾是赵家和老师亲自指导的硕士研究生。他告诉记者，他们希望以这种方式来缅怀这位为祖国教育事业鞠躬尽瘁的杰出金融教育家。

---

* 载于2014年7月28日人民网。

兴华助学：清华教授的陇原情*

■ 李欣瑶

有这样一位老教授，他身居清华园，却情系黄土高原；自己生活节俭，却对家庭贫困的学生倾囊相助。

起初，他不愿透露姓名，受助的孩子们只知道他是一位清华大学的退休教授。

晚年时，他身患癌症，为了让捐资助学继续下去，他捐出了一生共1500万元的积蓄，成立了甘肃兴华青少年助学基金会。

基金会成立后，他拒绝用自己的名字命名，而是取名"兴华"，鼓励孩子们为振兴中华而读书。

这位老教授名叫赵家和，是我国著名的金融学家，他在退休前担任清华大学经济管理学院常务副院长。

节俭的老教授

在家人和同事眼中，赵家和生活简朴，对自己和家人可以算得上吝啬。有记者曾经去过他在北京的家，"赵老师的家非常普通，家具摆设就像我们的爷爷奶奶家那样老旧"，这是到访记者的描述。

赵家和的同事、清华大学教授陈章武说："赵老师一生辛劳，生活简朴。1998年他退休后，在国内外一些学术机构讲学，到一些著名公司兼职担任顾问，那时才开始有了一些积蓄。"

就算是这样，赵家和教授对自己仍然很吝啬。退休后，他经常应邀去世界各地讲课，但是他的衣服来来回回就是以前那几件。他的妻子说，2000年之后，赵家和就再也没有买过新衣服。

陈章武是赵家和多年的朋友，他说："赵老师的这些积蓄，舍不得自己用，也没有给子女。2006年时，他开始考虑用这些钱来帮助家庭贫困、品学兼优的学生完成学业。"

---

* 载于2014年11月26日《甘肃日报》。

对于资助对象，赵家和想了又想。陈章武回忆说，赵老师认为我国的小学和初中都属于义务教育阶段，国家有大量资金投入，家长也有义务保障孩子的学业。而高中阶段的贫寒学子最容易被忽略，也最容易失学。因此，他将资助对象确定为高中阶段的学生。

"资助的孩子不一定是学习成绩最好的，但一定是上进积极的。"这是赵家和对所资助孩子的要求。

2006年，赵家和义无反顾地走上了自己的捐资助学之路。

倾囊相助寒门学子

最初开始助学，赵家和隐姓埋名，在清华大学校友、深圳市新同方投资管理有限公司董事长刘迅的帮助下，通过中国教育电视台，在江西、湖北、甘肃、北京、大连等地寻找贫困高中生，并对他们进行资助。

2009年，赵家和与清华大学的校友们在我省白银市白银实验中学以"兴华助学"的名义创建了"新同方班"，从此开始了长期的助学活动。

"新同方班"仿照"宏志班"的形式设置，赵家和连续三年给孩子们提供资助，每年资助每名孩子3000元。"兴华助学"还与学生开展双向交流，并带着孩子们到北京参观学习，开阔视野。

在这所学校里，"新同方班"是一个让人羡慕的集体，这里学习氛围浓厚，孩子们积极上进，这个班级的助学经历也为"兴华助学"的运作积累了经验。

2009年，赵家和在一次体检时，发现自己身患肺癌。查出自己患病之后，赵家和的治疗花销很大，但是他所做的决定让大家很吃惊：捐资助学的钱专款专用，不用来治病。

也就是从这时开始，他决定捐出自己的全部积蓄用于助学，并开始酝酿成立基金会。

2011年，赵家和的病情进一步恶化，他却时刻挂念着需要帮助的孩子们。这一年恰逢清华大学百年校庆，甘肃的校友们听到基金会筹备的消息后，热情邀请来甘肃设立基金会。

这一年5月，受赵家和委托，陈章武来到了甘肃，在我省陇东地区的部分贫困县进行了深入调研。经过走访，他们发现这些地区的一些高中学生因家庭经济困难，使得学业陷入困境。赵家和在得知这一情况后，委托陈章武等几位发起人正式向甘肃省民政厅申请注册成立甘肃兴华青少年助学基金会。

2012年2月，甘肃兴华青少年助学基金会在兰州正式成立。基金会成立后，镇原县孟坝中学、合水县第一中学、环县第一中学、镇原县第二中学等高中的贫困学生被拥入了"兴华"大家庭的怀抱。

为了这个基金会,赵家和将所有的积蓄全部用来基金会的运作。身患重病的他反复强调,在基金会的名称和章程中一定不能出现自己的名字,他和家人今后也不在基金会担任任何名誉或实质性的职务。

然而,基金会仅仅成立5个月之后,赵家和就带着对孩子们的无限牵挂,带着对教育事业的无限眷恋,永远地离开了这个世界。

"兴华助学"的爱心接力

赵家和离开后,他的友人还有清华大学的部分校友追随着他的脚步,纷纷加入了"兴华助学"的行列。

陈章武现在是基金会的理事长,已经退休的他依然十分忙碌。与受助学校、学生沟通,打理基金会日常事务,他在帮老友实现未完成的心愿,其实这个心愿早已变成了他自己的心愿。

李俊,兰州友信置业有限公司董事长,也是一名清华大学的校友。他和他的公司主动承担起了基金会的日常事务,联系学校、受助学生等琐碎的工作都由他们来完成。

截至目前,"兴华助学"已经开展了8年多时间,共为各地的寒门学子捐助爱心款项866万元。基金会成立近3年来,资助的学生数量稳步增长。目前共在甘肃、青海等地资助11所高中的贫困学生,每年资助的学生1000余人。

受资助的孩子们虽然与赵家和从未谋面,但是在孩子们心里,对"兴华助学"有一份特殊的感情。

就在不久前,兴华基金会收到了一封从西安交通大学寄来的信,寄信人张睿生曾是白银实验中学的一名学生,他正是在兴华基金会的资助下完成了高中学业。他在信中这样写道:转眼间,高考已过去了5个月,此刻的我,正坐在书桌前,回忆着高中三年的时光。那三年,我收获了友谊、知识,更重要的是我得到了来自兴华基金会的帮助,让我能够在追梦的路上坚定不移地前行。

2011年,张睿生刚刚踏入高中校门,可是学费却成了最大的问题。正当他在为父母的辛劳内疚时,经过学校层层筛选,他成为兴华基金会的资助对象。他从学姐的口中听到了赵家和教授的名字,知道了赵老师倾其所有,资助了很多像自己一样的高中生。在赵家和生命接近尾声时,他托基金会的工作人员带来了一只录音笔,想听听孩子们的声音。张睿生至今还记得当时的情景,"赵老师不让我们说感谢的话,只说说自己的情况,可是我们怎能不感激。正是有了他,才让我们有了放下负担,安心学习的机会。"

今年高考，张睿生以639分的成绩考入了西安交通大学。而在白银实验中学，近4年来，受到兴华基金会资助的学生，每年高考的二本上线率都是100%，一本上线率也都在90%以上，有的学生也走进了赵老师曾经学习、工作过的清华园。

镇原县三岔中学自2011年接受兴华基金会的资助以来，共有400名寒门学子领到了助学金。到目前，已有97名学生顺利完成了高中学业，其中82名学生考入了二本以上院校。

赵家和的付出换来的是孩子们发奋学习的回报。基金会成立以来，共有891名受助学生参加高考，一本上线率超过50%，二本上线率近80%。

赵家和的无声大爱，让越来越多的人加入了这场爱心行动。"到目前为止，我们的基金会已经收到来自各界的爱心捐款329万余元。"陈章武说，"每笔爱心捐款都来之不易，我们将不忘赵老师的嘱托，将兴华助学继续下去，为更多寒门学子提供帮助。"

清华爷爷智心仁爱助学筑梦*
——清华大学已故教授赵家和的爱心故事

■ 王巧灵　张明祥

他的一生都在教育的轨迹里。退休前,他是清华大学的教授;退休后,他是那些接受资助的西部贫困地区孩子眼里的"清华爷爷"。在我省,他是甘肃兴华青少年助学基金会的倡导和发起者,他把一生积蓄全部捐赠用来帮助那些寒门学子。如此高调的行为,却不愿对个人进行任何方式的宣传。不久前,在甘肃兴华青少年助学基金会的一次发放仪式上,受助学生终于知道"清华爷爷"的姓名——清华大学经管学院退休老教授赵家和。只是,他们将无法对他说感谢了,因为他已经离开学生们两年了。

寒门学子被逆转的命运

三年前的9月,从镇原县中原乡中学初三毕业的何丽琼以优异的中考成绩,被新建成的镇原县第二中学录取。然而,面对崭新的校园生活,再看到爸爸因腿疾无法劳动和同在高三的哥哥,家中已经没有更多的钱来支持他们兄妹上学,年幼的何丽琼陷入极大的痛苦之中。

镇原县孟坝中学高三·四班学生时亚娟,是镇原县庙渠乡孙寨行政村时河自然村人。时亚娟幼年丧父,母亲一人无法维持生计,后改嫁远方,杳无音讯。哥哥负担了全部家务,抚养两个妹妹和病中的老奶奶。亚娟上初中时,到了谈婚论嫁年龄的哥哥做了上门女婿,无法全面照顾妹妹及奶奶。为了亚娟能够继续读书,亚娟的13岁妹妹时巧娟主动放弃学业,担负起照顾奶奶、料理家务的重担。

冯婷婷是合水一中高二年级学生。母亲在她上初二时去世,家里的所有收入都来源于父亲,生活非常窘迫,还要供她和上初二的弟弟读书。由于学校离家很远,为了省下来回60元的车费,她每学期很少回家。

这一个个贫困家庭中的寒门学子都成了折翼的天使,想要飞,却怎么也飞不

---

* 载于2014年11月27日《兰州晚报》。

高！事实上，我国的小学和初中都属于义务教育阶段，国家有大量的资金投入，家长也有义务保障孩子的学业。而高中阶段的贫寒学子却最容易被忽略，也最容易失学。

在一位不知名的老教授和他的团队的帮助下，像何丽琼这样的贫困优秀学子有的顺利升入高中，有的不再面临辍学。而且，在老教授和他的团队真爱至善精神的感召下，他们都努力学习，何丽琼是老师们眼中明年冲击北大清华的好苗子！

隐姓埋名奉献感动甘肃

甘肃兴华青少年助学基金项目的发起者、创办人——清华大学退休老教授赵家和先生心系寒门学子，隐姓埋名将一生的积蓄总计约1500万元先后捐赠的事迹，直到甘肃兴华青少年助学基金会成立才被人所知。由于不愿对个人进行任何方式的宣传，人们只知道发起者是"一位清华大学退休老教授"。

甘肃兴华青少年助学基金会的理事长陈章武教授说，赵家和教授一生辛劳，生活简朴，工作时并没有多少积蓄。在1998年退休以后，赵教授继续发挥余热，在国内外的一些学术机构讲学，到一些著名公司兼职担任顾问咨询，才开始有了一点积蓄，又将这些积蓄投到投资管理公司理财后才有了显著增值。

从2006年起，赵家和就隐姓埋名，开始了对贫困孩子的捐资助学。从2009年开始，赵家和与校友们在甘肃白银市白银实验中学以"兴华助学"的名义创建了"新同方班"，开始了长期的助学活动。

也就在当年，赵家和教授被查出患了肺癌。他一方面冷静地观察着自己的病情，和病魔做着顽强而乐观的斗争，同时继续关注着贫困孩子读书的问题。为了使更多的孩子获得学习机会，他做出了一个惊人的决定——为孩子们捐出毕生的积蓄！同时，为了便于让更多的有社会责任感的爱心人士参与到捐助活动中来，赵家和开始考虑成立一个非公募助学基金会。

2011年，赵家和教授的病情进一步恶化，而他却时刻挂念着山区的孩子们。2011年5月中旬，他委托陈章武教授到陇东部分贫困市县，经调查走访后发现，甘肃一些贫困县乡的高中生面临读书难题，非常需要社会的帮助。于是，赵家和委托陈章武等几位发起人正式向甘肃省民政厅申请注册成立甘肃兴华青少年助学基金会。

2012年2月，甘肃兴华青少年助学基金会在兰州正式成立。然而，就在兴华基金会成立后不久，赵家和带着对贫困孩子的无限牵挂，带着对教育事业的无限眷恋，永远地离开了。他的遗愿是："每一笔钱都要用在贫困学生身上。"

落实项目传承大爱

继在白银实验中学资助"新同方班"后,为了使高中贫困家庭学生能够及时获得资助,防止辍学,2011年7月,甘肃省兴华青少年助学基金会(筹)又和甘肃平凉庄浪一中、平凉灵台一中、庆阳镇原三岔中学、庆阳华池一中以及青海乐都一中五所中学签订了"兴华捐资助学临时协议"。根据协议,兴华青少年助学基金会协助每所学校每年资助100名家境贫困的高中生,每人每年资助金额为2000元人民币。

基金会成立后,从2012年秋季开始又增加了镇原县孟坝中学、合水县第一中学、环县第一中学、镇原第二中学四所中学的高中贫困学生,扩大了捐资助学的范围。目前,基金会在甘肃、青海等地挑选家境贫困的上进高中学生,采取申请、调查、审核、告示、确认的公正透明程序共资助了11所高中,每人每年2000元,每年受助学生有1000余人。

这一所所受助学校的确定,在温暖了每个受助学生心灵的同时,也凝聚了甘肃兴华青少年助学基金会团队每个人的心血!捐资助学活动坚持雪中送炭的原则,都是选择贫困地区品学兼优、家境贫寒的高中学生作为资助对象。而在每确定一个学校作为受助单位前,年逾六旬的陈章武教授不顾山高沟深、环境恶劣,都要亲自到当地学校、受助学生家中走访,实地查看情况。

在记者几天的采访中,听到、看到最多的是对赵家和教授的怀念和对基金会的感激!每个学校都把兴华基金会来当地开展调研、发放助学金的照片整理成册,许多学生都写下了诚挚感人的怀念作文,写下了自己励志学习,不负希望,把爱传递的决心!

镇原二中学生何丽琼的父亲,在一份请人代写的感谢信中,这样来表达他对兴华基金会发起人赵家和教授的感激:"他用心良苦,通过自己爱惜人才的方式,向每一个受助学生传递着爱心接力棒。而这支接力棒,最重要的原则就是从简单的事做起:节约、助人、不图名、不图利。他不单单是爱人才,他还通过这种一传十、十传百的教化方式,来表达自己对国家、对民族的挚爱之情。"

镇原二中副校长欧建成深情地对记者说,兴华基金会在开展这项助学工作的过程中,不仅是物质上的帮扶,而且是从精神上通过言传身教,给予学生更多更大的启迪!从这一学期开始,镇原二中就开始通过举办"道德讲堂"来大力弘扬"善行义举",首先弘扬的,就是那位从未谋面、资助贫寒学子的赵家和教授的"炭火精神"。

情牵教育终不悔[*]
——追记清华大学教授赵家和（上）

■ 李欣瑶

2015年10月30日，北京。清华园里虽是阳光明媚，但难掩寒意。

在学校的一栋家属楼里，有一套再普通不过的住房。简单的装修，略显过时的家具，这里就是已故清华大学经济管理学院教授赵家和的家。

在餐厅的一面墙上，一个简单的陈列架上摆满了赵家和在世界各地讲学、参加会议时留下的纪念章和纪念品。

这位生在清华园，工作在清华园的老教授，一辈子都在这所大学里耕耘、收获。在同事和学生口中，他是多领域的顶尖人才；在家人和朋友眼里，他一生生活节俭，却在退休后倾其所有积蓄，无私地奉献给了祖国的教育事业。

隐姓埋名，捐资助学

2006年，是赵家和捐资助学"元年"。这一年，72岁的他开始从自己的积蓄中每年拿出一部分钱，为贫困学生提供帮助。

也就是从这一年开始，赵家和开始和甘肃的贫困学生有了"交集"，但这个"交集"仅限于他知道学生的姓名并提供资助，学生并不知道他是谁。

不透露自己的姓名，不干涉受资助学生的生活，这是赵家和最初就给自己定下的原则。这笔钱，从遥远的清华大学源源不断地送到了甘肃贫困学生的手中，同时接受资助的，还有江西、湖北、北京、大连等地的学生。

2009年，赵家和的捐助方式开始发生变化，从白银市实验中学"新同方班"建立开始，他的捐助范围逐渐从全国多地向甘肃这个西部欠发达省份聚拢。

在捐资助学过程中，一个想法在他心中越来越明确、越来越强烈：那就是用自己的积蓄建立一个基金会，让助学行为更加长久和规范。

2012年初，由赵家和教授捐资建立的甘肃兴华青少年助学基金会在甘肃成立。

---

[*] 载于2015年11月7日《甘肃日报》。

华池一中、环县一中、合水一中、镇原二中等我省 10 所高中共 1000 多名优秀寒门学子成为赵家和教授的资助对象。

这时，孩子们依然不知道是谁为自己提供了帮助，从基金会工作人员的口中，他们只知道撑起自己求学梦的是一位"清华的退休老教授"。

每年，基金会都为每个学生提供 2000 元的资助。这笔钱，对城市的孩子来说也许并不算什么，但是对于贫困家庭来说，2000 元可以解决一个高中生一年的学费，可以为寄宿学生简单的伙食中增加一些有营养的食物，可以为冲刺高考的学生增添一些必要的辅导书。

一名受到资助的学生在给基金会的信中这样写道：这笔助学金帮了我的大忙，我可以用它来买学习资料，多做一些题，在学校的伙食也比从前好多了。以前，我每次都会带一周的干粮，周三以后，馒头会变得又硬又干。而现在，我只需带 3 天的干粮，剩下两天可以在学校食堂买饭吃，这样就再也不用啃干馒头了。

正是这些让人看起来既心酸又温暖的话，支撑着赵家和和基金会工作人员把"雪中送炭"作为捐资助学的基本原则。

2012 年 7 月，就在基金会工作刚刚步入正轨时，赵家和老师由于病情恶化在北京去世。但让他无憾的是，他将自己 1500 余万元的积蓄和基金会一起托付给了一群和自己有着同样情怀的人。

从这时开始，赵老师的故事才点点滴滴从工作人员的口中流出，孩子们终于知道了这位给自己梦想插上翅膀的人是谁，他又是一个怎样的人。

出生清华，献身教育

1934 年，赵家和出生在清华园里，他的父亲是当时清华大学法学系主任，除去短暂的与父母跟随西南联大西迁至昆明之外，赵家和没有离开过清华园。

1951 年，赵家和考入清华大学无线电电子学系学习，大学期间，他获得了学习优良奖状，这是清华学生的殊荣。

毕业后，他留在了清华大学无线电电子学系任教。在同事眼中，他是清华大学不可多得的顶尖人才。

最初，赵家和从事的是自己本学科的教学工作，后来清华大学筹建电化教育中心，赵家和又开始从事电化教育以及计算机领域的研究。1985 年，年过半百的赵家和再次"转行"，调入经济管理学院，从事经济方面的研究工作。

他曾经的同事、原清华大学经管学院党委书记陈章武说："赵老师是干一行、爱一行，干一行、成一行。"

赵家和的三次"转行"，横跨文科、理科和工科，难能可贵的是，在每一个领域，他都是佼佼者。

有一次，赵家和被委派到美国选购一批计算机和先进仪器设备，来充实学校的科研和教学资源。除了具备计算机相关的专业知识外，赵家和的英语口语也是所有人中最好的。在这个团队中，他不仅是领队，更是全队的翻译和"主心骨"。

整个谈判过程异常艰苦，赵家和利用自己过硬的专业知识与外商不厌其烦地沟通、谈判、砍价，最终，他带回的计算机几乎是市场价格的一半。

1984年，清华大学经济管理学院成立，学校陆续从各个院系抽调骨干力量到经管学院工作。赵家和又进入了全新的领域，开始对国际金融、投资学、公司财务等领域开展研究。

在清华大学，赵家和教授开设的"微机原理与应用""电子企业经营管理""对外经济管理基础"等课程，不仅得到了学生的认可，在美国和香港讲学中也获得了很高的评价。

在学生何平眼里，赵老师是那种可以调动所有学生，让课堂"活"起来的老师。

1994年，赵家和曾为何平上过商务英语课，当时班里的同学，大部分都不敢开口讲英语。

赵家和用一口流利的英语为学生们授课，他营造的轻松的课堂氛围，让学生们都放下了羞涩，敢于把学到的英语说出来。一学期下来，何平和同学们能够开口用英语对话了。

1998年，赵家和从清华大学退休。美国的大学邀请他去做客座教授，他带着老伴一起去了美国。

两年后，赵家和又回到了北京，同时带回的还有自己20多万美元的积蓄，他把这笔钱交给了自己的学生做投资理财。

没有人知道，这笔钱会用来做什么，也没有人知道赵家和心里一直装着的那件事。

爱洒陇原山水间 *
——追记清华大学教授赵家和（下）

■ 李欣瑶

在赵家和家的客厅里，挂着一个大大的香包，这个香包来自千里之外的甘肃庆阳。

香包的背后，是这个家的主人与甘肃千丝万缕的联系。

已故的男主人一生节俭，却先后捐出了自己毕生的积蓄，用于帮助那里的孩子上学。

而这家的女主人，虽然与那些孩子从未谋面，但一直牵挂着他们。

生活节俭，倾囊捐赠

虽然赵家和已经去世3年多了，但是家里还是他离开时的样子：

一台"轰鸣"的计算机里留着赵家和生前的资料，包括所有受捐助孩子的名单；一个老旧的大衣柜里，放着赵家和穿过的衣服。

赵家和是国内计算机研究领域的专家，可是他的计算机恐怕在现代人家中已经很难找到。老伴和儿子留着这台计算机并且一直在用，噪音太大就塞个耳塞，他们说："还能用，舍不得换掉。"

一条蓝色尼龙裤赵家和穿了30多年还舍不得扔，一件洗得褪了色的短袖T恤衫还是别人穿过的衣服。

这位清华的老教授生活非常节俭，自行车是他最常用的交通工具，在学生的公司里担任顾问，他都是骑自行车去上班。

有一段时间，赵家和在深圳的一家公司担任顾问，每年都会在那里工作。在深圳，他舍不得住酒店，就租住在最简单的公寓里，自己带着铺盖被褥。工作结束后，他就把铺盖寄存在学生那里，再来时继续使用。

在美国讲学期间，美国高校为他开出的报酬还算丰厚，但是他每个月只给老

---

* 载于2015年11月8日《甘肃日报》。

伴100美元作为生活费。

这100美元，老伴需要精打细算才够全家的花销。他们吃的最多的是鸡腿，因为这是超市里最便宜的。只有在水果打折时，她偶尔才会买水果回家。

虽然对自己非常"抠门"，可是退休后，偶然的一次机会，赵家和老伴说起了想资助学生的事。

老伴当时说："我们可以建一所希望小学。"可言语不多的赵家和却说："现在钱还不够，再想想吧。"

其实，赵家和心中一直都在想，如何让自己手头的钱变多，发挥更大的作用。

在美国讲学、兼职赚来的20多万美元，赵家和自己舍不得花，而是交给了刚刚投身金融投资管理行业的学生刘迅，让他来投资理财。在刘迅的精心管理下，这笔钱成倍增值，赵家和也开始把自己的想法付诸行动。2006年，这笔钱开始每年定额捐给了一些贫困学生。

2009年，赵家和在一次体检中查出患有肺癌，这个消息对于一直帮助他理财的刘迅来说无疑是晴天霹雳。

刘迅当时还有一些"庆幸"，因为他知道，赵老师账户上的钱已经超过千万，这些钱用来治病应该绰绰有余。但是赵家和的决定却让大家吃惊：助学的钱专款专用，不能用来治病。

清华大学的同事陈章武也和他有过沟通，希望他能够留下足够的钱治病，剩下的钱再用来资助学生。当时赵家和的回答是："治病的钱够了。"

在治疗期间，医生曾为赵家和开过一种药，这种药正品一盒需要500元，赵家和嫌贵没有用。他从网上查到印度生产的一种仿造的同类药物，一盒的价格只有50元，他就托人从印度买了一些。

这种药吃下去，赵家和开始发烧，浑身出疹子。老伴着急陪他去了医院，医生见了他第一句话就是："你是不是吃了廉价药？"

就是这样，赵家和也没有彻底放弃这种廉价药，他把廉价药和正品药替换着吃，到最后，甚至拒绝吃这种昂贵的药品。整个治病过程，赵家和都没有用过一分助学的钱。

2011年，赵家和的病情恶化，他开始委托陈章武建立基金会，准备将自己全部1409万元积蓄捐赠给基金会。

他的这个决定，老伴并不觉得突然："他想为国家做点事，解决一点问题，就是这么简单的想法。"

求仁得仁，了无遗憾

在退休前和退休后，赵家和多次在国外讲学或是在大学担任客座教授。他的同事说："赵老师如果想留在国外，易如反掌，但是对国家的热爱让他选择了回来。"

赵家和自己也说："国外再好，也不是自己的家园。"

自己终身从教，退休后继续支持教育事业发展，这是赵家和的情怀。

在陈章武和一些热心清华校友的帮助下，2012年，甘肃兴华青少年助学基金会成立了，这是赵家和最后的心愿，他的1409万元的遗产没有留给子女，没有留给老伴，而是选择捐给了祖国的教育事业。

在临终前，好友刘尚俭专程从美国赶来看他，赵家和说："我已经做了我认为最好的安排，求仁得仁，了无遗憾。"

2012年7月，赵家和的捐资助学事业刚满"6岁"，他就永远地离开了人间。按照他生前的遗愿，他的遗体捐献给了北京协和医院，用于医学研究。他为教育事业倾尽所有，却什么也没有带走。

赵家和走了，兴华青少年助学基金会却在一群爱心人士的经营下，越来越好。

赵老师定下的"雪中送炭"的原则没有改变，每年，基金会工作人员都会将助学金送到优秀的寒门学子手中。

陈章武接下了基金会理事长的"重担"，还有很多清华大学的校友，纷纷出钱出力为基金会运转助力。

赵家和的老伴一直不愿透露自己的姓名，但是对于受资助的孩子，她却念念不忘。

她曾和受资助的孩子通过电话，鼓励他们好好读书。她也想见一见这些孩子，但是转念一想，如果去了甘肃，必定会给当地学校和学生增加麻烦，这个想法也就搁下了。

在家里，她留下了庆阳市教育局工作人员送的一个香包，并挂在了客厅最显眼的地方。

到今年，兴华基金会已成立3年多，在工作人员的精心运作下，基金会正在健康发展。陈章武说："我们一直都在按照赵老师的要求做，并且希望长久地做下去。"

他们这样想，而且也做到了。基金会成立以来，在保证每年捐赠金额的前提下，赵家和留下的本金没有减少，这就为基金会良性发展提供了前提。

现在，所有受到资助的学生，虽然没有人见过赵家和，但这位清华的赵爷爷却是孩子们最崇拜的人。一些上了大学的学生,尽管还没有经济能力,但是他们纷纷加入爱心社、成为志愿者,想把自己接受的爱心传递下去。

正像北京协和医院写给所有遗体捐献者的一句话:"最后的死去和最初的诞生一样,都是人生必然;最后的晚霞和最初的晨曦一样,都是光照人间。"

赵家和把他的爱,洒在了陇原大地最贫困的地方;他用人生最后的晚霞,照亮了寒门学子的求学之路。

【"炭火教授"系列报道①】

"雪中炭火"赵家和*

——一位清华大学教授的生命之歌

■ 邓晖　周华　李晓

《光明日报》2016年7月4日头版。

---

* 载于2016年7月4日《光明日报》。

编 者 按

这是一次等待了 4 年的采访。

2012 年，记者偶然得知，"一位清华大学退休老教授"倾毕生积蓄 1500 余万元捐助西部贫困孩子。他是谁？为什么这么做？职业敏感激发起记者"追"下去的冲动。可几次沟通，清华校方均因尊重老教授生前"不要张扬"的遗愿而婉拒了记者。

但时间没有抹去他的痕迹，细节在口口相传中愈加清晰：他捐出所有，却在癌症晚期舍不得"上"进口药；他在美国做客座教授，薪酬不菲，一家三口每月生活费却只有 100 美元；甚至，退休后在深圳某著名企业担任顾问，都自带铺盖、炊具，租住普通民房……

功夫不负苦心人。4 年，记者没有放下写他的执念，他的"接棒者"们也觉得，应该把他的故事讲给更多的人。今年 5 月，我们终于启动了这次采访，天南海北，近百名被采访者为他而聚拢。一次次与高尚灵魂接近，每个人都在经历心灵的涤荡……

今年，是这位老师，这位平凡的共产党员捐资助学十周年，让我们一起认识他，记住他。

一缕暖阳打在脸上，赵家和享受了一个"最幸福"的下午。

窗外，绿意葱茏，清风微拂，小鸟扑棱棱飞过——这是他出生、求学、执教，依偎了七十八载的清华园。

淡淡的笑意，在写满皱纹的清瘦面庞上化开。"推我出去看看。"赵家和轻声对护工说。癌细胞早已转移到了脑部，可这位一辈子为人师表的教授，对待身边的每个人，依然端方、谦和。

几个月后，他走了。什么都没留下。就连最后饱受病痛折磨的身体也被捐献了。那是 2012 年 7 月 22 日。

又一个月后，兰州。一路夜车，一群高中生奔波而至。第一次见到这位在"最要劲时拉了自己一把"的"赵爷爷"，他已定格在追思会上的遗像里。

很长时间，"一位清华退休老教授"是赵家和的代称，连他从未离开过的清华园，都没几个人知道其中的秘密。从 2006 年开始，这个一直在教学生追求"边际效用最大化"的金融学教授，默默做了一笔大"投资"：倾毕生投资所得 1500 余万元资助西部贫困高中生，却绝不允许泄露半点儿他的个人信息。

不轻易折断、热值高、杂质低，是人们判断一块好木炭的标准。而已故清华大学经管学院教授赵家和,这位有着51年党龄的平凡共产党员,就这样做了一辈子"雪中炭火"——

他是"清华园里顶级聪明"的人,却两次放弃已有建树的专业,在空白处垦荒,迎难而上、从未退缩

清华园外,一套十几年未曾变样的住所,是赵家和的家。房间里,最值钱的物件——那台几年前学生送来的液晶电视,已然显得笨拙。

"最爱教书""最高兴的时候,就是讲一个问题,别人听懂了"……

满头白发的吴嘉真坐在那把老旧的转椅里,安详而沉静。暮春的微风不时将纱帘撩起,记忆中的影像一个个闪回,但几乎有关丈夫赵家和的一切,都离不开教书、讲课、讨论问题,离不开学生……

赵家和当了一辈子老师。可别人教书,是学一门、教一门;他一教,就跨了工、理、文三个学科。

1955年,拿到清华大学第一届"优良毕业生"奖章,无线电系毕业的赵家和留校任教。起初他从事本学科教学;1977年,筹建电化教育中心;1979年,到科研处搞管理;1985年,年过半百的他再次"转行",筹建改革开放后清华大学第一个文科学院——经济管理学院。

三次调动,都是因为学校建了新专业或新机构,需要去开垦拓荒。但每次转行谈何容易,干不好,还丢了老本行,岂不得不偿失?

"赵老师有过犹豫吗?"吴嘉真慢慢摇头,"没觉得"。这位公认的"清华园里顶级聪明"的人,每一次都回答:"好!"

"做起事来极其认真。"83岁的清华工物系退休教授桂伟燮叹服同窗好友的"韧劲"和"拼命"。他尤其难忘的,是赵家和在科研处时一次"瘦脱了形"的采购:"当时世界银行提供给清华第一批无息贷款,赵家和外语好,就被派到国外选购计算机和先进仪器设备。那是清华老师第一次体验到了电化教育的优越性,大家都很兴奋。后来才知道,这次采购,让他瘦了十几斤。"

那是一次怎样的"采购",赵家和从没说过,但封闭已久,初出国门谈判的艰难必定超乎想象。赵家和既当领队、翻译,还当技术顾问,白天谈判,夜里与国内商讨如何应对突发状况,20多天连轴转,最终带回的计算机几乎是市场价格的一半。而他却因此落下了失眠的顽疾。

"干一行、爱一行、精一行",很多人这样概括赵家和,而在"行胜于言"的清华园里,平凡的赵老师,却有着令人佩服的不平凡。

"开会,懂就说一二三,不明白就直截了当问。"85岁的邵斌是和赵家和一起

开创经管学院的"老战友"。他眼中的赵家和"从没半句废话,却总能说到点子上"。在那个"两手空空"的年代,全院只有一个系,院办公室4张办公桌,这边坐两位副院长、那边坐书记和副书记,一个个与中国经管教育息息相关的决策就在这狭小空间里产生,而其中不少"好主意"都是赵家和提出来的:他主张加强金融专业,为国家对外开放输送人才;他建议多开些公司财务类课程,这是市场经济条件下急需的;后来金融系的整个教学大纲,具体到上什么课、讲什么、谁来讲都是由他主笔起草的——此后的事实证明,他这些"急国家所急"的判断是正确的。

他总能在关键时候"透过现象直指本质"——经管学院副教授张陶伟年轻时曾被赵家和拦下,"赵老师直接来了一句:'小张,金融很有前途,以后可多做些这个'。""那是20世纪80年代末啊,国内连本像样的金融书都没有。"

他从不"掉书袋"——在那个信息不通畅的年代,如果讲讲出国的信息,学生会很欢迎。可他却时刻提醒,做一名经济学者,要有全球视野,更要扎根中国大地、不能脱离实际。

他对现实的关切细致入微——证监会副主席李超是赵家和的研究生。2002年,已经退休的赵老师挤公共汽车,给他送去一套台湾证券法大全,"摞起来有一尺厚,他让我好好读,'因为大陆和台湾的文化背景相近,学学他们的东西没有坏处'。"

并非学术大师,没有著作等身。今天,很多人慨叹,赵家和"逼"后辈积累学术成果比自己写不写书还上心;赵家和在名利面前常常"畏缩",连办公室都给自己选了个"暗房",却对分不清"分内"还是"分外"的工作兢兢业业、无怨无悔。

"以他的聪明,留在无线电系,奔个院士不是没可能。可让他转他就转,一点折扣都不打。"邵斌感慨,这样的人太难得。"他就像炭火一样,在每一个需要的地方燃烧,恪尽职守,无声无息。"

他一辈子节俭几近悭吝,一件1美元的化纤毛衣穿了十多年,却积蓄起全部的生命热能映照他人

1998年,赵家和退休了。他去了美国,应邀担任得克萨斯州立大学客座教授,讲授中国经济改革实践。大家以为,赵老师颐养天年的好日子开始了。

但短短三年后,不顾美方一再挽留,赵家和放弃待遇丰厚的工作,执意回国。好友刘尚俭问他为什么突然要回家?赵家和答,"信美然非吾土,田园将芜胡不归"。

此时,谁也不知道赵家和心里暗藏着怎样的"玄机"。

2001年6月，刚刚回国的赵家和把在美国讲学积攒下的20多万美元，交给了从事金融投资的学生刘迅"打理"。自己继续在外讲学、给商业机构做顾问，马不停蹄。

一辈子节俭几近悭吝、一件1美元的化纤毛衣穿了十多年，此时，赵家和账户上的资产一笔笔累积着，美元、人民币、外汇券……"可他从没问过投资收益怎么样，每次打电话就是解答我的问题，他看得很准，很透彻。"这让刘迅颇有压力。"也许老师是要做个大项目？也许是牺牲当期消费，获取长远利益？"

直到2005年的一天，刘迅的疑问突然有了答案，"那天我在电话里随口告诉赵老师，账户里的钱已经超过500万元了。赵老师沉吟片刻，重重地说，'嗯，可以做点事了'。"

做什么事？刘迅并没有猜到，但接下来的"剧情"让他感受到一位卓越经济学人的严谨、扎实——在怎样赚钱上从未表现出半点"理性经济人"特质的赵老师，在如何花钱上拿出了看家本领。

做了一辈子"雪中炭"，72岁的赵家和再次点燃自己，他要把能量辐射到更广阔的大地上。这一次，不再是组织安排，而是酝酿已久的自主选择——捐资助学。

先搞实地调研。为了解贫寒学子的生活状况，赵家和搭公共汽车，一趟趟跑到北京的远郊延庆考察，每次回来都疲惫不堪。老伴心疼，劝他包个车，他却不舍得。

再搞模型论证。奔波大半年，赵家和告诉刘迅：从小学到初中有义务教育，上大学有国家助学贷款，要花，就花在穷孩子"最要劲"的高中，这是"边际效用最大化"。有句话他常挂在嘴边，"我们也没有多大本事，热闹的地方就不去了，就做一点雪中送炭的事吧，锦上添花的事情，就不做了。"

2006年，第一笔助学款从北京寄出，江西、湖北、吉林、甘肃……中国的版图上，多少在困境中拼搏的贫寒学子在赵老师的助推中重燃希望。

2009年，由于资助学生过于分散，为避免"四处撒钱"，赵家和决定改变捐助方式，从白银市实验中学整班资助开始，把捐助范围从全国多地向西部聚拢。

助学走上正轨，赵家和却在例行体检中查出了肺癌晚期，癌细胞已经向脊椎和脑部转移。

晴天霹雳！

"老天爷太不公平了，怎么能让这么好的人得绝症？！"惊悉消息，刘迅愤怒了，"我又突然庆幸，赵老师的账户上已经过千万元了，可以保证最好的治疗。"

可赵家和又做出了惊人决定：保守治疗，捐出全部积蓄助学，并酝酿成立基金会，让助学更加长久和规范。一场与生命的赛跑就此展开——

2011年，他找到了"学生兼同事"，清华经管学院原党委书记陈章武，委托他筹建基金会。2012年初，由赵家和捐资倡导建立的甘肃兴华青少年助学基金会正式成立，华池一中、环县一中、镇原二中等甘肃省10所高中共1000名优秀寒门学子成为资助对象。

整整6年，刘迅、陈章武一直为赵老师保守着秘密：捐资助学不留名。一如他从来的平常、踏实、炽热、悄无声息。此时，炭火快要燃尽了，却在最后的时刻，依然奋力温暖每一个弱小的生命。

当"理性经济人"大行其道，人们习惯用经济学思维权衡、取舍之时，他告诉我们，做人、做事的标准就是看"对社会、对民族、对国家的贡献究竟在哪里"

整齐的白发，高高的额头，睿智的眼睛里盛满笑意——赵家和给人的印象永远是彬彬君子。可他的衣着，真不咋地："永远是那件破罩衣，小皮帽，全身行头不超过100块"。清华苏世民书院常务副院长潘庆中回忆起恩师充满敬爱。

赵家客厅里，至今挂着两幅在秘鲁和西藏拍摄的风景照，构图堪称专业。摄影，恐怕是赵家和这辈子除了当老师外唯一的爱好。可直到去世，他一直在和家人合用一台破旧的卡片机。

在美国讲学、在欧洲开会，吃最便宜的鸡腿，啃法棍面包，都是他们家生活的常态。一辈子精打细算的日子，老伴从不以为意，在美国绞尽脑汁省钱留给她的后遗症就是，"再也不爱吃鸡了"。

谁也没想到这样的赵老师有"1000多万元"，而且"全都捐了"。直到基金会成立的消息在清华校刊上曝光，常与赵家和在小区里唠嗑的邵斌才"猜出来了"。

那时的赵家和已经卧床不起。在陈章武赴兰州出席基金会成立仪式前，他反复叮嘱，在基金会的名称和章程中一定不要出现他的名字，他的家人今后也不在基金会担任任何名誉或实质性职务。基金会成立当日，赵老师又从病榻上给陈章武打电话，"严肃强调"：不要向媒体透露他的姓名；不要带回任何礼物。万般无奈，新闻稿上只好写这是"一位身患癌症的清华退休老教授"捐的钱。

但陈章武回来还是"挨了训"："你还是没经验，身患癌症、清华退休老教授，明眼人一看不就知道是我了。"

"兴华"助学，"他钟爱这两个字：一是与眷恋了一辈子的'清华'音近；二是取'振兴中华'之意。"刘迅这样解释。

生命垂危还为了省钱坚持吃便宜仿造药的赵老师，让刘迅这个每日与"钱"打交道的投资人领悟了"钱"的真谛，"他知道怎么赚钱，可他把全部的精力放在了怎么把钱花在最有价值的地方。他教给我们什么才是最好的投资。"

"什么才是最好的投资？赵老师的人生追求是什么？"

我们问吴嘉真。这个与赵家和携手走过金婚的温婉老人微微一笑："就是做事吧。"

只求做事的赵老师似乎从没在意过名利。在经管学院工作期间，为了给年轻人更多机会，他先是主动从常务副院长转为副院长，后又干脆回到系里做系主任。多年之后，他当年引进的后辈、同为清华经管学院教授的李子奈也"辞官让贤"，别人不解："哪有主动辞官的？"李子奈笑笑："赵老师不就是例子？"

这么多年，在老搭档赵纯均的印象里，赵家和几乎没有什么"私人"的事。唯一一次，是最后一次病重入院，校医院床位紧张，找他帮忙协调。

"校医院的条件又能好到哪去？几个同学一再说，咱换个条件好的。可赵老师总摆手，'我都这样了，别给大家添麻烦，也别浪费国家资源。'"潘庆中感慨。甚至直到现在，赵家和的儿子还是清华一位没有固定期限编制的实验员。

赵老师做事唯一看重的是"标准"。潘庆中回忆起2003年在美国工作时接待赵老师的场景："当时硅谷集聚了不少中国高才生，有不少清华人，却只能做'码农'。大家凑在一起，难免有些抱怨。赵老师郑重告诫我们，'做任何事都要有个标准，就是看'对社会、对民族、对国家的贡献究竟在哪里'。"

这是他心中的秤，也是他的人生指南——对整个国家、民族有益的，就是最好的投资。

他捐掉了所有，只剩下一套自己住的房子留给儿女，还特意在遗嘱里嘱咐："要卖房，只能卖给学校。"

即便是安排最后的归宿，他也把"标准"揣在心间。临终前几个月，潘庆中和同班同学、经管学院教授李稻葵一起去校医院看赵老师。"当时他整个下半身都不能动了，腿上扎满了针。稻葵爱琢磨，就跟他讨论，'这针灸从表面上啥也看不出来，可还能治病，到底是什么样的工作机理'。赵老师乐了，'我到时把自己捐出去，让医生好好看看，它们到底是怎么work（工作）的。'"

谨言的赵家和没有留下什么"豪言壮语"。老伴儿只记得，临终前，面对前来探望的老友，他眉目舒展："求仁得仁，了无遗憾。"

对于更多的人，角度不同，品出的滋味也各不一样。

陈章武感佩赵家和对金钱的态度："很多人只看到'理性经济人'的假设，认为人生来自私，学经济、搞金融就是为了算计、赚钱。但在他身上，学经济是在学如何'经世济民'。经济学不只是讨论资源的有效配置，还研究收入的公平分配。"

刘迅看重他身上贯穿始终的"一致性":"每个人在某些阶段可能都有很出彩的时候,但是能像赵老师那样永远用一个原则对待人生,却是非常罕见的。这种骨子里的丰沛,让他一生都充满爱、一生都是行胜于言的践行者。"

史宗恺更期许后人的传承。这位做了几十年学生工作的清华大学党委副书记坚信,在名家辈出的清华园里,赵家和有着别样的价值和意义:"他以平凡人的心态,过着普通人的日子,心里却始终保持梦想,并用梦想去激励学生。这样有品质、有情怀的老师,撑起了大学的脊梁。"

一团炭火如此平凡,又如此高贵。一如他的归宿,意蕴深长——在北京城郊的长青园公墓,赵家和的名字与众多遗体捐赠者一起刻在一块碑上,只有仔细看才能找到——他燃尽自己,了无遗憾;剩下那抹至纯至净的灰,仍滋养后人;而他的精神,烛照世界,永不熄灭。

"雪中炭火"精神绵延相传*

■《光明日报》评论员

2012年7月22日,清华大学赵家和教授平和而安详地走完了他78年的人生历程。他一辈子教书育人、奉献社会、济弱扶贫、润物无声。今天当我们向公众讲述这个关于"雪中炭火"的故事时,不禁感慨,他一生所奉行的炭火精神不仅慰藉了陇原的寒门学子,也给我们上了一堂精彩的人生之课。

回溯赵家和教授的一生,他重要的人生节点无一不与集体、社会、国家的发展相契合。他一生奉献,服从组织,三次转行,在不同的领域开垦拓荒、传道授业,以笃定的信念"干一行、爱一行、精一行"。他一生仁爱,情系教育,虽身患重疾,仍隐姓埋名、倾尽积蓄资助寒门学子。在生命弥留之际,又做出捐献遗体的决定,"求仁得仁,了无遗憾"。他一生无私,当"理性经济人"欲行其道之时,这位优秀的知识分子以躬行实践诠释了"经世济民"的理想真谛,也用无言之教标示了"一秉至公"的精神高度。这种精神的来源无疑正是中华民族历代知识分子血脉里绵延传承的"雪中炭火"精神:常存家国情怀、常思脊梁之责、常怀仁爱之心;淡泊名利、坦荡无私、宁静致远。这也是社会主义核心价值观的彰显,是中华民族博大精深的传统文化精髓所在。

今天的中国正处于快速转型与高速变化时期,还有许多地方、许多人群急需这种炭火精神的温暖、濡染、传播与延续。我们应该清醒地意识到有不少人正在为物所役,受名所扰,被欲所惑。以利益至上瓦解信仰根基者有之,以享乐奢靡解构崇高理想者有之,责任担当的缺失、师德仁爱的消减、道德伦理的失范,都在叩问与提醒着我们:在个体与时代的命运关联中,如何才能平衡利益与道义、现实与信仰之间的关系?如何才能更加有效地凝聚社会的价值共识?如何才能弥补时代的车辙在前行进程中留下的罅隙?

赵家和教授用其一生的故事告诉我们:以对社会、国家的贡献为标尺,在进与退之间把握分寸,在为与不为之间权衡轻重。这种奉献、仁爱、淡泊、无私的

---

* 载于2016年7月4日《光明日报》。

"雪中炭火"精神，彰显了我们社会应该大力推崇的主旋律，是安身于这个时代的国人最应该传承与弘扬，并使之凝练成推动社会发展主动力的精神内核。

习近平总书记曾在2014年"五四"青年节和北京大学师生座谈时指出，"核心价值观，其实就是一种德，既是个人的德，也是一种大德，就是国家的德、社会的德。国无德不兴，人无德不立。"赵家和教授正用他的"德"润泽后人、砥砺来者。纵使地域不同，纵使阶层差异，纵使处境与经历有别，当这种精神与无数个体的情感理念有机地融为一体时，便可奏响社会主义核心价值观的最美和弦。

在平凡的生活与工作中，常怀炭火之心，常做炭火之事，厘清是非臧否，守牢原则底线，凝神聚气、步稳致远，当是我们对这位可歌可敬的老教授最好的感怀与致敬！

【"炭火教授"系列报道②】

远方的种子[*]
——赵家和与受助孩子们的故事

■ 宋喜群　李笑萌　彭景晖

《光明日报》2016年7月5日。

---

[*] 载于2016年7月5日《光明日报》。

初夏，风雨雕蚀过的陇东黄土高原千沟万壑，纵横辽远。春天播下的种子破土而出，舒展成梯田上一台一台斑驳的绿色。

困难与希望

一条弯弯曲曲的黄土路一直通向李湾村的深处，徐敏殊家院子里的杂草中，蒲公英留下大半个绒球。

庄浪一中的深蓝色校服在小敏殊的身上略显肥大，她麻利地打开缠绕在大门上的铁锁，推开久已无人触碰的大门，她是这个院子最年轻的主人。小院里，爸妈曾经用过的农具几年来没有人再碰过，时间在上面盖上了一层厚厚的土灰。

在小敏殊幸福而短暂的童年记忆里，小院里有爸爸、妈妈和哥哥姐姐。她最喜欢爸爸和哥哥用木头做的小车，虽然在村里那种小车是男孩玩的，但那是她童年里心爱的也是唯一的玩具。

12岁那年，徐敏殊的父母相继过世，小院的天突然塌了，只剩下三个相依为命的孩子，他们依靠政府和社会的救助过着拮据的日子。

2015年夏天，小敏殊收到了高中录取通知书，但这个喜讯带来的欢乐转瞬即逝。学杂费，生活费，像沉重的石头压在三个孩子的心上。

心里没底的小敏殊没有想到，学校了解到她的情况后为她免除了学费，入学不久她还得到了甘肃兴华青少年助学基金会的扶助。每学期一千元的助学金对她来说，就是寒冬里的炭火。

徐敏殊所在的庄浪一中，连续5年每年都有100名贫困学生因这团火点燃了生活的希望。自2012年起，甘肃兴华青少年助学基金会在甘肃、青海多个国家级贫困县选择了10所高中，每年有1000名家庭困难、品学兼优的学生感受着这团火带来的温暖。

被温暖的孩子还有学习成绩并不那么突出的刘岭，庆阳市华池一中毕业的他如今已是兰州理工大学技术工程学院的大一学生。13岁那年，在县城打工的父亲因车祸离世，母亲带着三个年幼的孩子步履维艰，长子刘岭别无选择，成了家里的顶梁柱。

刘岭无时无刻不在精心算计着他的"今天"，"因为我不知道明天能不能过得下去"。他给建筑工地运过混凝土，当搬砖小工，铺灰、箍窑、盖羊舍……每一项工作他都谈得头头是道。

刘岭唯一一次没有听从兴华助学基金会直接资助人闫叔叔的建议，是在填报高考志愿的时候，他选择了一所三本院校。"去读高职就不能考公务员了"，在附近多个乡镇干过十余个工种的他，要给妈妈和这个家一个稳定的支撑。

兴华助学基金会的那笔钱被他小心翼翼地放在存折中，它守护着刘岭的"明天"——"有了它，明天能过得下去了。"

有了它，环县一中田春丽的爷爷不用再为学费满村跑着借钱了；静宁县文萃中学石玉在外打工的爸爸每年可以多陪她一个月了。有了它，庄浪一中刘河翔的奶奶放下手工活时，能睡个安稳觉了；青海乐都一中史久睿在食堂打饭时，不会因为又要破开一张一百元钱而纠结了……

在"它"的背后，是一个对于许多受资助学生来说，至今仍很模糊的身影：一位清华大学老教授。

寻找与铭记

2012年9月，当刘岭拿到第一笔兴华助学金的时候，远在清华大学的赵家和教授已经离开人世，刘岭永远都没有机会向这位赵爷爷当面道谢了。

"赵爷爷是谁？"西北高原上接受资助的娃娃们从未见过他的真面容，而兴华助学基金会成立前受到过赵家和资助的孩子甚至连他的名字都不曾知晓。

赵爷爷很富有吗？他为什么要这样做？他是个什么样的人？刘岭只在兴华助学基金发放时听到过他的故事，直到读大学，才第一次通过网络找到赵家和的照片。"照片上的赵爷爷看起来清瘦憔悴"——那是赵家和在2012年5月与妻子拍的金婚纪念照，距他离世只剩两个月。刘岭在网上只找到了关于赵家和的只言片语，"清华老教授""2012年7月去世""倾尽家财""捐资创立兴华助学基金会"……他说，赵爷爷的形象还是很模糊。

刘岭把搜索到的"赵家和"的片段认真摘抄下来，给兴华助学基金会写了一封感谢信，却因不知地址迟迟未寄出。他说自己常常会在宿舍念叨"赵家和""兴华助学基金会"……当记者通过基金会联系到刘岭时，他忍不住在宿舍宣布："我联系上兴华啦！"舍友们也替他感到高兴。

寻找赵家和的不止刘岭一个。2015年秋，庄浪一中高一学生刘庚领到第一笔助学金后，在网上找到了赵家和的简历。从"1934年9月出生在北京"到"2012年7月22日17:35在北京因病医治无效逝世"，刘庚把赵爷爷的生平年表背得滚瓜烂熟，"我一直觉得清华的教授是遥不可及的，但他的关爱真的给了我。"

李维仓在庄浪一中已经当了11年校长，他回忆说："有那么一段时间，刘庚心态很消极，觉得这辈子就这样了。从兴华基金会得到关爱之后，他改变了很多。很多孩子情况跟他类似，毫不夸张地说，让这些孩子在最困难的时候感受到社会上还有人在关心自己，真的是件能改变他们一生的事情。"

磨砺与成长

再过5年,田春丽将完成在甘肃中医药大学的学业,成为基层医疗队伍中的一名全科医生,这是她以前连想都不敢想的事情。

"初中时最大的理想就是考上县一中,不管有没有学费,先考上再说!以后要去哪里、干什么,我根本不敢想。"那时田春丽以为,自己的生活轨迹大概就是读书、毕业、打工,和周围很多贫困孩子一样。读高中期间,田春丽喜欢把自己关于生活的思考写信告诉她的直接资助人,"未来的生活可以是什么样?"直接资助人告诉她:"追逐梦想是每个人最平等的权利,不论出身、不论贫富。"在填报高考志愿时,田春丽鼓起勇气报考了农村订单定向医学生免费培养工程,毕业后她将分配到农村从事医疗卫生工作。

"这是回报那年跑遍满村给我筹学费的爷爷和我的资助人的最好办法,也是我的梦想。"田春丽坚定地说。

2015年10月,徐敏殊第一次见到兴华助学基金会的接棒者清华大学教授陈章武等基金会工作人员。那次见面会上,基金会法律顾问葛敏对受到资助的孩子们说:"我们每个人都要自强不息,更多时候,努力的过程比结果更重要。"这句话令徐敏殊记忆深刻。

现在的她正在体味着这个过程。高中入学考试时,徐敏殊没有排进年级前120名,而最近的一次考试,她的年级排名前进了51名。

徐敏殊的早餐和晚餐经常是一个饼子、一杯白开水,几乎没有吃过肉和蛋。为了继续学业,每逢寒暑假,兄妹三人都会在县城办补习班,读大三的哥哥辅导初高中学生的数理化,她和姐姐除了帮忙整理桌椅、打扫教室,也是哥哥课堂上的学生。

今年春节,寂静已久的小院再度热闹起来,兄妹三人一起包饺子。哥哥用毛笔在红纸上写了对联,横批"志当高远"四个大字端端正正贴在门楣当中。

也只有春节的这几天,三颗漂泊的种子才会回到小院。那位"清华老教授"播撒的爱心种子,已深深扎根在这个小院,扎根在广袤的西北高原。

(文中受访者均为化名)

【"炭火教授"系列报道③】

爱,在无声中延续*
——记赵家和的接棒者们

■ 邓晖　周华　李晓

《光明日报》2016年7月6日。

---

* 载于2016年7月6日《光明日报》。

3月的陇东，晚风中夹杂着凉意。已是晚上，劳累了一天的教师们却抢着往学校大教室跑——这是甘肃省环县一中，当地以皮影和杂粮闻名，也有着人们难以想象的贫困。

满头白发的陈章武坐在台上。为家访奔波4天了，这位心脏里装着支架的古稀老人却没有一点倦容。当再次讲起赵家和的故事，他几度哽咽。

2012年2月，已故清华大学经管学院教授赵家和捐出毕生积蓄1500余万元，成立甘肃兴华青少年助学基金会。在身患癌症、不久于世的情况下，这份他此前已默默进行6年的爱心事业，传递到了他的学生兼同事、经管学院原党委书记陈章武手里。

基金会成立4年，聚拢500余位爱心人士，捐出善款近千万元；累计2204名寒门学子受助，1243人完成高中学业，其中80%以上考入大学——如果说当初赵家和留下的爱心事业只是一片新绿，如今，在越来越多接棒者的精心呵护下，已经一树参天。

一位仁爱无言的接棒者，分文不取还倒贴钱

一张照片摆在陈章武的办公桌上——他与赵家和最后的合影。旁边，一沓厚厚的信还没来得及全部看完，它们来自西部最贫困的地方。拉开抽屉，票据、清单、感谢信……整整齐齐排列着，每笔数字都清晰明了。

5月，记者走进陈章武办公室时，他刚从甘肃回来不久。8天，平均日行两百多公里，白天家访，晚上还有8场与师生的互动座谈——紧凑行程带给他满满的幸福。4年了，这位原本打算退休后"带老伴去看看世界"的老教授，去得最多的，除了西部，还是西部。

2012年，陈章武担任兴华青少年助学基金会理事长。从一开始，他就向所有工作人员和受助学校声明："这里没有全职人员，只有全部精力，所有人不在基金会拿一分钱、没有管理费，这项事业不是你的，也不是我的，是共同的爱心事业。"

退休后，有学生请陈章武给自己企业做顾问。他"没时间"，坚辞不受。实在拗不过，就说："我不要报酬，你去捐几个学生吧。"

"只要张口，捐钱不成问题。但他很少提，就是不想让爱心有了杂质。"赵丽霞是陈章武教过的学生。直到她偶然在老师办公桌上发现了一个甘肃女生寄给"陈爷爷"的鞋垫，才"逼问"出真相："听着赵老师的故事，再看看陈老师身上还穿着十几年前我们上学时的衣服，我边听边哭，他们身上有知识分子的担当与风骨。"

这么重的担子，怎么就担了下来？

"选择雪中送炭就是选择了寂寞，选择了困难，也意味着一路艰辛。"陈章武一直牢记着赵家和"雪中送炭"的嘱托。而张贴在资助学校的一条标语，成为支撑他走下去的强大动力："'培养一个学生，改变一个家庭，带动一个村庄'。这样，爱心就能在千万老百姓心中开花结果。"

一群朴实无华的捐助者，绝大多数是工薪阶层

"你让梦想有了翅膀"，点开兴华青少年助学基金会的网站，八个大字格外醒目。简洁大方的页面上，捐赠流程、定点学校、基金会年度报告等一目了然。

一切都公开透明。唯一的秘密，是捐赠者名单。"坚持雪中送炭""坚持不留名"，从赵家和开始，这成了兴华助学的传统。

他们是谁？

"绝大多数都是普通人。"陈章武说，这是兴华青少年助学基金会与众不同的地方。而每次接到捐助款，无论是100元、500元，还是几万元、几十万元，基金会都会寄出一封精心准备的感谢信，除了抬头，包装、内容都一样——这也是赵家和生前的嘱托，"铜板不分大小，爱心不分先后"。

他们是怎么想的？

"期盼资助暑期小分队的活动，希望同学们思想上都有收获。"四年前的短信让清华经管学院博士生尹西明终生难忘——那是赵家和临终前的最后期望。彼时，几十位清华学子组成了由兴华助学基金会资助的实践支队，对西部教育进行调研。可返京的列车上，却传来赵家和辞世的噩耗："车厢里，同学们一边传看手机，一边默默流泪。"后来，这份实践报告获得学院、学校的实践金奖，所得奖金全部被学生们捐给了基金会。直到现在，一直在勤工俭学的他还经常从生活费里省出钱继续捐助。

一位曾在清华短暂培训过的学员偶然得知了赵家和的事迹，感动不已。在陈章武狭小的办公室里，他带着刚成年的女儿，把父母留下来的遗产全部变现，合计4万余元捐给了基金会："父母生前教导我们要读书，要守法，要乐于助人。希望能用这样的方式延续父母的爱！"转过身，他叮嘱女儿："我会接着捐，捐不动了，就轮到你了。"

过去，清华河南校友会经常张罗聚会、联络感情。"吃吃喝喝有啥意思"，把钱捐给孩子们不是更有意义？现在，他们一起凑钱，包了一所学校，每年定点捐助，与受助学生互动交流，"感情反而更紧密了"。

其实，兴华助学基金会在运营模式上并无特别。在"低成本运营的表象之下，

还有很多"看不见的成本"。副理事长李俊、秘书长白瑞刚……从上到下，基金会成员全是不拿分文还自掏腰包的捐助者，就连网站，都是一位不愿透露姓名的捐助者捐赠建设的。他们中，不止一人感慨："如果'基金会'和'老总'选一个让我做，我会毫不犹豫选助学育人，这更有意义。"

一种砥砺人心的情怀，扶智更要扶志

"收到第一笔兴华助学金时，您在我心中是这样的：一个高管、大款，每天忙碌于工作中。某时心血来潮，就挥霍一小笔钱资助我们一下，然后就抛到脑后了。"

这是甘肃省镇原县二中学生路佩佩发出的一封信，收信人是兴华助学基金会的捐助人孙猛。

"扶智更要扶志。要告诉孩子们，生活不只有放羊、拉水，捐助人也不是一时兴起。这种精神和爱的传递，比钱更有意义。"基金会从成立起，每年都会组织志愿者去学校。他们做讲座、辅导学习，翻过泥泞山路去家访，和孩子们同吃同住。

连接他们的，不只是一次冰冷的转账，而是人与人之间最厚重的爱与信任。

镇原二中学生何丽琼考上北大后，她父亲请人代写了一封感谢信："你们教会了我们从简单的事做起：节约、助人、不图名、不图利。我们和孩子永远都不会忘记这份爱，我们的孩子将来长大后也要这样去帮助别人。"

如今，马上就要上大二的何丽琼并没有明确的工作目标，却要坚定地成为一名兴华助学者。

不少通过资助考上大学的孩子，尽管还没有经济能力，却纷纷加入爱心社、成为志愿者，希望把爱心传递下去……

截至今年 5 月，在每年捐赠金额递增的前提下，赵家和留下的本金没有减少——爱的接力，让千名寒门学子得以在每一个春天来临时享受书香。

爱，在无声中延续。这是人生最美的风景。

【"炭火教授"系列报道④】

"也做一团炭火,在需要的地方发光发热"*
——"炭火教授"赵家和事迹引起热烈反响

■ 邓 晖　张永群

《光明日报》2016年7月7日。

---

* 载于2016年7月7日《光明日报》。

7月4日，本报在一版头条刊发通讯《"雪中炭火"赵家和——一位清华大学教授的生命之歌》，并配发评论员文章《让"雪中炭火"精神绵延相传》；此后两天，本报又接连推出《远方的种子——赵家和与受助孩子们的故事》《爱，在无声中延续——记赵家和的接棒者们》两篇通讯，光明日报新媒体平台配合推送，融媒体中心联合南京航空航天大学 OMG 文化创意工作室制作推出了彩画动漫视频。

这组系列报道在社会各界引起热烈反响。人民网、新华网、中国网、央广网、网易、新浪等数十家新闻网站转载，@人民日报、@中国日报等微博和微信账号纷纷转发，"人民日报""今日头条"等客户端大力推介。截至目前，动漫视频在腾讯平台浏览次数达 7 万，在秒拍平台的浏览量达 383 万次，3 万多名网友点赞。读者纷纷给本报来电来函，或在网上留言，表达对赵家和教授的缅怀、敬佩之情。

清华园里，师生们早已被"赵家和"三个字刷屏。

在他生前工作的经管学院，学院党委第一时间向全院发出了学习赵家和精神的号召。该院党委书记高建说："赵家和老师在平凡的岗位上做出了不平凡的业绩。他教书育人、爱岗敬业，用毕生积蓄资助各地的孩子实现人生梦想。我们要高扬其崇高的理想、学习其优秀的品质，继承和光大其创立的爱心事业。"

"我从未见过赵家和老师，却在许多场合零散地听说过他的故事。"读完本报报道，经管学院博士生李纪琛更加体悟到赵家和的时代意义："在'理性人'概念和功利主义盛行的当下，赵老师对名利的淡泊和对社会、对他人的无限热忱，是真正的'求仁得仁'。"

感动，并不止于清华园，而是在更大的范围内持续发酵。

"我是西部大山里的孩子，得到兴华基金会的资助才顺利完成了高中学业。"网友"贾婷婷"是赵家和资助的 2000 余名孩子中的一员："我会努力，不让赵爷爷的心血和期望付诸东流！"

在各平台、网站的转载下，网友们纷纷跟帖回应。他们感佩赵家和的精神境界，"雪中炭火精神带给世人满满正能量"；他们希望媒体继续发出这样有品质、有情怀的报道，"好人永远活在人民心中，希望这样的故事更多一些，让这份爱薪火相传、永存世间。"

更重要的是，赵家和的故事启迪了众人如何向善、向上。

"过去我总觉得帮助别人要在自己有了足够雄厚的经济实力以后。而事实上，帮助别人只需要一颗无私的爱心就够了。"网友"青果屋"留言说。

"也做一团炭火，在需要的地方发光发热。"清华大学研究生李蒙蒙说出了不少人的心声。而这种爱的传承，也让这团炭火更加明亮、炽热。

■ 记者手记

一次顺畅得超乎想象的采访

本报"炭火教授"系列报道采访组

等待了4年，我们迎来了一次顺畅得超乎想象的采访，天南地北，没有一个人有过丝毫的迟疑，只因为他们听到的是"赵家和"三个字。

那些曾经和赵家和并肩战斗过的老同学、老同事们，大多已是80多岁的耄耋老人，聊起那个"话不多却睿智"的"大老赵"，回忆的波纹在他们脸上漾开，给我们勾勒出一个纯粹、纯净的灵魂。

学生刘迅，听到要采访恩师故事的消息，二话不说放下手头的工作从深圳飞到北京，与我们谈了整整一个下午，有关赵老师的每一个细节，都留存在他心中，永不磨灭。

仅仅是一个学期每周有一次近距离接触，学生曲家浩一直笃定地认为，赵家和是对他一生影响最大的老师。赵老师教会了他要"踏踏实实地做事"。

受到过赵家和资助的娃娃们，说的话是那么朴实，"是赵爷爷让我意识到，这社会上有人跟我没有血缘关系，但依然关心我""第一次与基金会陈章武爷爷交流，我才知道我的人生还有别的可能"……从没见过那位远方的"清华老教授"，但赵家和却已成为一种信念，支撑他们在黄土地上自强不息。

兴华助学基金会秘书长白瑞刚，总爱以"碰巧遇到"开头，给记者讲述那些受助孩子的故事。在甘肃、青海连续五天的奔波让我们心里明白，如果他们没有赶过那么多的路、走进那么多残缺的家庭，怎会有如此多的"巧合"？庄浪一中、静宁一中、乐都中学的校长、班主任们，深深感悟着赵家和"雪中送炭"的精神，坚守着老教授的初心。是他们，在黄土高原上小心翼翼地守护着赵家和播撒下的那一片种子，让希望的火苗始终燃烧。

从赵家和的同事到他的学生，再到黄土高原上受到他帮助的娃娃们和口口相传"清华老教授的故事"的校长、老师，这些人有一个共同的愿望，就是把他们眼中、心中的赵家和讲给世人听。他们说，为学、为师、为人，赵家和的身上有这个时代需要的东西。

在这些人的背后，似有一道光芒，正散发着温暖而持久的力量，让苦孩子们的春天从未走远，让时代的精神永不磨灭。

时代需要"赵家和"*

■ 邓 晖

《光明日报》2016 年 7 月 8 日。

---
* 载于2016年7月8日《光明日报》。

赵家和是谁？

经《光明日报》最近几天的连续报道，这个原本大多数人都陌生的名字，这几天却因为"1500万""清华教授""雪中炭火"这些高频词一次又一次的刷屏，触动了很多人心中最柔软的地方。

这位"求仁得仁，了无遗憾"的清华大学教授，把一生与祖国、民族和人民紧紧相连：他两次放弃已有建树的专业，在空白处垦荒，迎难而上、从未退缩；他一辈子节俭，却倾毕生积蓄捐资助学，用全部的热温暖贫寒学子。燃烧自己、照亮他人的精彩一生，书写出中国知识分子心忧家国、胸怀天下的典型形象。

在"理性经济人"概念和功利主义大行其道的当下，赵家和的存在如同一股清流，慰藉着因时代快速发展而浮躁的人心。网友对赵家和的自发追记和缅怀，也蕴含着人们对善与美一以贯之的向往与追求。

现在，社会上充斥着太多"扶不扶"的纠结，也萦绕着太多"个人利益一点不能割舍"的论调。这是人生标准出了问题。我是谁、我从哪里来、要到哪里去，这是一个困扰人类上百年的哲学命题，从其中生发的"人的一生该怎么度过"的追问，不断叩问着时代与人心。当原本存在于经济学教科书上的"理性人"成为指导知与行的价值标准，当斤斤计较成为一种思维习惯，当遇事立马将个人收益与社会利益剥离开来，你怎能要求他再谈理想、担当与情怀？

生与死都是人生必然，我们无法评价什么样的人生才是最好的，但那些最后被人们记住的人都有着和赵家和一样的人生标准——做有意义的人和事。赵家和的人生标准是"对社会、对民族、对国家的贡献"，所以他在人生弥留之际才能真正"眉目舒展"。历史从来都不会辜负任何一个人。同样是逝去，也终有化作尘土与载入史册之别。在有限的人生里，为后世留遗产、为后人留庇荫、为社会留财富，都是有价值的选择。

实现高远的人生目标和价值，无疑需要扎实奉献。除了要不浮夸、踏实做好每一件事，也需要不蛮干、用才智焕发出最大的社会价值。这其中还有两点更具操作意义的启示：一是给现在琳琅满目的慈善项目，在讲究运作、专业、平台的同时，不要忘记"善"是所有行为的原点与初心。二是给更广泛的普罗大众，"铜板不分大小，爱心没有先后"，何时"行"都不算晚。众多评论中，一条"过去我总觉得帮助别人要在自己有了足够雄厚的经济实力之后。而事实上，帮助别人只需要一颗无私的爱心就够了"的评论足以告慰赵老。

兢兢业业、踏实做事、淡泊名利、心怀天下，更能够给予整个社会思考与前行的动力——时代需要更多这样的"赵家和"。

赵家和：一位清华教授和他的生命选择*

■ 张漫子　吴　晶

陇东黄土高原沟壑纵横，广袤辽远。五年来，2204名中学生收到来自兴华青少年助学基金会的助学资助。

打开"兴华青少年助学基金会"网站，有一封来自甘肃省庆阳市合水县一中一名高三学生的信："直到我在那所会议室里遇到了您，从此朝思暮想的大学梦有了坐标，沉重的生活被赋予新的意义……"

2012年2月，甘肃兴华青少年助学基金会由已故清华大学经管学院教授赵家和捐出毕生积蓄1500余万元成立。学生口中的"您"正是赵家和的"接棒者"、清华大学经管学院原党委书记陈章武。

是怎样的力量驱动着赵家和将毕生积蓄全部捐出？又是什么让这位金融学家癌症晚期拒用进口药、一生节俭几近悭吝？

节俭，但慷慨

1934年，赵家和出生于清华园，父亲曾是清华大学法学院系主任。1955年，拿到清华大学第一届"优良毕业生"奖章，无线电系毕业的赵家和留校任教。

明明有好多理由享受安逸，他的日子却过得"能省则省"。

赵家和生前的寓所里，值钱的物件不多：一个简陋的二门书柜，一张床，一台桌椅，摆放着各地的纪念品，也有年头了。

学生们说，他的生活特别朴素简单，过了一辈子"精打细算"的日子。一件1美元的化纤毛衣能穿个十几年，没见过他对身外之物有什么兴趣，好像基本生活能满足就行了。

1998年，退休后的赵家和应邀去美国，担任得克萨斯州立大学客座教授。赵家和一家常常挑最便宜的鸡腿吃，啃法棍面包，他的老伴吴嘉真后来说，再也不爱吃鸡了。

---

* 载于2016年9月4日新华社。

陈章武说，癌症晚期，赵老师舍不得上单片价格500元的英国进口药，他听说印度有一种仿制药，单价仅需50元，赶忙托人打听去买，可这药却让他浑身过敏，日渐消瘦……

这一切，实在很难与捐资上千万的慈善者的身份联系起来。

赴美满三年后的赵家和，最终还是放弃了在美待遇丰厚的工作，执意回国。后来，他的学生们才逐渐明白埋藏在赵家和心底的助学梦想：他的心思已飞到中国西部，那些贫苦孩子的身上。

绝顶聪明，却不问账目

当时在清华大学科研处工作的赵家和，曾被派到美国选购计算机和先进的仪器设备。陈章武说："那是世界银行提供给清华第一批无息贷款。"

"当领队、做翻译，兼任技术顾问，白天谈判，夜间商议。"陈章武描述道，二十多天的连轴转，赵家和终于以大约一半的市场价完成采购，"他真的是绝顶的聪明人。"

据赵家和的学生、兴华青少年助学基金会理事刘迅介绍，1998年，当时从事股票投资的他在深圳巧遇赵家和教授。"那次，老师给了我一笔钱，让我试试看，在金融界德高望重的赵老师做这笔投资为了什么呢？"

令刘迅更为不解的是，这位"投资人"竟然没过问过收益如何，回报怎样。一直到2005年，又一次相遇时，刘迅向赵老师汇报，"快500万了。"赵家和默默点点头，小声说道，"可以做点事了。"

2006年，第一笔助学款从北京寄出，江西、湖北、吉林、甘肃……中国的版图上，多少在贫穷中苦苦挣扎的农村娃通过赵老师的助推，重燃希望。

"可以说，他赶上了港、陆两次投资潮，完成了不错的资本积累，这些钱全部用于捐资助学。"陈章武说，就连将毕生全部所得全权委托给自己时，他还说着，"尽管去做吧，钱花完了就花完吧。"

无欲无求，而又"很有追求"

提到赵家和的为人，许多受访者以"无私无欲"形容他。

刘迅说，赵家和老师永远把自己放在一个很轻的位置，极少提及自己的成就。他像对待朋友一样对待自己的学生，关心他们的近况。

有次，几位学生来北京看望他，他主动掏钱请学生们吃饭，还送他们领带等礼物，这让学生们讶异又感动。"他是一个求仁得仁的人。赵老师的超然而专注，简单而平实，让学生们和身边人不由得跟着他的脚步走。"

"他的执着追求仅用在他认为重要的事情上。"什么是重要的事？赵家和心中有杆秤，那杆秤的指向不是私利，而是国家，是更多的人民。

赵家和曾经的研究生、中国证监会副主席李超介绍，2002年，已经退休的赵家和挤公共汽车，专程为他送去一套台湾证券法大全，"那书摞起来有一尺厚，老师让我好好读，'因为大陆和台湾的文化背景相近，学学他们的东西没有坏处'。"

赵家和的追求还体现在他"忘我"的精神志向上。"我们就做一点雪中送炭的事吧。"病榻上的赵家和想要成立助学基金会，好友陈章武临时受命，他决定为了这个愿望去一趟西部较为贫困的甘肃。

那次行程艰难又令人难忘。陈章武见到了许多贫困娃娃，他还见到了许多清华的校友，他们特别支持助学这项事业。

在陈章武等接棒者的坚持下，赵家和找到了"雪中送炭"的对象：贫困地区、优秀高中、困难家庭的上进学生；他为基金会取名"兴华"，意为鼓励孩子们为振兴中华而读书。

从此，每年1000个孩子，每所学校100个孩子，将在整个高中阶段享受到来自基金会的持续资助：每位孩子一年能获得2000元，总共定向资助高达200万元。

"最后的晚霞和最初的晨曦一样，都是光照人间。"赵家和教授以他的人生选择感染了更多的接棒者，"如果是一滴水，就想想是否曾滋润一寸土地；如果是一团火，就想想是否能燃得很亮很亮，照明更多人。"

炭火燃尽照后生*

——追记清华大学"炭火教授"赵家和

■ 万玉凤

《中国教育报》2016年9月8日。

新学期开始了,陈章武教授又陆续收到了来自甘肃等地的高考"捷报",有的学校受助学生几乎都考上了大学。看到结果,他眉心舒展,奔波劳碌的倦意随之荡去。

2012年2月,清华大学经管学院教授赵家和捐出毕生积蓄1500余万元,成立甘肃兴华青少年助学基金会。在身患癌症、不久于世的情况下,这份他此前已默默进行6年的爱心事业,传递到了他的学生兼同事、经管学院原党委书记陈章武手里。

作为接棒者,陈章武略感欣慰,他没有辜负赵家和的嘱托,4年来,累计资助2204名贫困学生,其中1243人完成高中学业,80%以上考入大学。

---

* 载于2016年9月8日《中国教育报》。

对很多受助生而言，当初他们并不清楚资助者是谁，一次次"千万不要让大家知道我"的叮嘱，至今让外界对这位基金会创始人知之甚少。但时间没有抹去他的痕迹，在身边人的追忆里愈加清晰。

在学生眼里，他时刻为周围人考虑

赵家和出生、成长在清华园里，除去短暂的与父母跟随西南联大迁至昆明外，他几乎没有离开过这里。

最初，赵家和大学毕业后留在了无线电电子学系，从事本学科教学工作，后来清华大学筹建电化教育中心，他又开始从事电化教育和计算机领域的研究。1985年，年过半百的赵家和再次"转行"，筹建改革开放后清华第一个文科学院——经济管理学院。

别人教书是学一门、教一门，可他却三次"转行"，横跨文科、理科和工科。每次转行垦荒谈何容易，这位公认的"清华园里顶级聪明"的人，每一次都回答："好！"难能可贵的是，在每一个领域，他都是佼佼者。

谈到赵家和，大家的印象永远是谦谦君子，整齐的白发，高高的额头，睿智的眼睛里盛满笑意。令他的学生、清华大学经管学院副教授何平最难忘的，是他那鼓励的目光和从容淡定。

"作为一名从江西来的学生，我的英语口语非常不好，但是每每上课的时候，赵老师就会用一种特别让人温暖的目光看着你，让所有人，不管你会不会说英文都能大胆地说出来。"何平说，更令他感动的是，在赵家和生病住院期间，学生们去看望他，他还不忘关心大家，用一种特别淡定的语气说，你们这个年龄需要特别注意身体，癌症可能随时都会到来。

赵家和曾经的研究生、中国证监会副主席李超也还清晰记得，2002年，已经退休的赵家和去证监会开会，还特意为他送去一套台湾证券法大全，"那书摞起来有一尺厚，老师让我好好读"。

但行好事，却把自己放得很轻

1998年，退休后的赵家和应邀去美国，担任得克萨斯州立大学客座教授，讲授中国经济改革实践。在很多人看来，他颐养天年的好日子开始了，但短短两年多后，赵家和放弃待遇丰厚的工作，执意回国。

好友刘尚俭问他为什么突然要回家？赵家和答："信美然非吾土，田园将芜胡不归。"作为在金融界领域的扛鼎人物，赵家和却没有太多的"理性经济人"的存在哲学。在他看来，最有意义的事情，不是掂量轻重、计较长短，而是"君子自安,虽居陋室,自谙芬芳"。那时的他,已经和刘尚俭谈到了想要资助偏远地区学童的想法。

回国后,赵家和在一次偶然的聚会中,得知刘迅等几名学生刚投身股票投资行业,"这钱给你拿去练手吧"。有时几千元,有时几万元,赵家和将自己退休后讲学、兼职的收入节省下来,一笔一笔汇给刘迅。刘迅用心打理,使这笔钱成倍增值,这也成为赵家和日后所捐巨款的来源。

在认识赵家和的人中,他的节俭并不是秘密。作为最早搞金融的老前辈,赵家和在学校的一栋家属楼里,有一套再普通不过的住房,骑着破旧的自行车作为交通工具。每年冬天,他只穿1美元买的化纤毛衣和20世纪80年代买的一条尼龙裤。

令刘迅更为不解的是,这位"投资人"竟然从没问过收益如何、回报怎样,老师牺牲"当期消费来投资"到底要干吗?直到2005年的一天,当刘迅告诉老师,他投资账户里的钱已经有500万元时,赵家和说了一句:可以做点事儿了。答案这才揭晓——赵老师准备拿这些钱来资助贫困学生。

2006年,72岁的赵家和开始从自己的积蓄中每年拿出一部分钱,为贫困学生提供帮助。这笔钱,从遥远的清华大学源源不断地送到了江西贫困学生的手中,同时接受资助的还有甘肃、湖北、北京、大连等地的学生。

不透露自己的姓名,不干涉受资助学生的生活,这是赵家和最初就给自己定下的原则。"大家建议用赵老师的名字为助学计划命名时,赵老师很干脆地拒绝了,说就叫'兴华助学',振兴中华的'兴华'。"刘迅说,也就是从这一年开始,赵家和开始和江西、甘肃等地的贫困学生有了"交集",但这个"交集"仅限于他知道学生的姓名并提供资助,学生并不知道他是谁。

做了"最好的安排",他说了无遗憾

3年间,"兴华助学"先后捐出200多万元款项,让数百个孩子从中受益。然而,天有不测风云,2009年,身体一向健康的赵家和被确诊为肺癌晚期。

得病后花销很大,不过此时他账户上的金额已经超过千万元了,可以保证最好的治疗。但赵家和又做了一个让大家吃惊的决定,捐资助学的钱专款专用,不用来治病,自己住进了医疗条件并不好的校医院。

2011年,他的病情恶化了。为了让"兴华助学"更持续规范地运行,在生命最后的日子里,成立基金会成了赵家和最大的心愿。在病榻上,他反复思考着基金会的事情,想来想去,他找到了多年的同事,当时经管学院快退休的党委书记陈章武教授,请他做基金会的发起人。

陈章武回忆说，虽然身患重病，但赵老师对于基金会的发展思路已经很明确了。"一开始定下的资助对象是高中生，但后来赵老师觉得即便不考大学，接受职业教育，多读几年书再去打工也是好的，就把受助的学生范围改成了'高中阶段'。这些细节都是赵老师亲自和我们商定的。"

在陈章武和一些热心清华校友的帮助下，2012年，甘肃兴华青少年助学基金会成立了。赵家和的1409万元遗产没有留给子女，没有留给老伴，而是选择捐给了祖国的教育事业。

在拿到基金会具有正式免税资格发票的那一刻，已经躺在床上行动不便的赵家和淡然平静，他的心愿终于实现了。临终前一个月，刘尚俭去看他，赵家和说他已经做了他认为最好的安排，"求仁得仁，了无遗憾"。

在陈章武看来，赵家和的一生并不平坦，出现过许许多多曲折，但他从未向人提及。赵家和以坦然的心态面对人生，以潇洒的姿态走完最后的旅程，最终遗体捐献给医学研究。

如今，在北京城郊的长青园公墓，赵家和——这位"炭火教授"的名字与众多遗体捐献者的名字一起被刻在一块碑上，只有仔细寻找才能找到。但他无声的大爱正激励着越来越多的人，正如遗体捐献时协和医院大屏幕上的话："最后的死去和最初的诞生一样，都是人生必然；最后的晚霞和最初的晨曦一样，都是光照人间。"

心灵之火，永不熄灭*
——追忆清华大学教授赵家和

■ 吴　晶　张漫子　刘奕湛　陈　聪　胡　浩　施雨岑　王思北

他身家千万，却把一件1美元的化纤毛衣穿了十几年。

他有一儿一女，却把全部积蓄都捐给了素不相识的孩子们。

他明知时日无多，却在生命的最后时段发起了一场爱心接力。

他就是清华大学教授赵家和。

赵家和逝世4年后，他匿名资助贫困学子的故事不胫而走。人们在深深的震撼中，追忆着他的故事，也在无限的怀念中，追随着他的足迹。

最后的晚霞和最初的晨曦一样，都是光照人间

2012年7月22日晚，一辆白色的面包车从清华大学校医院出发，载着一具老人捐献的遗体，驶向北京协和医院。

清华大学校医院的一间普通病房内，老人在最后的半年时间与肆虐的癌细胞抗争。晨曦时分，他常常坐在轮椅上，请护工推他去透透气，偶尔有气力，也会在荷花池边走一走。

来来往往的病友不知道，这个戴着眼镜、面带微笑的"赵老师"就是清华大学经管学院的奠基人。他完成了自己最后的心愿，离开这个世界，已然无惧无憾。

赵家和生前有个经营多年的"宏大计划"，他以一个经济学家的缜密严谨一步步达成自己的目标。2011年3月的一天，赵家和突然找到清华大学经管学院原党委书记陈章武，托付给他一项"秘密事业"——把积蓄1409万元以资产委托管理的形式，筹划成立"甘肃兴华青少年助学基金会"。

这1409万，源自赵家和20多万美元的投资款。

1998年，到深圳讲学的赵家和偶遇正在创办投资公司的学生刘迅。"他提出要拿点钱给我们试试看，我们感觉压力挺大，他是老师、又是前辈，都退休了，给

---

* 载于2016年9月9日新华社。

我们这些钱干吗呢?"刘迅说。

此后,赵家和先把约20万美元打给刘迅,又陆陆续续添了一些,有时是几千人民币,有时是几千美元,都是他马不停蹄在外讲学的劳务费或为公司咨询的顾问费。除了给刘迅的公司一些"醍醐灌顶"的指点,他从不过问资金的管理情况。

直到2005年,刘迅告诉他资金"翻了几个滚,到了500多万元",赵家和才简单地在电话那头说了句:"嗯,可以做点事了。"

"当时他没有说要做什么,过了一段时间,才告诉我要做助学,那一刻我被震撼了,赵老师一家的生活并不富裕,这笔钱不是用来改善生活,而是全部用于给穷苦孩子求学。"

实际上,得知有了启动资金后,赵家和就自己跑去北京远郊"做功课"。从实地调研到模型论证,他用去大半年时间,光是搭乘公交的车票就垒起厚厚一沓。老伴心疼他路途奔波,劝他包个车,他却说什么也不肯。

一个个问号,诉说着他细致入微的思考:高中?金额/人?何时到款?协议/合同格式?……在一个列满经济学公式的笔记本里,夹杂着很多泛黄的纸片,写着实地调研的各类情况。

"赵老师常常强调,资金有限,要花在穷孩子最需要的地方。"刘迅说,他觉得从小学到初中有义务教育减免政策,大学有国家助学贷款,高中孩子正是要劲的时候,需要钱。

2006年,赵家和的第一笔助学款从北京寄出。从此,江西、湖北、吉林、甘肃等地的很多学生重新走上了求学路。

2009年,他发现了资助学生过于分散导致"四处撒钱"的情况,决定从甘肃省白银市实验中学开始,尝试向西部转移。

赵家和的"计划"推进顺利。然而,命运捉弄人!此时的赵家和被查出肺癌晚期,癌细胞已向脊椎和脑部转移。

就在刘迅等少数知情人士"庆幸赵老师还有钱可以好好治疗"时,他却提出要把所有的积蓄拿出来设立基金会。

为什么别人都要寻求安逸的晚年,他却选择去做一件"明知很难的事"?在饱受病痛折磨的最后时光,他还坚持要把这件事"不折不扣地做下去"?

"赵老师心中有团火。"学生张陶伟说:"他常说,'做任何事都要有个标准,就是看对社会、对民族、对国家的贡献究竟在哪里'。"

记不清有多少次,赵家和躺在病房、打着点滴,仍坚持与陈章武等商议基金会的筹建事项。"他常说,我们也没有多大的本事,不做锦上添花,就做一点雪中送炭的事吧。"

2012年初，甘肃兴华青少年助学基金会在兰州宣告成立，陈章武专门给赵家和致电报喜，"赵老师只做了两点交代，一是在基金会宣告成立的新闻稿里不要出现他的名字，二是从兰州回到北京不要给他带任何礼物"。

尽管新闻稿后来改为"一位身患癌症的清华退休老教授捐的钱"，陈章武回京后还是"挨了批评"。赵家和认为这样的表述很容易让别人联想到他。而甘肃校友捎来为他治病的虫草，他也坚持用自己的钱买了下来。

"从头到尾，他都没有想过自己。"刘迅说，"他达到了一种很高的境界，超然而专注、简单而平实，让你不由得跟着他的脚步走。"

2012年7月22日17时30分，赵家和走了。仲夏时节的落日余晖，洒进小小的病房，照亮他消瘦而苍白的脸。

因为遗体要在限定时间内运往医院供研究使用，很多人虽匆匆赶来，却没能见上最后一面，只是听医生说，他走得平静安详，眉目舒展。

好友刘尚俭说："最后一次见他时他曾说，'我已经做了我认为最好的安排，求仁得仁，了无遗憾'。"

那天晚上，协和医院依循惯例，举行了简单的遗体接受仪式。没有花圈簇拥，也没有白菊黑纱，只有那句映在大厅屏幕上的话语，从此刻在送别者心中：

"最后的死去和最初的诞生一样，都是人生必然；最后的晚霞和最初的晨曦一样，都是光照人间。"

生在校园、长在校园，教书育人就是他一辈子的事

一个褪了漆的双门书柜，一个有些歪斜的四轮置物架，一个窄小的茶几和一个素色简易的三人转角沙发——这些就是赵家和家中客厅的全部家具。

他去世后，老伴吴嘉真常常一个人坐在这里，时而整理下他生前的笔记、书稿，时而出神望一会儿墙上悬挂的金婚纪念照——那是他去世前2个月，打起精神陪她在校园内拍摄的。

"他生在校园，长在校园，教书育人就是他一辈子的事。"吴嘉真仰慕和欣赏的赵家和，就是一个"离不开学生"的人。

1934年9月，赵家和出生在清华园，他的父亲是法学系主任。在那个山河破碎、民族危亡的年代，他在幼年就体尝了时局动荡、辗转迁徙的辛酸，又在少年时代目睹了西南联大师生追求进步、奋起抗争的历程。

"也许从那时起，赵老师就树立了一种对教育特殊而深厚的情感。"陈章武说。

1955年，赵家和从清华大学无线电系毕业，拿到了学校第一届"优良毕业生"奖状。这个被同学公认为"绝顶聪明"的人留校后就担任本科教学，他主持研究

的电子材料也是很受关注的热门领域。1961 年，他光荣加入中国共产党，是全校公认的骨干人才。

"当时我刚调到化学系搞新材料，听说他很厉害，就去请教，两个人在系馆的楼梯口简单交流了一下。"赵家和与吴嘉真这两个高才生，就这样在清华园初次相识。

从此，美丽的校园留下了他们一生难忘的印迹，也让赵家和对这个心灵的栖所有了更深的眷恋：在新斋宿舍留下第一张约会字条；在西大饭厅跳过第一支交谊舞；在工字厅门口散步聊天；在校医院迎接孩子第一声啼哭……

春夏秋冬，花开花落。两个分享着同一份热爱的人就这样携手同行，在三尺讲台释放着他们丰沛的才情。无论是困难时期的清贫困苦，还是"文革"时期的迫害摧残，赵家和与吴嘉真始终相依相守、淡然面对，俨然一对"神仙眷侣"。

1977 年，学校委派赵家和筹建电化教育中心；1979 年，学校又调他到科研处搞管理；1985 年，年过半百的他再次转行，筹建改革开放后清华大学第一个文科学院——经济管理学院。

每次接到新任务，言语不多的赵家和只说一个字"好"！有的同事为他丢了老本行"叫屈"，他却总是一笑置之。

在科研处做管理，赵家和因为外语好被派到国外采购设备，最终为学校带回了"腰斩"市场价格的计算机。

"那还是改革开放初期，出国条件艰苦异常，赵老师既当领队又当翻译，20 多天连轴转，回来瘦了十几斤，还落下了失眠的毛病。"83 岁的老教授桂伟燮说。

筹建经管学院，赵家和主笔起草金融系的整个教学大纲，引入大量国家急需的切合市场经济发展的国际教学资源。

"当时院办只有 4 张办公桌。不少主意都是老赵提出来的，事后证明也都正确。"85 岁的学院老书记邵斌说。

从零开始，心甘情愿。满腔热忱，燃烧似火。

赵家和的英语在经管学院数一数二。他特别耐心地鼓励学生"要敢张嘴"，很多同学都忘不了他"鼓励的目光"。

"别看赵老师平时很和气，有一次遇到一个说国内这不好那不好的'海归'，他当场就发火了。"经管学院副教授何平说。

清华园，见证了赵家和勤勤恳恳、兢兢业业的一辈子，也深藏着这个老一辈知识分子对家国深沉而隽永的爱恋。

"他为助学基金会取名'兴华'，既与'清华'读音相近，也是'振兴中华'之意。"刘迅说。

退休后，赵家和应邀赴美任教，讲授中国经济改革实践。两年多后，他带着20多万美元的讲学费，毅然回国。

"那时他对我说要回家，我们都以为他是打算带着美国的讲学费用回国做投资，没想到他后来隐姓埋名搞了助学。"好友刘尚俭说。

20多万美元，在当时颇为可观。为了攒下这笔钱，赵家和一家过着别人难以想象的"苦日子"。

进超市，直奔最便宜的鸡腿和法棍面包；买衣服，会拣1美元的化纤毛衣；"精打细算"的结果，是全家人后来都"怕吃鸡"。

"在美国最常见的一种紫黑色的苹果，我是这几年才知道叫蛇果，一直没吃过。"吴嘉真说着，淡淡笑着，有对那一段时光的回味，却没有对老伴的埋怨。

没有到访过赵家和家中的人很难相信，这位知名学者就住在清华校外一座20多层高的塔楼里，70多平方米的房子铺着最老式的地板砖，唯一一件与时代没有脱节的电器，还是学生几年前"实在看不过去，硬给买来装上的电视"。

打开老两口的衣柜，结婚时赵家和买给吴嘉真的咖啡色呢子大衣还显眼地挂在那里；8件领口和袖口磨得起毛的衬衣和4件西服就是赵家和的全部行头。

这一生，赵家和就是个"富有的穷人"，也是个"聪明的笨人"。

"赵老师喜欢摄影，人物、风景都照得很好，可直到他去世我们才发现他连一台专业相机都没有。"

"赵老师不讲究，平时在家吴老师做什么他吃什么，出差就在宾馆楼下找个小馆子，还经常请学生吃饭。"

"他从不跟组织讲条件，生病住院都怕浪费国家资源。"

"他什么都能让，领导职务给年轻人让出来，办公室给同事腾出来，自己的事都可以往后放，就是学生的论文、研究他催得紧。"

……

可以奔院士，他放弃了；可以赚大钱，他错过了；可以过人人称羡的生活，他却没有。

退休后，为了攒下助学资金，他在深圳当企业顾问，自带铺盖租房住，由于地方太小，有时甚至要把一些物品暂时存放到学生家里；患病后，为了节约治疗费用，他拒绝使用500元一片的进口药，而是托人从印度买回50元一片的仿制药，结果因过敏导致高烧不退。

"他脾气很好，我们很少拌嘴，为了这个药的事，我们有过争执，最终是他同意进口药和仿制药隔天轮着吃，到最后他卧床不起，看他实在难受，我又偷偷把药都换成进口的。"吴嘉真说着，忍不住哽咽。

燃尽自己、照亮别人，这就是人们"始终仰视"的赵老师。他光明而悠长的心灵烛火，留给世间无尽温暖。

"对于自己的病，对于自己的未来他表现得非常从容，每次探望赵老师，他最关心的，最愿意跟我们探讨的不是他的病情，而是学院的发展、国家的发展。"

"当时他整个下半身都不能动了，腿上扎满了针，我们跟他讨论针灸的工作机理，赵老师笑笑说，我到时把自己捐出去，让医生好好看看，它们到底是怎么工作的……"

赵老师走后，大家自发建起悼念网站，首页，黄菊花静静绽放，蔚蓝色夜空群星璀璨，辉映着"深切缅怀中国共产党优秀党员、著名金融学家和金融学教育家赵家和教授"这几个大字。

清华大学党委常务副书记姜胜耀说："赵家和是一位有品质、有情怀的老师，也是一位有担当、有风骨的知识分子。像他这样的人是教育的灵魂，也是这个时代需要的脊梁。"

赵家和这个名字，是一种连接的纽带、一种充盈的信仰

"最遗憾的事，是我想见恩人，他却不在了。"一提起"赵爷爷"，北京大学新闻与传播学院本科生何丽琼的眼泪就止不住。

2015年，这个甘肃女孩到校报到后做的第一件事，就是去看一看那个资助她完成三年高中学业的"神秘老人"。

"奶奶好，我是赵爷爷资助过的学生，来自甘肃省。"初次见面，未及多言，门内外的两个人都已潸然泪下。

一直教学生要把"边际效益最大化"的赵家和把他一生最大的"投资"给了那些素不相识的学生们。

他去世后，人们在甘肃兰州举行了一场追思会，一群刚刚知晓"赵爷爷"的学生连夜赶来，望着照片中那个眉目慈祥的老人，很多孩子痛哭失声。

"是赵爷爷让我意识到，这社会上有人跟我没有血缘关系，但依然关心我。"

"我一直觉得清华的教授是遥不可及的，但他的关爱真的给我了。"

……

甘肃庄浪一中校长李维仓说，因为家境贫寒，不少孩子心态很消极，对社会充满质疑，可是获得资助后，他们改变很多，对未来萌生了希望。

钱到人到心到，扶智更要扶志——这是赵家和生前对基金会提出的期望。4年来，基金会不仅及时精准地对有需要的学生提供资助，还组织志愿者通过家访、讲座等形式为这些孩子"扶志"。

有个农民企业家每年捐款10万元，定期给同学们讲自己"差20元辍学，到工厂搬砖"的经历；另一个捐赠人，同样来自大山深处，同样割过猪草放过牛，风尘仆仆赶到大西北深处的教室，带来一整箱的励志书……

"我们的捐赠人绝大多数是工薪阶层，很多曾经是苦孩子，他们的参与对学生心灵的触动远远超过了金钱的资助。"陈章武说。

"贫穷不是我的过错，但是拿着好心人资助的钱而不努力学习，那是种罪过。"

"我不能放弃，不只为了我的梦想，也为了不辜负父母、恩师以及给予我无私帮助的你们。"

……

受助学生每学期要写一封学习、思想、生活汇报信，这是赵家和生前提出的唯一要求。读着这些信，陈章武的脑海中常常闪过赵老师笑呵呵的样子："我们的资助不应成为孩子们的负担，所以他们不用考虑我们是谁，物质的资助作用是最小的，真正起作用的应该是心灵的关爱。"

4年间，赵家和这个名字，渐渐成为一种连接的纽带、一种充盈的信仰。

一位88岁的老先生辗转找到陈章武，要把这辈子的积蓄全部捐赠。他说："这辈子钱就这么多，想像赵老师一样做件有意义的事。"

一名在清华接受过短训的学员把父母4万余元遗产全部捐给基金会，他还嘱咐刚成年的女儿："我会接着捐，捐不动了，就轮到你了。"

打开基金会网站，捐赠流程、定点学校、年度报告等事项一目了然，唯有捐款人姓名不对外公布。

"大家都表示要以赵老师的名义继续把这件事做下去，所有人不在基金会拿一分钱、基金会也因此成了一个基本没有管理费的特殊组织。"陈章武说。

100元、500元、几万元、几十万元……截至2016年7月，赵家和留下的本金并未减少，已有500余位爱心人士向基金会捐款近千万元，累计资助2204名贫困学生，其中逾八成考入大学。

遵照赵家和生前"铜板不分大小、爱心不分前后"的理念，每收到一笔捐赠，基金会都要向捐赠人寄出一封感谢信，并附正式收据。

翻开正红色的感谢信，一首诗歌《大爱行》跃然纸上，这是大家在赵家和去世后加印上去的：……谁的深情，寄望着深深苦读的寒门学子。谁的眷恋，倾注在绚丽多娇的如画江山……

培养一个学生，改变一个家庭，带动一个村庄——在赵家和生前未能去过的广袤山乡，基金会的理念越传越远，志愿者的队伍越来越壮大。

甘肃受助学生张亚丽从南京财经大学毕业后去了西藏支教，2014年、2015年暑假，她组建了两支公益支教团队回到家乡，为当地小学募集图书。她说："我相信每一个接受过资助的山区学子都会想把这份爱心传递给社会。"

4 年间，不少考上大学的受助学生自发来到北京城郊的长青园公墓，在密密麻麻的遗体捐赠者的名字中寻找"赵爷爷"，然后含泪带笑，给他"汇报思想"。

"赵爷爷让我看到了什么是社会的良心。"何丽琼说，"我以后想做一名调查记者，多去关注一些社会的边缘人群，不说为了社会的进步做什么，只求能让社会做出一些改变。"

每所学校 100 个孩子，每年 10 所学校——4 年间，那永不熄灭的心灵之火，正在照亮追随者的足迹。

"那时候赵老师只说钱花完就花完吧，我们没想过做大做强，只希望能有更多不带功利色彩的慈善组织出现，有更多的爱心汇成暖流，有更多的人向他的精神靠近。"

70 岁的陈章武"还没有休息的打算"，在找到可以接力的合适人选之前，他还要继续往西部跑，"把赵老师的故事讲给更多人听"。

赵家和事迹展在清华大学举行*

《光明日报》2016年9月10日

■ 邓　晖

第32个教师节来临之际,"一个退休清华老教授——优秀共产党员赵家和事迹展"在清华大学经管学院揭幕。今年7月,本报推出连续报道,讲述了这位"炭火教授"把一生与祖国、民族和人民紧紧相连的感人事迹,引起强烈反响。作为清华"两学一做"教育的生动一课,此次展览分为"清华缘""干一行 爱一行 精一行""经管岁月""经世济民""大爱无疆""捐资助学"六个部分,图文并茂地再现了赵家和教书育人、捐资助学的感人故事。

---

* 载于2016年9月10日《光明日报》。

蜡炬成灰光愈灿*

——追记捐资1500万助学的清华大学教授赵家和

■ 张 烁

也许本报道会搅扰九泉之下的这位老人,因为他始终不愿让别人知道自己的姓名,不愿接受被帮助孩子的感恩;也许报道能给老人一些安慰,因为他倾尽全部积蓄1500万元设立的助学基金,已经滚雪球般成长,惠及越来越多的困难学子。有人用"春蚕到死丝方尽,蜡炬成灰泪始干"比喻教师,而对他来说,"蜡炬成灰光愈灿"似乎更为贴切,因为他捐了积蓄捐遗体,本想让自己在这个世界上消失得无影无踪,但他离世愈久,发出的光反而愈加炫目,以至于在去世4年后,成了热点新闻人物。

他叫赵家和,是清华大学经济管理学院退休教授、著名金融学家和金融学教育家。他还有一个身份——共产党员,从他身上,我们看到了信仰的力量、仁爱的光辉、人性的光芒。

"千万不要让学生知道我的信息,不要让他们有思想负担!"

让我们把时光退回到2012年2月的一天,甘肃兴华青少年助学基金会在兰州正式成立,决定首期选取十余所高中的寒门学子,每年资助学生总数超过1000人,一个孩子一年2000元,资助总额超过200万元。

基金会成立这天,理事长陈章武如释重负,终于完成了出资人的委托。那还是2011年,原为清华大学管理学院党委书记的陈章武即将退休。一天早晨,赵老师拖着病体找到他,攥着陈章武的手,希望他能够接下这个爱心接力棒,用自己的几乎全部积蓄筹建助学基金会……

基金会第一届理事会正在进行中,大家正说着赵老师。"丁零零……"陈章武的手机响了,是病床上的赵老师从北京打来的。放下电话,陈章武的眼睛湿润了,他告诉大家:"赵老师在电话里做了两点交代,第一点,在新闻稿中不出现他的名

---

* 载于2016年9月10日《人民日报》头版。

字；第二点，从兰州回来，不给他带任何礼物。"

正如赵家和所料，拟定的新闻稿中真有他的名字。这一下，陈章武为难了，和大家斟酌了半天，把基金会的出资人改成了"一位身患癌症躺在病床上的清华大学退休老教授"，在《甘肃日报》等媒体发布。

没承想，回到北京，陈章武还是挨了一顿"批"，"你干吗还写躺在病床上的教授？一写病床，大家容易猜到我。"

不透露自己的姓名，不干涉受资助学生的生活，是赵家和最初给自己定下的原则。他一再嘱咐身边人，"千万不要让学生知道我的信息，不要让他们有思想负担，觉得这是别人对他的帮助。你要跟他们讲清楚，这只是对他们努力学习的激励。"至于家人，赵家和强调，今后不在基金会担任任何名誉或实质性的职务。

"这笔助学金帮了我的大忙！"在西藏拉萨市，"兴华基金"的受助者、甘肃女孩张亚丽趴在宿舍的床上，给陈章武爷爷写信，因为她不知道资助者是谁。"我参加了这次西藏的专招，将去拉萨的乡镇基层工作……"她的脸上露出微笑。

在甘肃省大山深处，孙浩改变了自己的梦想。"我原来渴望走出大山，再也不回来。但这个想法在受到您的资助后改变了。"孙浩心中的话向不知姓名的"清华退休教授"诉说着："仅仅我一个走出大山有什么用？乡里还有那么多孩子。我要留在大山里，建设家乡。"

"赵老师教会了我们做人不图名、不图利，很遗憾没有见过他。"来自甘肃省平凉市灵台县星火乡的郭鹏如是说，如今的他已经是清华大学的大二学生了，他也是在考入清华后才知道资助人是赵家和。"我会铭记赵老师这种无私的爱，将来有能力了也像赵老师一样，去帮助有需要的人。"

如今，基金会成立 4 年了，累计有 2204 名寒门学子受助，1243 人完成高中学业，其中 80% 以上考入大学。

"这位好心人是谁？"在赵老师去世前，很多人在不停地追问，可怎么打听，得到的答案都是"一位清华退休教授"。

"要花，就花在'最要劲'的地方"

赵家和究竟是怎样的一个人？带着由衷的敬意和些许的好奇，教师节前一天，记者登门拜访了赵老师的夫人吴嘉真，她满头银发、说话有点颤抖，但举手投足十分优雅。

环顾这套不大的房子，简单而朴素。墙上，一左一右，挂着老两口和孩子们的合影，是如今很少见到的那种木头玻璃相框。

"这是结婚 40 周年，去中国照相馆照的。"吴嘉真的思绪穿越岁月，温柔地说，

"这边一张，是金婚。"照片中，赵家和整齐的白发略显稀疏，高高的额头微微上倾，睿智的眼里盛满笑意。谁料想，就在金婚纪念2个多月后的7月22日，赵家和溘然离世，享年78岁。

这是吴嘉真一生中的最痛。"前一天还挺好的，我给他买的虾，儿子给他送饭回来挺高兴，说吃得挺好的，我也高兴得不得了。结果第二天就不行了……"这位80岁的老人捂着脸，泪水从指缝间流了下来。

1998年，赵家和退休了，应邀前往美国，担任得克萨斯州立大学客座教授，可是，安逸的生活不到3年，他就不顾美方大学的一再挽留，执意回国。

"在美国好好的，为什么突然回来？"好友刘尚俭非常吃惊。赵家和却说："信美然非吾土，田园将芜胡不归？我这是'君子自安，虽居陋室，自谙芬芳'。"

赵家和为什么回国？他的学生刘迅最清楚。得知记者采访赵老师的事迹，他连夜从深圳赶到北京。在清华经管学院二楼的一间会议室里，刘迅来不及喝水，就讲起了赵家和的故事。他说："有一天，赵老师专门找到我，交给我一张银行卡，眼中充满了信任。""这是我一点积蓄，你拿去练手吧。"感诧于老师的信任，刚刚投身金融投资管理行业的刘迅接下了这个沉甸甸的任务。他知道，老师退休前没什么钱，这是他退休后在美国讲学、在公司担任顾问时一点一点攒下的。尽管不知道一向简朴的老师为何对赚钱有了兴趣，刘迅还是没有辜负老师的信任。在资本市场上，2005年，这笔钱已经增至500万元人民币。当刘迅打电话告诉赵老师时，赵家和说："嗯，可以做点事了！"11年过去了，这句话还在刘迅的耳边回响。"声音不大，却很坚决。"

"这个想法他早就有，在美国时就说，回国后要拿这笔钱做一点善事。"陈章武忆起往事，感慨万千。

老伴已经记不那么清了，那一年，赵老师搭着公共汽车，跑了两趟北京延庆。在赵家，记者见到了一本调查笔记，"初中""高中""中专"……一个个条目后面，是清晰的记录。花钱包个车吧！毕竟70多岁的人了，折腾一趟疲惫不堪，老伴心疼。赵老师却不同意，嫌浪费钱。

"从小学到初中有义务教育，上大学有国家助学贷款。要花，就花在穷孩子'最要劲'的高中，这是边际效用最大化。"赵家和把自己的结论告诉刘迅，睿智的眼光从镜片后透出来。

2006年，是赵家和捐资助学"元年"。此后3年间，他和刘迅的团队动用了200多万积蓄，资助了几百个贫困高中生。

2009年，由于资助学生过于分散，为避免"四处撒钱"，赵家和决定改变捐助方式，从白银市实验中学开始，把捐助范围从全国向甘肃聚拢。

边实干，边创新。在捐资助学过程中，一个想法在他心中越来越明确、越来越强烈：用自己的积蓄建立一个非公募助学基金会，让助学行为更加长久和规范，也让更多富有社会责任的爱心人士参与进来。

基金会叫什么名字呢？大家不约而同地想到了"家和"，既是赵老师的名字，也有"家和万事兴"之意，可谓一语双关。赵老师却直摇头，他沉默良久，一挥手说："就叫'兴华'吧。"不用过多的解释，大伙儿就明白了其中的含义，"兴华"，音似"清华"，这是赵老师眷恋了一辈子的地方；"兴华"，意为"振兴中华"，这是他毕生的愿望和追求。

"对国家民族有利，就是最好的投资"

在赵家和的心中，装满了国家，装满了寒门学子，唯独没有他自己。"对国家民族有利，就是最好的投资。"作为著名的金融学家，赵家和经常这样说。

赵家和是省钱高手，83岁的清华工物系退休教授桂伟燮最难忘的，是赵家和在科研处时的一次采购。"当时世界银行提供给清华第一批无息贷款，赵家和外语好，既当领队、翻译，还当技术顾问。"桂伟燮还记得赵家和挂在嘴边的话，"国家不富裕，必须节省"。20多天的连轴转，用几乎市场价格的一半，带回了当时十分先进的计算机。"这次采购，让家和瘦了十几斤，还落下了失眠的毛病。"桂伟燮说。

居家过日子，赵家和也是精打细算。1998年，他在美国做客座教授。美国大学开出的薪水不低，但他为一家几口每个月订下的生活费标准只有100美元。"我们在美国最常吃的就是鸡腿，因为那是最便宜的。"吴嘉真笑称，"就是以后再也不爱吃鸡了。那时，每个月如果能省下几块钱去吃一顿中式自助餐，就是全家人最奢侈的享受。"

在赵老师的卧室，拉开衣柜，8件领口袖口磨得发毛的衬衣、4件泛旧的西服，就是这位著名金融学家的全部行头。每年冬天他只穿1美元买的化纤毛衣和20世纪80年代买的一条尼龙裤，2000年之后，就再也没有买过新衣服。

说起女儿，吴嘉真的眼中闪过一丝快慰。"女儿就是赖皮一点。那时候要在美国买房子，让爸爸给2.5万美元做首付，爸爸赞成了。她说多给点，要3万。我说你再说，这两万五也没了。"想起当时一家人其乐融融的打趣，吴嘉真笑起来。

对于父亲的"抠门"，孩子们能理解吗？吴嘉真一脸的自豪，"这方面，我那两个孩子真都挺好的！我也不觉得孩子需要太多钱，尤其是父母留下的钱，这样不好，要让孩子去奋斗。"

"现在这个社会，大家都在不断变现、提前消费，赵老师反其道而行之，把自己的心血不断投入给国家、社会和民族，他教给我们什么才是最好的投资。"刘迅感慨，"他知道怎么赚钱，可他把全部的精力放在了怎么把钱花在最有价值的地方。也许，这才是钱的真谛。"

对于金钱，赵家和的做法令人肃然起敬，对于名利，他同样胸怀坦荡。

"赵老师在清华园里是顶尖聪明的，以他的聪明，留在无线电系，奔个院士不是没可能。"经管学院副教授张陶伟这样评价赵家和。

1951年，17岁的赵家和考入清华，选择了无线电电子学，毕业后留校任教。1977年，学校筹建电化教育中心，43岁的他割舍心爱的专业，第一次转行；两年后，学校调他到科研处搞管理；51岁那年，年过半百的他第三次转行，筹建改革开放后清华大学第一个文科学院——经济管理学院。

转行，意味着开垦拓荒，意味着放弃积累了大半辈子的成果。隔行如隔山，搞科研，这几乎等于连根拔起，顶着花白的头发重起炉灶。

因为赵家和的一次次转行，有人为他鸣不平，可赵家和丝毫不放在心上。选办公室，他给自己找了个暗间；为了给年轻人更多机会，他主动让贤，先是从常务副院长转为副院长，后来干脆回到系里。

"赵老师有过犹豫吗？"记者问吴嘉真。"没觉得。这几次调动，他都没有同我商量，只是把结果告诉我。"

"干一行、爱一行、精一行"，很多人这样概括赵家和。"无线电、计算机再到经济金融，他始终站在学术潮流前沿。"陈章武说。

"求仁得仁，了无遗憾"

2012年1月，家里。肺癌晚期的赵家和神色平静地交代遗嘱。

"捐献遗体，供医学研究，不安排遗体告别仪式……"他又叮嘱老伴："学校分的这套房子，如果将来卖，只能卖给学校。"作为见证人的陈章武和张陶伟，泪水在眼眶里直打转。赵家和却眉目舒展，安慰老友："我已经做了我认为最好的安排，求仁得仁，了无遗憾。"

其实，从2009年得知自己的病情后，赵家和一直很平静。他给年轻同志发了邮件，"我体检有肺癌，你们年轻人要注意身体。"

吃穿可以节省，但治病不能迁就吧。吴嘉真清楚地记得，那一天，她陪着全身过敏发烧的老伴去医院，医生的话毫不留情："你这是吃的廉价药吧？我们把这药叫假药。"治疗癌症，赵家和用一种英国进口的靶向药，效果很好。但是贵啊！一片就要500元。听说某国有一种仿造药，只要50块钱一片，赵家和就托人带了一些。

"医生要求他停了仿造药。不干！我一点办法也没有。他想了个办法，隔一天吃进口药，隔一天吃仿造药，结果还是过敏。"吴嘉真最了解老伴的心思："钱已经决定捐助了，他自己估计还能活5年，用进口药要花很多钱的。"

临终前几个月，经管学院教授李稻葵去看望赵家和，此时，他下半身动不了，腿上扎满了针。"这针灸从表面上啥也看不出来，可还能治病，到底是什么样的工作机理？"赵家和乐了，回答李稻葵："我到时把自己捐出去，让医生好好看看，它们到底是怎么work（工作）的。"

"赵老师以坦然的心态面对人生，以潇洒的姿态走完最后的旅程。"追思会上，陈章武沉痛地说道。

"70多岁能够给国家做的事情都做了，后面长一点很好，短一点也没有什么。"患病后的一次散步时，赵家和这样和老搭档赵纯均交心。"在整个治病过程中，赵家和是一种坦然的态度，得也淡然失也泰然，真正对人生大彻大悟。"赵纯均说。

"这样有名的老教授，哪怕是毕业多年的学生向他咨询问题，他都会登门服务，别说报酬了，就是留他吃顿便饭都很难。有时拗不过学生，他就提议去路边小店。"学生王淳奇还记得，那是个天寒地冻的日子，他穿着那件旧罩衣，骑着那辆旧自行车相约而来，而且提前到达，这是老师的作风。

写本书吧！王淳奇这样问赵老师。赵家和一笑，"图那些虚名干什么"。写本回忆录吧！赵老师躺在病床上悠悠地说："写什么呢，如果我做了坏事的话，别人都记在心里，做了好事，那就不用再说了。"

学生潘庆中记得很清楚，"赵老师郑重告诫我们，'做任何事都要有个标准，就是看对社会、对民族、对国家的贡献究竟在哪里'。"

"铜板不分大小，爱心不分先后"

"死亡征服不了伟大的灵魂"，哲学家培根的这个阐释，或许是对赵家和精神世界的最好注脚。

几年来，"兴华助学"像爱的"磁铁"，已经聚拢了500余位爱心人士，实际已使用善款近千万元；一些青年学生尽管没有经济能力，却纷纷加入爱心社、成为志愿者。

前不久，一位88岁的老人找到陈章武，要捐出一辈子的积蓄，却执意不肯留下名字。"我就信这个基金会"，老人说。目前，第一笔善款已经到账。

7月下旬，赵家和生前担任过顾问的一家企业，企业代表在狂风暴雨中从深圳飞赴北京，承诺由企业员工3年内每年捐出500万元，这是基金会成立以来得到的最大一笔捐赠。有员工悄悄提醒老板："就这么把钱给兴华了，那不就没我们什么事了？"老板眼一瞪，"这是做慈善，你还想要什么？"

一位曾在清华短暂培训过的学员，带着刚成年的女儿，把父母留下来的4万多元遗产全部捐给了基金会："父母生前教导我们乐于助人，希望能用这样的方式延续父母的爱！"转过身，他叮嘱女儿："我会接着捐，捐不动了，就轮到你了。"

更令人感动的是，很多捐赠人坚持隐姓埋名。"告诉孩子们是赵老师的钱，比告诉他们是老板的钱，对孩子激励作用更大。"有人这样悄悄给陈章武解释。

"为兴华青少年助学基金会捐款的绝大多数是普通人。"陈章武说，每次接到捐助款，无论100元，还是几万元、几十万元，基金会都会寄出一封精心准备的感谢信，除了抬头不同外，包装、内容都一样，这也是老师生前的嘱托，"铜板不分大小，爱心不分先后"。

清华大学党委副书记史宗恺满怀深情地说："他以平凡人的心态，过着普通人的日子，心里却始终坚守梦想，并用梦想去激励学生。正是这样有品质、有情怀的老师，撑起了大学的脊梁。"

赵老师离我们远去了，可"最后的晚霞和最初的晨曦一样，都是光照人间"。赵家和用自己的全部光和热，照亮了寒门学子的求学之路，也成为这个时代熠熠生辉的一抹亮色。

只计天下利，不求万世名*

■ 长　乐

　　清华大学退休教授、著名金融学家赵家和，有着自己的"投资理念"，那就是"对国家民族有利，就是最好的投资"。为此，他可以吃粗茶淡饭，穿旧衣布衫，但却把1500万元个人财产用到了"最要劲"的地方，资助2000多名寒门学子完成了高中学业。

　　"计利当计天下利，求名应求万世名"是于右任先生的名句。令人肃然起敬的是，作为共产党员的赵家和，只计天下利，不求万世名。他做好事生怕别人知道，捐资设立助学基金，在基金名字上舍"家和"而用"兴华"，以体现自己"振兴中华"的愿望；他资助了那么多的孩子，觉得钱给读书的孩子花，比自己花"效益更大"，但坚决不透露自己的姓名，即便用"一位清华教授"的名字宣传基金会，都让他心有不安；他"求仁得仁"，捐了家产捐遗体，把自己"捐"了个干干净净，去世后想让自己消失得无影无踪……在履行共产党人宗旨方面，赵家和真正做到了"全心全意"乃至"全身"。

　　赵家和的肉体曾经是痛苦的，肺癌晚期的极度疼痛，窒息般的胸腔压迫，常人恐怕难以想象；赵家和的精神一直是快乐的，因为他有信仰，有追求，他付出了人间大爱，也一定收获了常人无法体验到的无穷快乐，这是奉献者的快乐、创造者的快乐，是价值实现的快乐，是梦想成真的快乐，是真正意义上的助人为乐！用他自己的话说，"了无遗憾"。

　　信仰是人生的灯塔，只有崇高的追求和坚定的信仰，人生之舟才能始终沿着正确方向扬帆远航。在别人看来，赵家和的作为不啻壮举，但在他和家人看来，"就应该这样，没什么可说的"，因为这种人生观、价值观，已经内化于心，融入骨子里。

　　赵家和心中有国、心中有民、心中有仁、心中有爱，唯独没有他自己。这是信仰的力量，这是共产党人的情怀！他不愧为当代中国知识分子的脊梁！

---

* 载于2016年9月10日《人民日报》。

感恩与思念

跋
吴嘉真

家和走了八年了。他的音容笑貌时时出现在我的记忆中。他的一生都和清华血脉相连。家和的父亲在北大就读，后赴法留学，获巴黎大学法学硕士。他父亲曾任清华大学法律系主任，在清华任教17年（1933—1949年），他的事迹在《清华名师风采（增补卷）》上册第573—580页有所介绍。

1934年，家和出生于清华新林院21号。1937年，抗日战争爆发，清华、北大、南开三校迁至昆明，组成西南联大。三岁的他，从此跟随父母，在西南联大艰苦环境下成长。直至1945年抗日战争胜利，于1946年随清华师生返回北京。

1949年，全国高校进行院系调整，清华大学法律系取消后并入北京政法学院，他父亲自动离职，举家搬出了清华园。1951年，家和又回到了清华大学——他考上了清华电机系，大二时转入无线电系。学生时期，由于他比较聪明，又受到他父亲的影响，学习成绩很好，1954年获得首届学习优良奖状。1955年，他从无线电系毕业，获得了清华第一届优秀毕业生奖章。1961年，他加入中国共产党。

四年大学生活，除了学习好，他还做了很多社会工作，逐渐培养了较强的工作能力和服务他人的人生观。大四时他当了班长，从此"赵头"的名字一直叫到他告别人生。他从无线电系毕业后留校任教，一生奉献于清华大学。

家和在家时整天"霸占"着电脑，我有点小意见。他去世后，我发现他的电脑 D 盘里存储了无数的文件夹，有的文件夹又包含近 200 个左右的文件夹。原来这都是他整日泡在电脑上收集和阅读的中外文资料，是他找到的很多数据、表格和公司案例。这些资料包括很宽广的领域，如证券市场、财务、投资、汇率、基金、风险管理、金融危机、保险、WTO 等等。这些都是他为备课教学生准备的。他希望学生学的知识更深入、更广泛，要拓展学生的思路，而不是死读书。

家和的英语很好。在经管学院开设了《商务英语》课程，直接用英语授课。1978—1979 年，他在电教中心主持翻译了索尼公司的电视设备操作和维修资料。1983 年，他赴美国选购计算机等仪器设备及培训各高校教师。他是领队兼翻译，在此过程中遇到一个意外：白天要与外商谈判，晚上又要与国内联系处理问题、思考问题，连续两周多睡不着觉。回国时他瘦了一圈，看上去黑瘦黑瘦的。见到他这样子，我吓了一跳。他就是这样忘我工作，兢兢业业，全身心奉献于他一生热爱的教育事业！

我和家和于 1962 年 5 月 1 日结婚，当天我们俩去中国照相馆照了张照片，就算结婚照吧！

我们结婚时，家和是无线电系科研科长，他讲解"电子线路""电子元件与材料"等课程。他工作很忙，晚饭后七点要开会，到晚上十二点才回家。他在清华工作了 43 年，"文化大革命"后曾相继任职电教中心副主任、科研处副处长、经管学院副院长。他总是很高兴地接受组织分配的工作，从没有意见。他生在清华、长在清华、学在清华、工作在清华，深受清华校训"自强不息，厚德载物""行胜于言"的熏陶，所以他踏踏实实做事，默默耕耘，但不愿意多说。因此，有些事的始末经历我不全知晓，想想我要自责，是我不够关心他！

家和的生活是很俭朴的。特别是有一次让我很生气，女儿也说他"抠门"。他在 2009 年查出肺癌晚期，已转移到骨头和大脑。医生开了一种靶向药，叫易瑞沙，是英国进口药，每粒要 500 元。他坚持不肯吃，在网上查到了同样名字的印度药，每粒只需 50 元。他托人买回来，吃了两周后，一天晚上忽然浑身出疹子、发高烧。因为在西苑医院看过病，我们就到西苑医院看急诊，找了肿瘤科的主任。医生见状，第一句话就问家和："你是不是吃了廉价药？"为此大夫让他停了三周的药。即使让医生批评了，他也没有放弃廉价药。日后坚持把英国药和印度药隔天替换着吃，我说他也不听。2012 年春节，他住进校医院。五一节时，他说不吃药了，我偷偷把进口药放到他的粥里，他一直不知道。但是已经晚了，毫无效力，他还是走了！

家和从国外回国后，担任深圳两个公司的独立董事，又在安达信和国际工程公司作顾问，还在一些国外学校讲学，他就是闲不住。2005年的一天，他告诉我，他曾把存款交给学生刘迅的投资公司打理，现在增值了，可以做点事情了，譬如教育方面，我说"办所希望小学吧！"他说："钱不够，再想想吧！"我终于明白了他为什么拼命挣钱，其实他不是为了自己要钱，他想用更多的钱为社会做点事情。

后来他决定捐资助学。他专门坐着919路公共汽车，到延庆一中、延庆二中作了调研，了解贫困学生的情况，制定捐资助学的标准和对象。他要为国家贫困地区的孩子争取公平的受教育的权利。最后，他决定把自己的全部积蓄用来捐给素不相识的孩子们完成高中学业。后来，他和教育电视台、刘迅的新同方投资公司合作捐资助学。从2006年初开始资助江西、湖北、甘肃、吉林等地贫困地区品学兼优的高中生。高一、高二、高三都有，在电脑里存有各地受资助的学生名单。名单内容除了姓名、性别、出生年月外，还有家庭住址、负责老师、联系电话等项，很详细。起初资助过的高中学校，一个省差不多有20所，我看到过湖北的150人和100人名单，江西的150人和100人名单，甘肃的100人名单。后来，考虑这样资助，学生分散在全国各地，难以考察资助效果，无法使资助计划发挥更大作用。于是，从2009年开始（这一年家和查出肺癌），他准备逐渐将资助范围从全国缩小固定到贫困生较多的西部省份。他和新同方公司的员工们决定以兴华助学的名义，在甘肃省白银市实验中学设立新同方班，连续三年为学生提供资助，每人每年3000元。

从2006年初开始，截至2010年12月底，先后资助学生近一千人次，共支出助学款210余万元。2010年，他想改变方式，以基金会的形式助学。但天不从人愿，2011年3月，他的身体状况日趋恶化，想到基金会依靠自己可能不行了，要托付给信得过的人，告诉我他想好了两个朋友，说："就是还要找一个负责的人。"过了一段时间，他告诉我，要把基金会的事业托付给经管学院原党委书记陈章武老师。陈章武老师经过一年的奔波，终于在2012年2月，甘肃省兴华青少年助学基金会宣告成立。"兴华"是家和取的名字，意为振兴中华。能够在家和生前成立基金会，这是他最大的心愿！

陈老师领导下的兴华基金会，把捐资助学的事业当作所有工作人员、所有捐助人士共同的爱心事业，他们心中都装着一个心愿："培养一个学生，改变一个家庭，带动一个村庄"。

家和于2012年7月22日下午5时35分离开了我们。

自2006年开始捐资助学，人们不知道"赵家和"这个名字，只知道"一名清华退休老教授"。他一直拒绝采访，隐姓埋名。家和去世后，2015年，清华党委发布开展向赵家和同志学习的决定。2015年《甘肃日报》、2016年《光明日报》、2016年教师节《人民日报》等都报道了他捐资助学的事迹。2016年，经管学院举办"优秀共产党员赵家和事迹展"。《光明日报》赞扬他是"雪中炭火"。《人民日报》认为"作为共产党员的赵家和，只计天下利，不求万世名"。这些报道对于天上的家和是一种安慰、一种鼓励！对于我却是一次思想上的重大变化！我和家和几十年夫妻，我了解他很节省、总乐意接受分配他的工作，了解他捐资助学的心意，我认为他只是为社会做了点事，很普通，没有那么好，没有那么高大。看了那么多报道，更清楚了他的所作所为是思想、精神、价值观的展现。他为什么能在重病之际不肯吃进口药？他为什么在回国后拼命挣钱？因为他要把钱用在最重要的地方，他要捐助国家贫困地区的贫困孩子有条件继续读书，直到高中毕业，有机会考上大学，有机会实现各自的人生理想。他每次工作调动改行后仍能够做好新的工作，但他自己从来没提起过其中的困难。他资助了那么多孩子，但坚决不肯透露自己的姓名，这一切说明他心中有国家、有人民、有爱，唯独没有他自己。他是个合格的共产党员，他把自己的智慧、精力、金钱都贡献给了社会，贡献给了人民！

家和把全部积蓄都捐给了贫困地区的孩子们，他没有给儿子和女儿留钱。他在病床上对女儿说："我从来都不相信给子女留钱。我供你在美国读了书，受了教育，你有自己挣钱的本事。你不需要我的钱，但是贫困地区的孩子需要。"两个孩子都挺好的，他们对于爸爸的"抠门"能理解，他们没有埋怨，而且女儿说："爸爸很伟大！"

在爸爸捐资助学的精神感召下，儿女想要跟随爸爸，支持爸爸全身心投入的事业。儿子想尽自己一点微薄之力，帮助那些品学兼优的贫困学生，让他们能够有一个和别的孩子一样接受高中阶段的教育，进而可能有上大学的机会，将来为国家贡献一分力量。2019年，他向兴华助学基金会捐了钱，他很高兴自己能做成一件帮助贫困学子的事情！

女儿是在2019年5月看到经管学院设置了4项教授的奖学金，其中有她爸爸的"赵家和纪念奖学金"。她看到此奖学金是资助支教、社会问题研究和公益活动的。她觉得随着社会的发展，这代年轻人将来是国家的栋梁，所以应该在他们大学时期，除了学业，还应鼓励参加公益活动。她就为该奖学金捐赠了款项。以此表示对她爸爸的纪念！

我们的孙子（小名天天）也有喜事，家和离开我们时，天天刚念小学二年级，现在已经是初三毕业班了。由于他学习成绩优秀，已经进入北京师范大学二附中高中重点班，我们都很高兴。

天上的家和，若知道儿女、孙子的所作所为，感受到他们心中有他人，心中有社会，在不断努力进取，一定会感到欣慰；

天上的家和，若知道兴华青少年基金会成立八年来，已经资助了西部贫困地区的六千多名高中生，其中有不少人考入大学深造，一定会由衷高兴；

天上的家和，若知道而今加入捐资助学队伍的爱心人士越来越多，西部贫困地区的发展也越来越好，一定会感到更加高兴。

家和生长在祖国危难、烽火连天的抗战年代，一生奉献于清华大学的教师岗位，身前身后将所有财产捐资助学。他做了一名共产党员应做的事，做了一名中华儿女该做的事。

正值家和离开我们第九个年头，在清华大学110周年前夕，经管学院组织出版这本家和纪念文集，我在此谨以"感恩与思念"作跋，表示由衷的感谢。

吴嘉真，清华大学退休教授，赵家和遗孀